Der Zusammenhang von fehlerhafter Rechnungslegung und Unternehmensfinanzierung

Betriebswirtschaftliche Studien
Rechnungs- und Finanzwesen,
Organisation und Institution

Herausgegeben von
Prof. Dr. Dr. h.c. Wolfgang Ballwieser, München
Prof. Dr. Christoph Kuhner, Köln
Prof. Dr. Dr. h.c. Dieter Ordelheide †, Frankfurt

Band 96

PL ACADEMIC RESEARCH

Martin Puritscher

Der Zusammenhang von fehlerhafter Rechnungslegung und Unternehmensfinanzierung

Eine empirische Untersuchung

PL ACADEMIC RESEARCH

Bibliografische Information der Deutschen Nationalbibliothek
Die Deutsche Nationalbibliothek verzeichnet diese Publikation in der Deutschen Nationalbibliografie; detaillierte bibliografische Daten sind im Internet über http://dnb.d-nb.de abrufbar.

Zugl.: München, Univ., Diss., 2015

D 19
ISSN 1176-716X
ISBN 978-3-631-66401-8 (Print)
E-ISBN 978-3-653-05492-7 (E-Book)
DOI 10.3726/978-3-653-05492-7

PL Academic Research ist ein Imprint der Peter Lang GmbH.

Peter Lang – Frankfurt am Main · Bern · Bruxelles · New York · Oxford · Warszawa · Wien

Diese Publikation wurde begutachtet.

www.peterlang.com

Geleitwort

Als Reaktion auf Bilanzskandale, die Forcierung von IFRS in der EU und ausländische Gepflogenheiten wurde mit dem Bilanzkontrollgesetz von 2004 ein neues System zur regelgerechten Anwendung von Rechnungslegungsvorschriften durch Unternehmen geschaffen, was im Englischen mit dem Ausdruck Enforcement belegt wird. Seit 1. Juli 2005 ist dementsprechend die Deutsche Prüfstelle für Rechnungslegung (DPR) in Verbindung mit der Bundesanstalt für Finanzdienstleistungsaufsicht (BaFin) aktiv, um Rechnungslegungsverstöße aufzudecken und zu verhindern. Während die institutionelle Ausgestaltung des Enforcement umfangreich diskutiert wurde, existieren kaum Studien über die Wirkungen des neugeschaffenen Systems. Die wenigen Ausnahmen behandeln überwiegend Fragen von Gewinnqualität und Kapitalmarktwirkungen. Über diesen Erkenntnisstand geht Herr Dr. Puritscher mit der vorliegenden Arbeit hinaus, indem er sowohl eine umfassende Aufarbeitung von Einflussfaktoren auf Rechnungslegungsverstöße leistet als auch eine detaillierte Analyse des Zusammenspiels von Rechnungslegungsverstößen mit der Unternehmensfinanzierung betreibt.

Der Kern der Arbeit liegt in Kapitel 8 zur Analyse des Zusammenhangs von fehlerhafter Rechnungslegung und Unternehmensfinanzierung. In ihm werden das Analysemodell und die Variablen, die Datenerhebung und -bereinigung sowie die Kontrollgruppenbildung beschrieben, mit denen der Verfasser hypothesengestützt 108 Firmenjahr-Beobachtungen von 96 Unternehmen mit Rechnungslegungsfehlern aus den Jahren 2004 bis 2011 analysiert. Für den Vergleich mit fehlerfreien Unternehmen werden 429 Kontroll-Beobachtungen herangezogen. Die wesentlichen Ergebnisse werden auf den S. 137f. gebündelt und plausibilisiert. Die Aussagen müssen deshalb hier nicht wiederholt werden. Zugleich werden in angemessenem Umfang und inhaltlich überzeugend die nicht zu beseitigenden immanenten Grenzen der Untersuchung (aber nicht nur dieser!) dargestellt.

Der Verfasser behandelt ein relevantes und ungeklärtes Problem, bearbeitet dieses auf sehr strukturierte und sehr gut nachvollziehbare Art und Weise, beweist großen Arbeitseinsatz und hohes Reflexionsniveau. Die methodische Herangehensweise ist ebenso vorbildlich wie die formale Gestaltung. Ich wünsche der überzeugenden Arbeit eine große Aufmerksamkeit!

München, im Mai 2015 Wolfgang Ballwieser

Vorwort

Die vorliegende Arbeit entstand während meiner Tätigkeit als wissenschaftlicher Mitarbeiter am Seminar für Rechnungswesen und Prüfung der Ludwig-Maximilians-Universität München. Sie wurde im Sommersemester 2015 vom Promotionsausschuss der Fakultät für Betriebswirtschaft als Dissertation angenommen.

Außerordentlichen Dank schulde ich meinem verehrten akademischen Lehrer und Doktorvater, Herrn Professor Dr. Dr. h.c. Wolfgang Ballwieser. Er hat meine Arbeit in jeder Entstehungsphase mit konstruktiven Ratschlägen unterstützt und ihr Gelingen maßgeblich gefördert. Sehr dankbar bin ich ihm auch für das große Vertrauen, welches er mir in allen Angelegenheiten entgegenbrachte, und die gewährten Freiräume, die mir ermöglichten, neue Ideen zu entwickeln. Er stellt für mich ein Vorbild an gerechtem Umgang mit seinen Mitarbeitern dar. Herrn Professor Dr. Markus Glaser danke ich für eine Reihe von Hinweisen und die freundliche Übernahme des Korreferats.

Auf dem Weg zur Promotion wurde ich von vielen Kollegen begleitet. Besonders wichtig für mich waren Herr Dr. Sebastian Erb, Herr Dr. Andreas Hofherr, Frau Dr. Anne Kretzschmar, Herr Dr. Roland Paarz, Herr Dr. Jörg Wiese und Frau Dr. Annette Witzleben. Ihnen allen bin ich für die hervorragende Zusammenarbeit, alle fachlichen und außerfachlichen Diskussionen sowie die freundschaftliche und vertrauensvolle Atmosphäre am Lehrstuhl außerordentlich dankbar. Insbesondere die gemeinsamen Auszeiten im „Chez Puri" werde ich nie vergessen. Ebenso zu größtem Dank verpflichtet bin ich Herrn Dr. Tobias Friedrich und Herrn Dr. Sebastian Keßler. In unserem Exil im Vordergebäude konnten wir gewisse Freiheiten genießen und gleichzeitig unsere Dissertationen fertigstellen. Den studentischen Hilfskräften danke ich für die Unterstützung bei der Erfassung der Fehlermeldungen.

Genauso wichtig für das Gelingen der Arbeit waren meine weiteren Freude an der Fakultät, vor allem Herr Dr. Vijay Aservaatham, Herr Roman Crößmann, Herr Professor Dr. David Florysiak, Herr Dr. David Uhde und Herr Dr. Torsten Walther. Sie sorgten maßgeblich für manche fachliche Anregung, aber vor allem für feierabendliche Zerstreuung.

Mein größter Dank gebührt jedoch meiner Familie: meinen Eltern Eva und Ernst Puritscher sowie meinen Brüdern Christian und Andreas. Ihrem Vertrauen und ihrer bedingungslosen und lebenslangen Unterstützung habe ich alles zu verdanken. Ihnen und meiner Freundin Katharina ist diese Arbeit gewidmet.

München, im Mai 2015 Martin Puritscher

Inhaltsverzeichnis

Abkürzungsverzeichnis

AAER	Accounting and Auditing Enforcement Release(s)
Abs.	Absatz
AG	Aktiengesellschaft
AktG	Aktiengesetz
AMF	Autorité des marchés financiers
APAK	Abschlussprüferaufsichtskommission
Aufl.	Auflage
BaFin	Bundesanstalt für Finanzdienstleistungsaufsicht
Beob.	Beobachtungen
BilKoG	Gesetz zur Kontrolle von Unternehmensabschlüssen (Bilanzkontrollgesetz)
bzw.	beziehungsweise
ca.	circa
CESR	Committee of European Securities Regulators
CF	Cash Flow
DAX	Deutscher Aktienindex
d.h.	das heißt
DPR	Deutsche Prüfstelle für Rechnungslegung DPR e.V.
DV	Dummy-Variablen
EBDIT	Earnings Before Depreciation, Interest and Taxes
EBT	Earnings Before Taxes
ESMA	European Securities and Markets Authority
et al.	et alii
f.	folgende
FASB	Financial Accounting Standards Board
FM	Fehlermeldung(en)
Fn.	Fußnote(n)
FRC	Financial Reporting Council
FRRP	Financial Reporting Review Panel
GAAP	Generally Accepted Accounting Principles
GLS	Generalized Least Squares
HGB	Handelsgesetzbuch
Hrsg.	Herausgeber
IAS	International Accounting Standard(s)
IASB	International Accounting Standards Board

IDW	Institut der Wirtschaftsprüfer in Deutschland e.V.
IFRS	International Financial Reporting Standard(s)
i.H.v.	in Höhe von
i.S.	im Sinne
ISA	International Standard(s) on Auditing
i.V.m.	in Verbindung mit
Jg.	Jahrgang
KWG	Gesetz über das Kreditwesen (Kreditwesengesetz)
LT	Long Term
MDAX	Mid-Cap-DAX
Mio.	Million(en)
No.	Numero
OCF	Operating Cash Flow
OePR	Österreichische Prüfstelle für Rechnungslegung
OLG	Oberlandesgericht
Rn.	Randnummer(n)
S.	Seite(n)
SDAX	Small-Cap-DAX
SEC	United States Securities and Exchange Commission
SIC	Standard Industrial Classification
sog.	sogenannte
ST	Short Term
SUR	Seemingly Unrelated Regression
TecDAX	Deutscher Technologie Aktienindex
TUG	Transparenzrichtlinie-Umsetzungsgesetz
u.a.	unter anderem
US	United States
USA	United States of America
US-GAAP	United States Generally Accepted Accounting Principles
v.a.	vor allem
VAG	Gesetz über die Beaufsichtigung der Versicherungsunternehmen (Versicherungsaufsichtsgesetz)
vgl.	vergleiche
VIF	Variance Inflation Factor
Vol.	Volume
WpHG	Wertpapierhandelsgesetz
WPK	Wirtschaftsprüferkammer
z.B.	zum Beispiel
z.T.	zum Teil

Verzeichnis der Zeitschriftenabkürzungen

ABR	Accounting and Business Research
AER	The American Economic Review
AESM	Annals of Economic and Social Measurement
AG	Die Aktiengesellschaft
AH	Accounting Horizons
AiE	Accounting in Europe
AJP	The American Journal of Psychology
AJPT	Auditing: A Journal of Practice & Theory
AMJ	Academy of Management Journal
AMS	Annals of Mathematical Statistics
AS	The American Statistician
ASt	The Annals of Statistics
BB	Betriebs-Berater
BFuP	Betriebswirtschaftliche Forschung und Praxis
BioBull	Biometrics Bulletin
BPEA	Brookings Papers on Economic Activity
CAR	Contemporary Accounting Research
CFB	Corporate Finance Biz
CFL	Corporate Finance Law
DB	Der Betrieb
DBW	Die Betriebswirtschaft
DK	Der Konzern
DU	Die Unternehmung
EAR	European Accounting Review
EFM	European Financial Management
FJCFL	Fordham Journal of Corporate & Financial Law
FM	Financial Management
FTA	Foundations and Trends in Accounting
HSORM	Health Services and Outcomes Research Methodology
IRZ	Zeitschrift für Internationale Rechnungslegung
JAAF	Journal of Accounting, Auditing & Finance
JAE	Journal of Accounting and Economics
JAL	Journal of Accounting Literature
JAPP	Journal of Accounting and Public Policy
JAR	Journal of Accounting Research

JASA	Journal of the American Statistical Association
JBF	Journal of Banking & Finance
JBFA	Journal of Business Finance & Accounting
JCF	Journal of Corporate Finance
JEL	Journal of Economic Literature
JES	Journal of Economic Surveys
JF	The Journal of Finance
JFE	Journal of Financial Economics
JFQA	Journal of Financial and Quantitative Analysis
JHE	Journal of Health Economics
JHR	Journal of Human Resources
JIFMA	Journal of International Financial Management & Accounting
JLE	Journal of Law and Economics
JLEO	Journal of Law, Economics, and Organization
JLS	The Journal of Legal Studies
JMCB	Journal of Money, Credit and Banking
JoB	The Journal of Business
JPE	Journal of Political Economy
KoR	Zeitschrift für internationale und kapitalmarktorientierte Rechnungslegung
MDE	Managerial and Decision Economics
NZG	Neue Zeitschrift für Gesellschaftsrecht
OS	Organization Science
OxREP	Oxford Review of Economic Policy
PRSL	Proceedings of the Royal Society of London
QJE	The Quarterly Journal of Economics
RAST	Review of Accounting Studies
RFS	Review of Financial Studies
RMS	Review of Managerial Science
RoF	Review of Finance
sbr	Schmalenbach Business Review
SJ	The Stata Journal
SLR	Stanford Law Review
SS	Statistical Science
StuB	Unternehmensteuern und Bilanzen
TAR	The Accounting Review
UPLR	University of Pennsylvania Law Review
WPg	Die Wirtschaftsprüfung

YLJ	The Yale Law Journal
ZCG	Zeitschrift für Corporate Governance
zfbf	Schmalenbachs Zeitschrift für betriebswirtschaftliche Forschung
ZGR	Zeitschrift für Unternehmens- und Gesellschaftsrecht
ZIR	Zeitschrift Interne Revision
ZRFG	Zeitschrift Risk, Fraud & Governance

Symbolverzeichnis

i	Laufindex (Unternehmen)
j	Laufindex (abhängige Variable)
t	Laufindex (Jahr)
α	Regressionskoeffizient
β	Regressionskoeffizient
ε	Fehlerterm
#	Anzahl
Ø	Durchschnitt

Tabellenverzeichnis

1 Problemstellung

„[T]he job of accounting is to keep capitalism honest."[1] Zahlreiche prominente Bilanzskandale, wie Enron in den USA oder Comroad in Deutschland,[2] führten zu Beginn dieses Jahrhunderts jedoch zu Zweifeln, ob Rechnungslegung dieser Aufgabe gerecht wird und die bestehenden Enforcement-Instanzen[3] für Rechnungslegungsregeln wie Aufsichtsräte und Wirtschaftsprüfer die nötigen Fähigkeiten und Einflussmöglichkeiten haben, die Qualität und Glaubwürdigkeit der Rechnungslegung zu gewährleisten.

Fast zeitgleich wurde – grundsätzlich ab dem Jahr 2005 – die Anwendung der International Financial Reporting Standards (IFRS) für Konzernabschlüsse kapitalmarktorientierter Unternehmen in der Europäischen Union verpflichtend eingeführt. Um eine korrekte und konsistente Umsetzung des neuen Regelwerks sicherzustellen, forderte die entsprechende Verordnung der Europäischen Union die Implementierung angemessener Durchsetzungsregelungen in den Mitgliedstaaten.[4] Die Güte der existierenden Enforcement-Einrichtungen für die Rechnungslegung wurde somit auch aufgrund dieser Entwicklung hinterfragt.[5]

In Anbetracht der Bilanzskandale und der Einführung der IFRS wurden auf europäischer und nationaler Ebene zahlreiche Reformen der Enforcement-Systeme angestrebt.[6] Dies führte in einigen Ländern der Europäischen Union zur Etablierung neuer Enforcement-Instanzen. So wurde in Deutschland zum 1. Januar 2005 beispielsweise die Abschlussprüferaufsichtskommission (APAK) gegründet, deren vornehmliche Aufgabe einerseits in der Fachaufsicht über

---

1 Aussage des ehemaligen Vorsitzenden des IASB, Sir David Tweedie, zitiert von seinem Nachfolger Hans Hoogervorst, vgl. im Internet unter: http://www.ifrs.org/Alerts/Conference/Pages/HH-speech-Amsterdam-June-2012.aspx (Stand: 08.04.2015).

2 Umfassende Darstellungen bekannter Bilanzskandale in den USA finden sich bei Peemöller/Hofmann (2005), S. 29–59. Für Fälle in Deutschland siehe Lenz (2011).

3 Im Folgenden werden Begriffe wie „Enforcement-Instanz", „Enforcement-Einrichtung" oder „Enforcement-Institution" synonym verwendet. Siehe Schmidt-Verstyl (2008), S. 4–6, für eine Definition des Begriffs „Enforcement" sowie Baldwin/Cave/Lodge (2012), S. 227–258, für eine Erörterung damit verbundener Aktivitäten. Für eine ökonomische Einordnung sei auf Richter/Furubotn (2010), S. 7 und 27–29, verwiesen.

4 Vgl. Europäische Union (2002), Art. 16.

5 Vgl. Berger (2008), S. 492f.; Ballwieser (2014), S. 629.

6 Ballwieser/Dobler (2003), S. 455–465, und Böcking (2008), S. 80–95, stellen Reformmaßnahmen vor und diskutieren diese.

die Wirtschaftsprüferkammer (WPK) hinsichtlich der Qualitätskontrolle und der anlassbezogenen Berufsaufsicht sowie andererseits in anlassunabhängigen Sonderuntersuchungen von Abschlussprüfern kapitalmarktorientierter Unternehmen besteht.[7] Daneben wurde in Deutschland ein zweistufiges Enforcement-Verfahren für Rechnungslegungsregeln, bestehend aus der Deutschen Prüfstelle für Rechnungslegung DPR e.V. (DPR) und der Bundesanstalt für Finanzdienstleistungsaufsicht (BaFin), aufgebaut. Dieses ist seit dem 1. Juli 2005 aktiv. Sein Ziel ist die Verhinderung von Rechnungslegungsverstößen.[8]

Eine wissenschaftliche Befassung mit Rechnungslegungsverstößen[9] lässt sich als sehr relevant für die Unternehmenspraxis ansehen. Dementsprechend wird hier ein großer Nachholbedarf angemahnt, um die Ursachen und Folgen fehlerhafter Rechnungslegung besser zu verstehen.[10] Wenn sich sogar in der US-amerikanischen Forschung eine geringe Beschäftigung mit Rechnungslegungsverstößen konstatieren lässt, so trifft das auf die Forschung in der Europäischen Union und in Deutschland besonders zu.[11]

Zum deutschen Enforcement-Verfahren für die Rechnungslegung gibt es noch wenige empirische Untersuchungen. Eine stammt von Ernstberger/Stich/Vogler (2012), die im Rahmen einer Difference-in-Differences-Analyse ab dem Jahr 2005 einen signifikanten Rückgang diskretionärer Periodenabgrenzungen, eine

---

7 Vgl. Marten/Quick/Ruhnke (2015), S. 216f.; APAK (2014). Da Einzelfälle wesentlicher Beanstandungen nicht öffentlich bekannt gemacht werden, vgl. APAK (2014), S. 5, können sie nicht in meine vorliegende Arbeit zu Rechnungslegungsverstößen einfließen. Grundsätzlich ist die Kontrolle der Abschlussprüfer vom Enforcement der Rechnungslegung zu unterscheiden, siehe hierzu die Erläuterung der APAK im Internet unter: http://www.apak-aoc.de/apak/prueferaufsicht.asp (Stand: 08.04.2015).

8 Im Folgenden werden Begriffe wie „Rechnungslegungsverstoß“, „fehlerhafte Rechnungslegung“, „Fehler“ oder „Bilanzmanipulation“ synonym verwendet; der Begriff „Bilanzmanipulation“ deckt somit z.B. auch Fehler im Anhang ab. Umfassende Darstellungen des Fehlerbegriffs finden sich bei Ballwieser (2008b), S. 53–56, und Scheffler/Zempel (2012), Rn. 153–168.

9 Terminologisch wird im Folgenden keine scharfe Trennung i.S. der International Standards of Auditing (ISA) zwischen beabsichtigten Verstößen und unbeabsichtigten Unrichtigkeiten im Rahmen der Rechnungslegung vorgenommen, siehe hierzu Häfele/Schmeisky (2009), S. 237, Melcher (2009), S. 23–28, und Marten/Quick/Ruhnke (2015), S. 464–466.

10 Vgl. DeFond (2010), S. 406.

11 Tendenziell praxisorientierte Ausnahmen stellen beispielsweise Sieben/Matschke/Neuhäuser (1974), Henzler (2006) und Brinkmann (2007) dar, die jedoch keine empirischen Analysen der Ursachen und Konsequenzen liefern.

gestiegene Aktienliquidität und eine Erhöhung der Marktkapitalisierung bei den unter der Aufsicht der DPR stehenden Unternehmen gegenüber der Entwicklung einer Kontrollgruppe aufzeigen. Somit liefern sie Hinweise auf eine gestiegene Gewinnqualität und ein gestiegenes Vertrauen in die Finanzberichterstattung der überwachten Unternehmen.[12] Sie zeigen auch, dass sich insbesondere bei kleinen Unternehmen (was schlechtere interne Kontrollen und geringere Kompetenz zur korrekten IFRS-Umsetzung im Vergleich zu größeren Unternehmen zur Folge haben soll) sowie bei Unternehmen ohne Zweitnotierung in den USA (wodurch keine Kontrolle durch die US-amerikanische Börsenaufsichtsbehörde SEC erfolgt) die Aktienliquidität und die Marktkapitalisierung erhöhen.[13] Zu beachten ist, dass in dieser Arbeit der Einfluss der DPR nicht von zeitgleichen Reformen wie der Einführung der APAK und veränderten Unabhängigkeitsanforderungen an den Abschlussprüfer separiert werden kann.[14]

In Deutschland zielt die Sanktionierung des Enforcement von Rechnungslegungsvorschriften speziell auf negative Wirkungen am Aktienmarkt. Auf diesen Bereich konzentrieren sich in einer zweiten Studie Hitz/Ernstberger/Stich (2012) und untersuchen die Konsequenzen von Fehlermeldungen der Jahre 2005 bis 2009 am Aktienmarkt. Sie finden in ihrer Ereignisstudie signifikante negative Effekte auf anormale Renditen, anormale Handelsvolumina und anormale Geld-Brief-Spannen.[15] Die Effekte sind besonders ausgeprägt bei schwerwiegenden

12 Vgl. Ernstberger/Stich/Vogler (2012), S. 225–238. Ein Problem dieser Studie ist die Wahl der Kontrollgruppe (Unternehmen im Freiverkehr), welche zahlreiche Unterschiede zur Untersuchungsgruppe (Unternehmen des regulierten Markts) aufweist, die schwierig zu kontrollieren sind. Dieses Problem wird von den Autoren weder angesprochen noch ausgeräumt. Eine Arbeit, die ebenfalls die Rolle des Enforcement der Rechnungslegung auf die Aktienliquidität betrachtet, stammt von Meser/Veith/Zimmermann (2015). Sie arbeitet gegenläufige Einflüsse von Enforcement und von Regeln zur Offenlegung von Rechnungslegungsinformationen heraus.

13 Vgl. Ernstberger/Stich/Vogler (2012), S. 238–240. Einen signifikanten Einfluss des Abschlussprüfers (Big-Four-gegenüber Nicht-Big-Four-Gesellschaften, wobei für letztere eine niedrigere Prüfungsqualität unterstellt wird) auf die drei Zielgrößen finden die Autoren jedoch nicht.

14 Vgl. hierzu Ballwieser (2014), S. 641f., der auch Schwachstellen der herangezogenen Maße für diskretionäre Periodenabgrenzungen deutlich macht.

15 Vgl. Hitz/Ernstberger/Stich (2012), S. 269–273. Die Effekte sind jedoch weitaus geringer als in vergleichbaren Studien des US-amerikanischen Kapitalmarkts. Eine Befragung unter dem Enforcement stehender Unternehmen aus dem Jahr 2013, d.h. nach dem Untersuchungszeitraum von Hitz/Ernstberger/Stich, zeigt auch eine zurückgehende Angst vor negativen Aktienkursreaktionen sowie Rufschädigungen auf, vgl. Kliem et al.

Fehlerbekanntmachungen, bei Fehlern in Einzelabschlüssen und in Situationen, in denen das Unternehmen nicht mit dem Ergebnis der DPR-Prüfung einverstanden war, sondern erst die BaFin die Bekanntmachung durchgesetzt hat.[16] Die Ergebnisse heben die nachteiligen Folgen von Rechnungslegungsverstößen auf Seiten des Aktienmarkts hervor. Außerdem zeigen sie, dass die Fehlermeldungen neue Informationen für den Aktienmarkt liefern.

Eine dritte Untersuchung von Böcking/Gros/Worret (2015) zeigt zwar ein höheres Maß an diskretionären Periodenabgrenzungen bei Unternehmen mit Fehlerveröffentlichung als bei vergleichbaren Unternehmen ohne Fehlerveröffentlichung,[17] was vermuten lässt, dass die DPR die richtigen Unternehmen sanktioniert.[18] Jedoch muss man den verwendeten Maßen für diskretionäre Periodenabgrenzungen nicht vollumfänglich trauen.[19] Eine ähnliche Herangehensweise weist die Arbeit von Höhn und Strohmenger (2013) auf, die ebenfalls den Einfluss diskretionärer Periodenabgrenzungen auf Rechnungslegungsverstöße betrachten. Daneben finden sie Hinweise auf eine Indikatorfunktion gestiegener Ausgaben für die Abschlussprüfung im Vorlauf der Manipulation.[20]

(2013), S. 23f. Kritik an Ereignisstudien findet sich bei Ballwieser (2008a), S. 4, und Ballwieser (2010), S. 144.

16 Vgl. Hitz/Ernstberger/Stich (2012), S. 273–275. In dieser weitgehend sehr sauber durchgeführten und beschriebenen Studie stören die fehlenden Darstellungen zur Messung schwerwiegender Fehlerbekanntmachungen: Es wird nicht gezeigt, wie sich einzelne Fehler auf die Profitabilität und die Fremdkapitalquote auswirken, was die Schwere der Fehler messen soll, vgl. Hitz/Ernstberger/Stich (2012), S. 264f.

17 Aufgrund des Zugangs zu unveröffentlichten Daten können sie hierbei Unternehmen unterscheiden, die von der DPR geprüft wurden, aber keine Fehler aufwiesen.

18 Vgl. Böcking/Gros/Worret (2015), S. 458–462 und 464–474. Leider fehlen Angaben zu den Gütemaßen der durchgeführten Panelanalysen, sodass die Anpassungsgüte der Modelle und die Validität der getroffenen Aussagen nicht beurteilt werden können, vgl. Böcking/Gros/Worret (2015), S. 466–473.

19 Vgl. hierzu die Kritik einer früheren Version dieser Studie von Ballwieser (2014), S. 639–641, die auch für die aktuelle Version gültig ist.

20 Vgl. Höhn/Strohmenger (2013), S. 20–24. Für die Entwicklung der Ausgaben für die Abschlussprüfung nach dem Rechnungslegungsverstoß zeigt die Studie keine Hinweise auf eine (andauernde) Erhöhung, was aufgrund des erhöhten Prüfungs- und Geschäftsrisikos erwartet wurde. Leicht störend wirkt in dieser Arbeit, dass auf S. 15 der behauptete Zusammenhang zwischen der Gesamtkapitalrendite und der Bonushypothese nicht deutlich herausgearbeitet wird. Auf S. 22 wird der Einfluss der Gesamtkapitalrendite entsprechend der empirischen Resultate auch anders motiviert. Dieses Vorgehen ist nicht konsistent. Strohmenger (2013), S. 10, liefert hierfür eine stringentere Argumentation.

Was bisher fehlt, ist einerseits eine umfassende Aufarbeitung von Einflussfaktoren[21] auf Rechnungslegungsverstöße. In neueren öffentlichen Stellungnahmen von DPR und BaFin wird Bilanzpolitik als Einflussfaktor auf fehlerhafte Rechnungslegung angesehen.[22] Die Arbeiten von Ernstberger/Hitz/Stich (2012), Strohmenger (2013) und Strohmenger (2014) zielen z.T. in diese Richtung. Erstere Studie versucht, mögliche Einflussfaktoren auf Rechnungslegungsverstöße herauszufiltern. Sie zeigt u.a., dass fehlende Erfahrung und mangelnde Ressourcen der überwachten Unternehmen bei der Anwendung von IFRS keinen Einfluss auf Rechnungslegungsverstöße zu haben scheinen.[23] Dies unterstreicht die Bedeutung einer Analyse bilanzpolitischer Einflussfaktoren als Quelle solcher Verstöße. Strohmenger (2013) legt den Fokus nicht gezielt auf eine multivariate Analyse möglicher Einflussfaktoren auf fehlerhafte Rechnungslegung, sondern zeigt die Entwicklung zahlreicher Rechnungslegungsgrößen bei Unternehmen mit Verstößen gegenüber einer Kontrollgruppe auf.[24] Auch Strohmenger (2014) beleuchtet Unterschiede ausgewählter Rechnungslegungskennzahlen zwischen Unternehmen mit fehlerhafter Rechnungslegung und Kontrollunternehmen. Daneben findet er signifikante Abweichungen zahlreicher Maße für Gewinnqualität.[25] Alle drei Studien beinhalten jedoch nur vergleichsweise allgemeine und in der Literatur bereits oft betrachtete Einflussfaktoren auf Rechnungslegungsverstöße.

Andererseits fehlt bisher – auch in der US-amerikanischen Forschung – eine detaillierte Analyse des Zusammenspiels von Rechnungslegungsverstößen mit der Unternehmensfinanzierung. Bislang wurden hierzu in der Literatur einzelne Aspekte hervorgehoben. Eine Arbeit zeigt beispielsweise, dass Unternehmen mit fehlerhafter Rechnungslegung im anschließenden Zeitraum nicht mehr die bisherige Höhe an Ausschüttungen an die Aktionäre beibehalten können, auch gegenüber vergleichbaren Unternehmen. Umkehreffekte der fehlerhaften Rech-

---

21 In der Literatur finden sich regelmäßig Begriffe wie „Motive“ und „Anreize“ für Rechnungslegungsverstöße. Jedoch lassen sich Motive bzw. Anreize nicht einfach messen. Dementsprechend werden diese Begriffe in der folgenden Arbeit vermieden, wenn empirische Studien erörtert werden. Dies betrifft insbesondere die eigene empirische Untersuchung. Der Begriff „Einflussfaktor“ ist hierbei passender.

22 Vgl. DPR (2012), S. 8, und Ernst (2012), S. 229, seitens der DPR sowie Gödel/Wich (2012), S. 923, als Vertreter der BaFin. In früheren Publikationen der DPR wurde noch durchgehend die Komplexität der IFRS als Ursache für die konstant hohe Fehleranzahl angesehen, vgl. beispielsweise Berger (2008), S. 511, und Meyer (2009), S. 450.

23 Vgl. Ernstberger/Hitz/Stich (2012), S. 23–26.

24 Vgl. Strohmenger (2013), S. 23–33.

25 Vgl. Strohmenger (2014), S. 287–298.

nungslegung in der Zukunft werden in dieser Studie als mögliche Ursache für diese Beobachtung genannt.[26] Eine andere Untersuchung weist auf erhöhte Investitionsausgaben bei Unternehmen mit Rechnungslegungsverstößen im Vergleich zu einer Kontrollgruppe hin. Eine mögliche Erklärung hierfür sehen die Autoren in der Hoffnung des Managements, eine schlechte Unternehmenslage durch diese Investitionen verbessern zu können.[27]

Zum einen stellt sich die Frage, ob bei deutschen Unternehmen mit einer Fehlermeldung vergleichbare Zusammenhänge mit der Unternehmensfinanzierung existieren wie bei US-amerikanischen. Zum anderen wurden in den bisherigen US-amerikanischen Studien nie umfassend Wechselwirkungen im Bereich der Unternehmensfinanzierung beachtet. So lassen sich manche Fragen nicht vollumfänglich beantworten, z.B.: Wenn ein Unternehmen nach einem Rechnungslegungsverstoß seine Dividendenzahlungen kürzt, nutzt es das Geld für Investitionen oder wird es im Finanzmittelfonds gehalten? Erhöht es zeitgleich auch seine externe Finanzierung, um Investitionen zu tätigen? Wird als externe Finanzierungsquelle Eigen- oder Fremdkapital bevorzugt? Ist eine externe Finanzierung bei diesem Unternehmen auch möglicherweise notwendig, da es geringe Cash Flows aus laufender Geschäftstätigkeit aufweist? Finden mehrere dieser Reaktionen zeitgleich statt und zeigen sich hier signifikante Unterschiede im Vergleich zu einer Kontrollgruppe? Durch eine Gesamtsicht auf das Unternehmensfinanzierungsverhalten können diese Fragen valider untersucht werden, als das bisher der Fall ist.[28]

Diese Arbeit versucht, in diese Lücken zu stoßen, und verfolgt mehrere Ziele. Zum einen soll ein Überblick über Einflussfaktoren auf Rechnungslegungsverstöße gewonnen werden, welcher insbesondere die Schwachstellen in der bisherigen Forschung zum Zusammenhang mit Unternehmensfinanzierung aufdeckt. Zum anderen wird versucht, diesen Zusammenhang mit einem neuen Modell genauer zu beleuchten. Dieses weist einen integrativen Ansatz auf, wie er bisher noch nicht in der Rechnungslegungsforschung vorzufinden ist.

Um diese Ziele zu erreichen, wird im Folgenden zuerst die Arbeitsweise der DPR vorgestellt, welche die Fehlermeldungen in Deutschland veranlasst, auf die sich die vorliegende Untersuchung stützt. Um ihre Tätigkeit genauer einschätzen zu können, wird die DPR mit den britischen und den US-amerikanischen Enforcement-Einrichtungen für die Rechnungslegung verglichen. Anschließend

---

26 Vgl. Caskey/Hanlon (2013), S. 831–845.

27 Vgl. McNichols/Stubben (2008), S. 1573–1595.

28 Vgl. Gatchev/Pulvino/Tarhan (2010), S. 728–732; Dasgupta/Noe/Wang (2011), S. 1259–1261.

werden kurz empirische Arbeiten zu negativen Konsequenzen von Fehlermeldungen in den USA vorgestellt. Hierdurch können Einflussfaktoren auf fehlerhafte Rechnungslegung, welche trotz dieser negativen Folgen existieren, besser beurteilt werden. Im Anschluss wird die Forschungslücke hinsichtlich des Zusammenhangs von fehlerhafter Rechnungslegung und Unternehmensfinanzierung herausgearbeitet. Hierzu wird die Literatur ausgewertet und eine Vielzahl an Einflussfaktoren auf Rechnungslegungsverstöße aufgezeigt, die insbesondere in der Agency-Theorie verankert sind. Im Zuge dieser Darstellungen werden auch Hindernisse empirischer Analysen deutlich gemacht. Darauf folgt eine Untersuchung der Fehlerbekanntmachungen in Deutschland, welche die gehäuft auftretenden Rechnungslegungsverstöße kenntlich macht und umfassend systematisiert. Dies basiert auf der Arbeit von von Keitz/Wenk (2010), weist jedoch einen längeren Analysehorizont, eine andere Vorgehensweise bei der Selektion der zu untersuchenden Stichprobe sowie eine verfeinerte Vorgehensweise bei deren Untersuchung auf. Hierdurch wird eine sachgemäße Auswahl der für eine Analyse der Einflussfaktoren auf Rechnunglegungsverstöße zu betrachtenden Fälle gewährleistet. Aufbauend auf dieser Untersuchung wird auch ein Einblick in besondere Einzelfälle gewonnen, die den Zusammenhang von fehlerhafter Rechnungslegung und Managemententlohnung bzw. Aktienhandel von Vorstand und Aufsichtsrat beleuchten. Großzahlige Auswertungen sind hierzu kaum möglich. Schließlich folgt eine empirische Analyse des Zusammenhangs von fehlerhafter Rechnungslegung und Unternehmensfinanzierung. Diese soll helfen, bisherige Mängel in der Rechnungslegungsforschung zu diesem Themenbereich zu beheben.

Die Ergebnisse sind zum einen für die DPR von praktischer Relevanz. Eine Kenntnis der Einflussfaktoren auf Rechnungslegungsverstöße kann ihr bei der Selektion zu prüfender Unternehmen helfen. In länderübergreifenden Untersuchungen wird die Bedeutung eines effektiven Enforcement von Rechnungslegungsregeln, beispielweise für eine konsistente Umsetzung der IFRS, deutlich.[29] Zum anderen wird durch die Erstellung eines Modells für das Zusammenspiel von Rechnungslegungsverstößen und der Unternehmensfinanzierung eine validere Untersuchung einschlägiger, oben angeführter, Fragestellungen ermöglicht, als dies bis dato in der Rechnungslegungsforschung vorlag. Dieses bessere Verständnis ist potenziell z.B. für Kapitalgeber entscheidungsrelevant,

29 Siehe hierzu exemplarisch die Studien von Leuz/Nanda/Wysocki (2003), Burgstahler/Hail/Leuz (2006), Daske et al. (2008), Landsman/Maydew/Thornock (2012), Christensen/Hail/Leuz (2013) und Brown/Preiato/Tarca (2014) sowie die kritischen Ausführungen bei Holthausen (2009), Ballwieser (2014), S. 638–642, und Hitz (2014), S. 287–292.

um Investitionen in Unternehmen mit fehlerhafter Rechnungslegung zu vermeiden. Insgesamt soll diese Arbeit einen Beitrag zum wachsenden Bereich des „new institutional accounting research“[30] leisten, welches die Bedeutung länderspezifischer Rahmenbedingungen für das Rechnungswesen hervorhebt, indem die Arbeit des reformierten deutschen Enforcement-Systems und v.a. der Zusammenhang von Rechnungslegungsverstößen und Unternehmensfinanzierung untersucht werden.

30 Leuz/Wysocki (2008), S. 57.

2 Aufbau und Arbeitsweise von Enforcement-Einrichtungen für die Rechnungslegung[31]

2.1 Enforcement der Rechnungslegung in der Europäischen Union

Die Verordnung der Europäischen Union 1606/2002 sieht vor, dass kapitalmarktorientierte Unternehmen in der Europäischen Union mit einigen Ausnahmen ab dem Jahr 2005 Konzernabschlüsse nach IFRS aufzustellen haben. Hiermit sollte die Vergleichbarkeit und Transparenz der Berichterstattung dieser Unternehmen verbessert werden.[32] Gemäß Artikel 16 sollten die Mitgliedstaaten passende Maßnahmen ergreifen, um eine konsistente Anwendung der internationalen Rechnungslegungsstandards zu gewährleisten. Mit der Koordinierung und Überwachung dieser Maßnahmen wurde der Ausschuss der europäischen Wertpapierregulierungsbehörden CESR beauftragt.[33] Er sollte Prinzipien zur Ausgestaltung nationaler Enforcement-Instanzen für die Rechnungslegung entwickeln und hat als Ergebnis zwei Standards herausgebracht.

Standard No. 1 enthält 21 Prinzipien als Mindestanforderungen, die die Mitgliedstaaten einhalten müssen, um ein effektives Enforcement zu gewährleisten. Diese umfassen z.B. die Option, unabhängige Instanzen mit der Enforcement-Aufgabe zu beauftragen, und die Vorgabe, die zu prüfenden Unternehmen sowohl anhand eines risikobasierten als auch anhand eines stichprobenorientierten Verfahrens auszuwählen. Außerdem werden mögliche Sanktionsmaßnahmen angesprochen.[34] Standard No. 2 hingegen weist vier Prinzipien auf, die sich vorrangig mit der Harmonisierung der Enforcement-Maßnahmen in der Europäischen Union durch einen regelmäßigen Austausch zwischen den nationalen Enforcement-Instanzen und dem Aufbau einer zentralen Datenbank zu Enforcement-Entscheidungen der jeweiligen Institutionen befassen.[35] Diese Datenbank

31 Die Ausführungen in den Abschnitten 2.1 und 2.2.1 folgen in großem Umfang wörtlich meiner unveröffentlichten Projektstudie zur Erlangung des akademischen Grades Master of Business Research (MBR).

32 Vgl. Europäische Union (2002), Art. 3.

33 Vgl. Lohwasser (2006), S. 77–81; Schmidt-Verstyl (2008), S. 11–15. Seit dem 1. Januar 2011 firmiert er unter dem Namen ESMA, vgl. Hoffmann/Detzen (2011).

34 Vgl. CESR (2003); Berger (2010), S. 18f.

35 Vgl. CESR (2004); Sanio (2008), S. 524f.; Berger (2010), S. 20–22; Scheffler/Zempel (2012), Rn. 58–60; Parent (2014), S. 336f. Auszüge der anonymisierten Fälle finden

soll zum einen Erstellern und Nutzern von Finanzberichterstattung bei auslegungsbedürftigen Bilanzierungsfragen helfen, zum anderen eine Konvergenz der europäischen Enforcement-Aktivitäten fördern.

Beide Enforcement-Standards wurden im Jahr 2014 revidiert. Hierdurch wurden die Prinzipien der beiden Standards im Rahmen von 18 Richtlinien zusammengefasst und teilweise angepasst, sodass v.a. die Erfahrungen der Enforcement-Institutionen besser berücksichtigt werden und eine Harmonisierung des Enforcement der Rechnungslegung in der Europäischen Union weiter vorangetrieben wird.[36]

2.2 Enforcement-Einrichtungen für die Rechnungslegung in Deutschland

2.2.1 Aufbau und Arbeitsweise

Auf diese Bestrebungen in der Europäischen Union hin trat in Deutschland u.a. das Gesetz zur Kontrolle von Unternehmensabschlüssen (Bilanzkontrollgesetz – BilKoG) am 21. Dezember 2004 in Kraft. Es schaffte die gesetzliche Grundlage für den Aufbau eines zweistufigen Enforcement-Verfahrens für die Rechnungslegung, bestehend aus der DPR und der BaFin.[37] Das DPR/BaFin-Verfahren ist als wesentliche Erweiterung des deutschen Enforcement-Systems neben Aufsichtsrat und Abschlussprüfer anzusehen[38] und arbeitet seit dem 1. Juli 2005.

Die Besonderheit der deutschen Enforcement-Instanzen ist die Kombination aus privatrechtlicher und staatlicher Aufsicht: Auf der ersten Verfahrensstufe steht die DPR als privatrechtlich organisierte Einrichtung, auf der zweiten

---

sich im Internet unter: http://www.esma.europa.eu/page/IFRS-Enforcement-0 (Stand: 08.04.2015), wobei jedoch deutsche Fälle aufgrund von Bedenken hinsichtlich des Datenschutzes nicht öffentlich bekannt gemacht werden dürfen, vgl. Gödel/Wich (2012), S. 921.

36 Vgl. ESMA (2014a); ESMA (2015), S. 6f. Für eine Diskussion der europarechtlichen Vereinbarkeit des deutschen Enforcement-Verfahrens vor dem Hintergrund dieser Überarbeitung siehe Hommelhoff/Gundel (2014), S. 813–815.

37 Die entsprechenden gesetzlichen Regelungen finden sich maßgeblich in den §§ 342b-e HGB und §§ 37n-u WpHG, vgl. Schmidt-Verstyl (2008), S. 34f. Siehe z.B. Böckem (2000), S. 136–147, Hommelhoff (2001), Moxter (2001), S. 607, Tielmann (2001), S. 224–318, Lenz/Bauer (2002), Kiefer (2003), S. 147–177, und Schmidt-Verstyl (2008), S. 17–34, für einen Überblick über die vor Inkrafttreten des BilKoG in der Literatur erörterten Ausgestaltungsmöglichkeiten einer Enforcement-Instanz für die Rechnungslegung.

38 Vgl. Brown/Tarca (2005), S. 197f.

die staatliche Behörde BaFin mit öffentlich-rechtlichen Befugnissen.[39] Deren Kontrolle unterliegen alle Unternehmen, die Wertpapiere in einem regulierten Marktsegment einer deutschen Börse emittiert haben.[40] Es ist irrelevant, ob der Sitz des Unternehmens im In- oder Ausland liegt.[41] Zum 8. April 2015 arbeiten 16 Personen hauptamtlich für die Prüfstelle der DPR, mehrheitlich mit langjähriger Erfahrung im Rechnungswesen oder in der Wirtschaftsprüfung.[42] Die Anzahl der im Enforcement von Rechnungslegungsregeln involvierten Mitarbeiter der BaFin ist jedoch unklar.[43] Die Finanzierung erfolgt großteils durch eine Zwangsumlage der betroffenen Unternehmen.[44]

Eine Prüfung durch die DPR kann zum einen reaktiv aufgrund des Vorliegens von konkreten Anhaltspunkten auf einen Verstoß gegen Rechnungslegungsvorschriften (Anlassprüfung) oder auf Verlangen der BaFin hin erfolgen, soweit

---

39 Vgl. Scheffler/Zempel (2012), Rn. 9–14. Zur Organisationsstruktur der DPR vgl. Zülch (2005), S. 565–567, und umfassend Schmidt-Verstyl (2008), S. 39–75. In Frankreich beispielsweise wird das Enforcement der Rechnungslegung hingegen durch die rein staatliche Autorité des marchés financiers (AMF) gewährleistet, in Großbritannien durch das privatrechtlich organisierte Financial Reporting Review Panel (FRRP). Zum Verhältnis zwischen DPR- bzw. BaFin-Prüfungen und Nichtigkeitsklagen nach § 256 AktG sowie aktienrechtlichen Sonderprüfungen siehe Mattheus/Schwab (2004b), S. 1099f., Gelhausen/Hönsch (2005), S. 517, Schmidt-Verstyl (2008), S. 134–147, und Hitz/Ernstberger/Stich (2012), Rn. 93–97.

40 Vgl. Bockmann (2012), S. 9 und 157; Thormann/Zempel (2013), Rn. 52–57. Die letzte Aufstellung dieser ca. 750 Unternehmen zum Stichtag 1. Juli 2014 findet sich im Internet unter: http://www.bafin.de/SharedDocs/Downloads/DE/Liste/dl_li_fis_enforcement.html (Stand: 08.04.2015). Davon waren 168 ausländische Unternehmen. Zur Einführung der DPR im Jahr 2005 standen noch 1.253 Unternehmen unter dem Enforcement, vgl. Berger/Pasch (2013), S. 384.

41 Vgl. Schmidt-Verstyl (2008), S. 81–85. Dementsprechend können manche Unternehmen mehrfach geprüft werden, da andere Enforcement-Instanzen nach Sitz des Unternehmens auswählen. Dieses Problem wurde mittlerweile gelindert, da DPR und BaFin seit dem 20. April 2009 unter bestimmten Bedingungen von einer Prüfung ausländischer Unternehmen absehen können, vgl. Berger (2010), S. 30.

42 Vgl. im Internet unter: http://www.frep.info/ueber_uns/mitglieder_der_pruefstelle.php (Stand: 08.04.2015). Daneben kann die DPR ca. 180 externe Sachverständige – mehrheitlich von großen Wirtschaftsprüfungsgesellschaften – einschalten, vgl. Scheffler/Zempel (2012), Rn. 53.

43 Vgl. BaFin (2014), S. 192f.

44 Vgl. Gelhausen/Hönsch (2005), S. 512; Scheffler/Zempel (2012), Rn. 186–191. Haller/Bernais (2005), S. 61–63, Lohwasser (2006), S. 181f., Schmidt-Verstyl (2008), S. 217–220, und BaFin (2014), S. 181, zeigen die Finanzierung einer Prüfung durch die BaFin auf.

dieser entsprechende Anhaltspunkte vorliegen (Verlangensprüfung).[45] Konkrete Anhaltspunkte ergeben sich durch Hinweise von Anlegern oder Gläubigern und Berichten in der Wirtschaftspresse; reine Spekulationen oder Vermutungen sind nicht hinreichend.[46] Zum anderen kann die DPR ohne einen bestimmten Anlass stichprobenartige Prüfungen beginnen: entweder aufgrund einer risikoorientierten Auswahl (erste Stichprobengruppe) oder aufgrund eines Stichprobenverfahrens (zweite Stichprobengruppe). Die risikoorientierte Auswahl basiert auf einer Eruierung von Risikoaspekten, z.B. kritischen Entwicklungen einer Branche und Bilanzierungsvorgängen, die als besonders anfällig für Fehler angesehen werden. Nach einer Festlegung der Gesamtzahl der Stichprobenelemente werden zunächst 30% der Unternehmen gezogen, die der ersten Stichprobengruppe angehören. Die Differenz zur festgelegten Gesamtanzahl wird aus der zweiten Stichprobengruppe gefüllt, wobei eine Schichtung gewährleisten soll, dass die 160 Unternehmen mit Wertpapieren in den Aktienindizes DAX, MDAX, SDAX oder TecDAX der Frankfurter Wertpapierbörse alle vier bis fünf, kleinere Unternehmen alle acht bis zehn Jahre untersucht werden.[47]

Am Jahresende veröffentlicht die DPR Prüfungsschwerpunkte, welche bei jeder Stichprobenprüfung des Folgejahres aufgegriffen werden, sofern sie bei dem zu prüfenden Unternehmen relevant sind.[48] Hierdurch haben die Unternehmen die Chance, die entsprechenden Sachverhalte noch vor Fertigstellung des Abschlusses besonders kritisch zu überprüfen. Die Festlegung der Prüfungsschwerpunkte orientiert sich an der Erfahrung der DPR mit oft fehlerhaft umgesetzten Bilanzierungsvorschriften, momentanen wirtschaftlichen Entwicklungen mit potenziellen Auswirkungen auf bilanzielle Sachverhalte und der Verabschiedung neuer Standards.[49] Seit November 2009 besteht außerdem die Möglichkeit, fallbezogene

---

45 Für eine Definition und Kategorisierung von Fehlern in der Rechnungslegung siehe die in Fn. 8 genannten Quellen sowie Gahlen/Schäfer (2006), S. 1621; Henzler (2006), S. 21–32; IDW (2006), S. 1423f.; Berger (2008), S. 503–507 und 510; Kuhner (2010), S. 988–991; Schindler/Haußer (2012), S. 234f.; Rossmanith/Wehinger (2013), S. 478–481.

46 Vgl. Gelhausen/Hönsch (2005), S. 514–516; Zülch (2005), S. 568; Bräutigam/Heyer (2006), S. 188–191; Gahlen/Schäfer (2006), S. 1619f.; Schmidt-Verstyl (2008), S. 85–91; Scheffler/Zempel (2012), Rn. 108–115.

47 Vgl. Scheffler/Zempel (2012), Rn. 116–123; Thormann/Zempel (2013), Rn. 89–92. Kritisch gegenüber den Leitlinien der Stichprobenprüfung sind Gelhausen/Hönsch (2005), S. 516.

48 Vgl. Bockmann (2012), S. 164; Thormann/Zempel (2013), Rn. 107.

49 Vgl. DPR (2014), S. 12. Auch dies ist Teil der Präventionsfunktion der DPR. Teilweise folgt hier eine Orientierung an den unverbindlichen Schwerpunktvorgaben der ESMA,

Voranfragen an die DPR zu richten, um potenziell unklare Sachverhalte der Rechnungslegung vorab zu klären.[50]

Bei den selektierten Unternehmen prüft die DPR den zuletzt festgestellten Jahresabschluss oder den zuletzt gebilligten Konzernabschluss sowie den zugehörigen (Konzern-)Lagebericht und, seit dem Jahr 2007 aufgrund des – für die europarechtliche Vereinbarkeit des deutschen Enforcement-Verfahrens notwendigen – Transparenzrichtlinie-Umsetzungsgesetzes (TUG), auch den Halbjahresbericht hinsichtlich der Einhaltung der gesetzlichen Vorschriften einschließlich der Grundsätze ordnungsmäßiger Buchführung sowie den sonstigen durch Gesetz zugelassenen Rechnungslegungsstandards.[51] Zu letzter Gruppe zählen auch die IFRS. Halbjahresberichte werden jedoch lediglich aufgrund konkreter Hinweise auf einen Verstoß gegen Rechnungslegungsnormen und auf Verlangen der BaFin hin untersucht.[52] Konzernabschlüsse und zugehörige Lageberichte stellen den Schwerpunkt der Prüfung dar, da sie eine größere Bedeutung für die Information der Kapitalmarktteilnehmer aufweisen als Einzelabschlüsse, welche somit nur nachrangig untersucht werden.[53] Zu beachten ist auch, dass nicht die vollständige Berichterstattung im Sinne einer zweiten Abschlussprüfung überprüft wird, sondern eine Fokussierung auf Teilbereiche erfolgt. Bei Anzeichen auf Verstöße wird der Prüfungsumfang jedoch regelmäßig ausgeweitet.[54] Um die Untersuchung eines Sachverhalts durchführen zu können, fordert die DPR gewöhnlich Protokolle von Aufsichtsratssitzungen, interne Kalkulationen (z.B. zu Impairment-Tests) und

---

vgl. beispielsweise ESMA (2015), S. 15f. Siehe Bischof/Hettich (2011) für eine allgemeine Diskussion der Prüfungsschwerpunkte.

50 Sie gewähren aber keine einem, in anderen Ländern etablierten, Pre-Clearance-Verfahren ähnliche Rechtsverbindlichkeit, vgl. Bockmann (2012), S. 179f.; Gödel/Wich (2012), S. 923; Scheffler/Zempel (2012), Rn. 23–25; Zülch/Höltken/Ebner (2014), S. 610f.

51 Vgl. Gelhausen/Hönsch (2005), S. 512–514. Für eine genauere Darstellung siehe auch Schmidt-Verstyl (2008), S. 99–105; Kumm/Müller (2009), S. 77f.; Scheffler/Zempel (2012), Rn. 80–83. Quartalsberichte unterliegen somit nicht dem Enforcement.

52 Vgl. Böcking/Stein (2007), S. 45 und 52; Zülch/Burghardt (2007), S. 370; Ernstberger/Pfauntsch (2008), S. 195; Sanio (2008), S. 522.

53 Vgl. Scheffler/Zempel (2012), Rn. 82; Thormann/Zempel (2013), Rn. 59.

54 Die Breite der Untersuchungen hängt u.a. davon ab, ob es sich um eine risikoorientierte oder stichprobenbasierte Prüfung handelt. Es findet aber keine Vollprüfung statt. Für detaillierte Darstellungen siehe Gelhausen/Hönsch (2005), S. 518–520, Zülch (2005), S. 568, sowie Schmidt-Verstyl (2008), S. 105–108.

den Prüfungsbericht des Abschlussprüfers sowie die Aufstellung nicht gebuchter Prüfungsdifferenzen an.[55]

Falls bei diesen Untersuchungen wesentliche Fehler festgestellt werden, informiert sie die BaFin darüber.[56] Jährlich führt die DPR zwischen 100 und 140 Untersuchungen durch, wobei sie in ca. 20% bis 25% der Fälle wesentliche Verstöße gegen Rechnungslegungsvorschriften feststellt.[57] In den letzten Jahren ist ein gewisser Rückgang der Fehlerquoten zu verzeichnen, wobei unklar ist, wie lange dieser Trend anhält.

Weigert sich ein Unternehmen, die Feststellung der DPR hinzunehmen, führt die BaFin erneut eine Untersuchung durch.[58] Die BaFin wird auch dann aktiv, wenn ein Unternehmen es ablehnt, mit der DPR zu kooperieren und Informationen für die Bearbeitung ihres Falls auszuhändigen; sie kann die Erteilung von Auskünften und die Aushändigung von Unterlagen einfordern.[59] Außerdem kann sie sich der DPR als Verwaltungshelferin für die Prüfungsdurchführung

---

55 Vgl. Schmidt-Verstyl (2008), S. 111–121; Meyer/Bockmann (2011), S. 624–626. Ein Recht, weitere Arbeitspapiere des Abschlussprüfers einzufordern, hat lediglich die BaFin, vgl. Sanio (2008), S. 523f.; Berger (2010), S. 25. Siehe auch Gelhausen/Hönsch (2005), S. 521–523, Bräutigam/Heyer (2006), S. 191–194, Schmidt-Verstyl (2008), S. 121–125, sowie Scheffler/Zempel (2012), Rn. 99–107, zur Beteiligung des Abschlussprüfers in den Untersuchungen der DPR bzw. BaFin.

56 Vgl. Gahlen/Schäfer (2006), S. 1620.

57 Vgl. Scheffler (2006), S. 7f. Dies stellt die Arbeit der Abschlussprüfer infrage, da diese dieselbe Wesentlichkeitsgrenze anzuwenden haben, vgl. Berger (2010), S. 26, Meyer/Bockmann (2011), S. 626f., und Scheffler/Zempel (2012), Rn. 35 und 43–45, grundsätzlich auch Kuhner (2010), S. 1016f.; anderer Auffassung sind Beyhs/Kühne/Zülch (2012), S. 656f., und Thormann/Zempel (2013), Rn. 77. Die Problematik, eine Wesentlichkeitsgrenze zu definieren, wird bei Ballwieser (1985), S. 62–64, und Ballwieser (2008b), S. 56–62, veranschaulicht.

58 Dies betrifft durchschnittlich ca. 20% bis 30% der Fälle, vgl. DPR (2015), S. 8. Zu beachten ist, dass ein Unternehmen sein Einverständnis mit dem Prüfungsergebnis nur insgesamt erteilen oder verweigern kann, vgl. Kumm/Müller (2009), S. 78.

59 Unter bestimmten Umständen kann auch eine Verzögerung durch das Unternehmen als fehlende Mitwirkung angesehen werden, vgl. Scheffler/Zempel (2012), Rn. 21f. Außerdem wird die BaFin aktiv, wenn sie an der ordnungsgemäßen Prüfung durch die DPR und der Richtigkeit der Ergebnisse erhebliche Zweifel hat oder eine Prüfung nach § 44 Abs. 1 Satz 2 KWG oder § 83 Abs. 1 Nr. 2 VAG durchführt, die denselben Gegenstand betrifft, vgl. Gelhausen/Hönsch (2005), S. 516f.; Kuhner (2010), S. 1013.

bedienen, auf deren Erkenntnisse sie auch zurückgreifen kann.[60] Die Anordnung ihrer Prüfung kann sie im Bundesanzeiger bekannt machen.[61]

Sofern ein Verfahren mit einer Fehlerfeststellung endet, weil entweder das Unternehmen mit dem negativen Ergebnis der DPR einverstanden ist oder die BaFin selbst eine fehlerhafte Rechnungslegung aufgedeckt hat, kann die BaFin die Bekanntmachung des Rechnungslegungsverstoßes anordnen.[62] Davor wird das Unternehmen jedoch gefragt, ob es dem Ergebnis zustimmt.[63] Akzeptiert das Unternehmen das Ergebnis der Prüfung, hat auf die Fehlerbekanntmachungsanordnung der BaFin hin die Veröffentlichung unverzüglich zum einen im Bundesanzeiger, zum anderen in einem überregionalen Börsenpflichtblatt oder über ein elektronisch betriebenes Informationsverarbeitungssystem zu erfolgen.[64] Gegen die Fehlerfeststellung und deren Veröffentlichung kann das Unternehmen zwar Widerspruch und anschließend Beschwerde beim OLG Frankfurt am Main einlegen, dies führt aber nicht zu einer aufschiebenden Wirkung hinsichtlich der Publikationsverpflichtung.[65]

Die Veröffentlichungen bieten kaum Gestaltungsspielräume und enthalten lediglich Angaben zu den Fehlern samt den wesentlichen Teilen der Begründung der Feststellung. Sie enthalten keine Angaben zu Art und Umfang der Prüfung; Kommentierungen oder Einschränkungen der Ergebnisse durch das

---

60 Vgl. Kumm/Müller (2009), S. 78f.; Kuhner (2010), S. 1013f.; Schmidt-Verstyl (2008), S. 65f.; Thormann/Zempel (2013), Rn. 113. Ausführlich zur Prüfung durch die BaFin auch Gelhausen/Hönsch (2005), S. 520f. und 524, sowie Schmidt-Verstyl (2008), S. 126–131.

61 Vgl. Scheffler/Zempel (2012), Rn. 196; Thormann/Zempel (2013), Rn. 122.

62 Siehe Schmidt-Verstyl (2008), S. 147–167, für eine umfassende Darstellung möglicher Verfahrensabschlüsse. In seltenen Fällen, in denen kein öffentliches Interesse besteht oder das betroffene Unternehmen berechtigte Interessen an einer Geheimhaltung vorweist, kann eine Veröffentlichung unterbleiben. Diese haben jedoch faktisch keine Bedeutung, vgl. Gahlen/Schäfer (2006), S. 1621; Schmidt-Verstyl (2008), S. 188–192; Kumm/Müller (2009), S. 79f.

63 Vgl. Gelhausen/Hönsch (2005), S. 523–525.

64 Vgl. Gelhausen/Hönsch (2005), S. 525; Schmidt-Verstyl (2008), S. 192–194; Kumm/Müller (2009), S. 81.

65 Vgl. Gelhausen/Hönsch (2005), S. 526; Kuhner (2010), S. 1014f. Siehe Paul (2011), S. 12–15, Bischof/Oser (2012) und Thormann/Zempel (2013), Rn. 136, für einen Überblick über die bisher wichtigsten Gerichtsentscheidungen zum Enforcement-Verfahren. Bei einer Unterlassung der Publikationspflicht droht eine Geldbuße als Ordnungswidrigkeit bis zu 50.000 Euro, vgl. Gahlen/Schäfer (2006), S. 1620, oder durch eine Festsetzung von Zwangsgeldern bis zu 250.000 Euro, vgl. Scheffler/Zempel (2012), Rn. 206.

Unternehmen sind untersagt.[66] Es ist wichtig zu sehen, dass lediglich Fehlerfeststellungen bekannt gemacht werden; die Durchführung von Prüfungen und die Vorwürfe werden grundsätzlich bis zur Beendigung des Verfahrens geheim gehalten.[67]

Durch die mit dem Enforcement-Verfahren verbundene adverse Publizität sollen Unregelmäßigkeiten in der Finanzberichterstattung präventiv entgegengewirkt und die an der Abschlusserstellung beteiligten Parteien zu einer korrekten Bilanzierung angehalten werden. Damit soll das Vertrauen der Investoren in den Kapitalmarkt gestärkt werden. Bei Aufdeckung von Fehlern drohen infolge ihrer Bekanntmachung negative Reaktionen des Kapitalmarkts und Reputationsverluste. Jedoch haben die Unternehmen seitens der DPR keine weiteren rechtlichen Maßnahmen neben der Fehlerveröffentlichungsanordnung zu befürchten.[68] In den letzten Jahren hat sich die Anzahl der Unternehmen im regulierten Markt deutlich reduziert.[69] Eine Abwanderung in den Freiverkehr kann u.a. durch die Überwachung durch die DPR motiviert werden.

2.2.2 Mittelbare rechtliche Konsequenzen von fehlerhafter Rechnungslegung

Wie soeben angeführt, kann die DPR kaum rechtliche Mittel bei fehlerhafter Rechnungslegung ergreifen.[70] Eine Sanktionierung erhofft sie sich insbesondere durch die erwähnten ökonomischen Konsequenzen der Fehlermeldung. Eine unmittelbare Korrektur des Fehlers auf Anordnung der BaFin sowie die unmittelbare

66 Vgl. Gahlen/Schäfer (2006), S. 1622; Kumm/Müller (2009), S. 80f.; Bockmann (2012), S. 175f.; Thormann/Zempel (2013), Rn. 112.

67 Vgl. Böcking (2007), S. 391f.; gegenteiliger Ansicht sind Bräutigam/Heyer (2006), S. 194f. Jedoch kann aufgrund des Kapitalmarktrechts eine Verpflichtung des Unternehmens bestehen, Investoren über mögliche Auswirkungen der Untersuchung in Form einer Ad-hoc-Mitteilung zu informieren, vgl. Sanio (2008), S. 520; Erchinger/Melcher (2008b), S. 623; Schmidt-Verstyl (2008), S. 194–199; Scheffler/Zempel (2012), Rn. 98.

68 Vgl. Gahlen/Schäfer (2006), S. 1622f.; Kuhner (2010), S. 1010 und 1015f. Mittelbare rechtliche Folgen von Fehlermeldungen werden in Abschnitt 2.2.2 dargestellt.

69 Vgl. Berger/Pasch (2013), S. 384–387, sowie Fn. 40. Berger und Pasch liefern eine umfassende Untersuchung der zeitlichen Entwicklung der überwachten Unternehmen und führen potenzielle Gründe für die Verringerung ihrer Anzahl an.

70 In diesem Abschnitt erfolgt eine Begrenzung auf den deutschen Rechtsraum, da ausländische rechtliche Regelungen grundsätzlich keine Bedeutung für die in den folgenden Analysen betrachteten deutschen Unternehmen mit Fehlermeldungen haben – abgesehen von dortigen Börsennotierungen, die jedoch ausgeklammert werden.

Aufstellung eines neuen Abschlusses unterbleiben aber, da dies nicht Gegenstand des Enforcement-Verfahrens ist, sondern im Verantwortungsbereich der Vertreter des Unternehmens liegt und durch die gesetzlichen Vorschriften und einschlägigen Rechnungslegungsnormen geregelt werden soll.[71]

Somit können nach Fehlermeldungen negative Konsequenzen durch andere gesetzliche Vorschriften und Instanzen drohen. Die Berichtigungspflicht des monierten Abschlusses ist zwingend, sofern der Abschluss nun kein korrektes Bild der Vermögens-, Finanz- und Ertragslage mehr vermittelt, ausgenommen die Fehler können im laufenden Jahres- oder Konzernabschluss berücksichtigt werden.[72] Zivilrechtlich können zum einen die Gesellschaft, zum anderen auch Geschäftsleiter, Aufsichtsräte und leitende Mitarbeiter von externen Dritten haftbar gemacht werden. Letztere Gruppe kann auch gegenüber der Gesellschaft selbst schadensersatzpflichtig werden. Handelsrechtlich drohen – bei unrichtiger Wiedergabe der Verhältnisse oder ihrer Verschleierung gemäß § 331 HGB – Freiheitsstrafen bis zu drei Jahren oder Geldstrafen für Mitglieder der vertretungsberechtigten Organe oder des Aufsichtsrats einer Kapitalgesellschaft. Ein Nachweis der Voraussetzungen dieses Paragrafen ist aber regelmäßig schwierig zu führen.[73]

Von höherer Relevanz ist eine aktienrechtliche Nichtigkeit eines Jahresabschlusses, sofern dessen Fehler innerhalb einer bestimmten Frist nach Bekanntgabe des Abschlusses – sechs Monate bzw. drei Jahre – publiziert werden und die weiteren Voraussetzungen des § 256 AktG erfüllt sind. Zwar wird die Analyse in Abschnitt 6.1 zeigen, dass Fehler regelmäßig nach der sechsmonatigen Frist bekannt gemacht werden, aber im Falle einer fehlerhaften Rechnungslegung sind insbesondere diejenigen Nichtigkeitsgründe des § 256 AktG relevant, die innerhalb von drei Jahren erkannt werden müssen, z.B. eine Überbewertung von Bilanzposten nach Abs. 5. Grundsätzlich müssen nichtige Jahresabschlüsse durch wirksame ersetzt werden. Sofern keine Nichtigkeit geltend gemacht werden kann, ist eine Änderung des gegebenenfalls schon festgestellten Abschlusses

---

71 Im Referentenentwurf des BilKoG war diese Kompetenz der BaFin sowie die Möglichkeit der DPR, Korrekturvorschläge zu unterbreiten, noch enthalten, vgl. Referentenentwurf (2003); Mattheus/Schwab (2004b), S. 1099f.

72 Vgl. Scheffler/Zempel (2012), Rn. 210f. Für steuerrechtliche Konsequenzen von Rechnungslegungsverstößen sei auf Müller (2011a), Rn. 17–48, sowie Wied (2014), Rn. 941–1043, verwiesen.

73 Vgl. Erchinger/Melcher (2008b), S. 623; Gehm (2010); Quedenfeld (2013); Eschenfelder (2014), S. 686f. Siehe hierzu auch die überblickartigen Ausführungen bei Castan (2011) und die strafrechtlichen Ausführungen bei Müller (2011b).

zwar möglich, eine Korrektur in laufender Rechnung aber ausreichend. Letztere Regelung greift auch bei Konzernabschlüssen, die von Nichtigkeitsvorschriften nicht erfasst werden. Rückwärtsberichtigungen – wiederum bei Jahresabschlüssen – können notwendig werden, sofern die Fehler Auswirkungen auf gesellschaftsrechtliche oder auch schuldrechtliche Zahlungsverpflichtungen haben. Unter eng abgegrenzten Umständen sind beispielsweise die Gewinnausschüttungen als unberechtigt anzusehen.[74] Zu beachten ist, dass Fehlerfeststellungen bei Konzernabschlüssen, welche im Fokus der DPR stehen, auch regelmäßig Anlass für eine Überprüfung der einbezogenen Jahresabschlüsse geben.[75]

Für die Art der Umsetzung etwaiger Korrekturen sind die entsprechenden (verletzten) Rechnungslegungstandards heranzuziehen.[76] Bei der Umsetzung von Korrekturen an IFRS-Abschlüssen, d.h. insbesondere bei den von der DPR betrachteten Konzernabschlüssen, greifen grundsätzlich die Vorgaben des IAS 8, welcher bei wesentlichen Fehlern entsprechend seiner Kriterien eine Anpassung der Vorjahres-Vergleichsinformationen sowie eine entsprechende Korrektur der aktuellen Werte im ersten auf die Fehlerbekanntmachungen folgenden Abschluss vorsieht. Bei HGB-Abschlüssen können diese Vorschriften analog Anwendung finden.[77] Die DPR überwacht die Korrektur festgestellter Fehler und leitet bei Nichtbefolgung grundsätzlich eine erneute Prüfung ein.[78]

Weitere indirekte Sanktionen durch das Enforcement-Verfahren drohen dadurch, dass bei Bekanntwerden von Tatsachen, die auf das Vorliegen einer Berufspflichtverletzung des Abschlussprüfers schließen lassen, die WPK informiert

74 Vgl. Mattheus/Schwab (2004b), S. 1101–1104; Gelhausen/Hönsch (2005), S. 526–528; Erchinger/Melcher (2008a), S. 680f.; Schmidt-Verstyl (2008), S. 170–177 und 180–186; Scheffler/Zempel (2012), Rn. 212–214. Siehe hierzu auch die Diskussion aus Aktionärssicht bei Mattheus/Schwab (2004a). Zu den Voraussetzungen der Nichtigkeit eines Jahresabschlusses aufgrund von Bewertungsfehlern und den Folgen einer Nichtigkeit siehe umfassend Jungius/Schmidt (2012a) und Jungius/Schmidt (2012b). Hier werden auch die Heilung sonst nichtiger Jahresabschlüsse erörtert und ihre Konsequenzen für Folgeabschlüsse erwogen. Dazu sei auch auf die grundlegenden Ausführungen bei Müller (1991) und Müller (1995) verwiesen.

75 Vgl. Gelhausen/Hönsch (2005), S. 527.

76 Vgl. Ballwieser (2008b), S. 62f.

77 Vgl. Gelhausen/Hönsch (2005), S. 528f.; Erchinger/Melcher (2008a), S. 680–682; Schmidt-Verstyl (2008), S. 178f.; Scheffler/Zempel (2012), Rn. 215; Pellens et al. (2014), S. 209–211 und 218f.

78 Vgl. Ernst (2013).

wird, welche eine berufsaufsichtsrechtliche Untersuchung einleiten kann.[79] Außerdem wird bei Hinweisen auf Verstöße gegen börsenrechtliche Bestimmungen die Börsenaufsichtsbehörde, bei Verdacht auf eine Straftat im Zusammenhang mit der Rechnungslegung die Staatsanwaltschaft informiert.[80]

2.2.3 Vergleich mit Großbritannien

Neben der Kombination aus privater und staatlicher Aufsicht, wie sie in Deutschland gewählt wurde, weisen die meisten Länder eine Tendenz zu einem dieser beiden Pole bei der Ausgestaltung von Enforcement-Instanzen für die Rechnungslegung auf.[81] Diese Besonderheit des deutschen Enforcement-Verfahrens ist weltweit (fast) einmalig.[82] Als Gegenstück zu staatlichen Vorkehrungen wie in den USA oder auch in Frankreich, Italien und Spanien soll kurz auf den Aufbau und die Arbeitsweise des Enforcement der Rechnungslegung in Großbritannien eingegangen werden.[83]

Dort wurde weitgehend eine private Lösung gefunden (die aufgrund der Kooperation mit den britischen Finanzmarktaufsichtsbehörden nicht als rein privat betrachtet werden sollte). Zuständig für das Enforcement im Bereich der Finanzberichterstattung ist seit dem Jahr 1991 das Financial Reporting Review Panel (FRRP). Dieses ist ein privatrechtlicher Verein wie die DPR, hat jedoch keine hoheitliche Instanz direkt zur Seite gestellt. Während die Mitglieder der Prüfstelle der DPR hauptberuflich tätig sind, trifft das beim FRRP nur auf den Vorsitzenden und seine Stellvertreter zu; die restlichen Mitglieder – zum 8. April 2015

79 Siehe auch Naumann (2008), S. 115–117, zur Kooperation zwischen DPR und WPK. Die Rolle der APAK bei Berufsaufsichtsverfahren wird in APAK (2014), S. 24–26, dargestellt.

80 Vgl. Schmidt-Verstyl (2008), S. 199–201; Kuhner (2010), S. 1015; Bockmann (2012), S. 174; Scheffler/Zempel (2012), Rn. 181f. und 201. Zu potenziellen Folgen siehe prägnant Erchinger/Melcher (2008b), S. 623.

81 Für grundsätzliche Diskussionen zu staatlicher gegenüber privater Regulierung siehe Becker/Stigler (1974), Ebbers (2001), S. 18–27, Coffee (2007), Posner (2014), S. 859–870, sowie die Studien von La Porta/Lopez-de-Silanes/Shleifer (2006) und Jackson/Roe (2009).

82 Das österreichische Verfahren folgt dem deutschen Vorbild, hat jedoch erst am 1. Juli 2013 seine Arbeit aufgenommen, vgl. im Internet unter: http://www.oepr-afrep.at/home.html (Stand: 08.04.2015). Zur Diskussion dieses Verfahrens siehe Zülch/Hoffmann/Höltken (2014).

83 Ein Überblick über das Enforcement der Rechnungslegung in der Europäischen Union findet sich bei Berger (2009).

23 Personen – arbeiten ehrenamtlich.[84] Die Finanzierung erfolgt im Gegensatz zu Deutschland (und den USA) im Grundsatz durch freiwillige Zahlungen betroffener Parteien wie der Unternehmen und der Wirtschaftsprüfer. Von seinem Umfang her ist das Budget sowohl niedriger als das der DPR als auch deutlich niedriger als das der entsprechenden Stellen der SEC, die im folgenden Abschnitt genannt werden.[85]

Das FRRP überwacht insbesondere große börsennotierte Unternehmen sowie auch große nicht-börsennotierte Unternehmen. Grundsätzlich können auch ausländische Unternehmen, die in Großbritannien börsennotiert sind, untersucht werden, wobei das FRRP von diesem Recht nur selten Gebrauch macht. Kontrolliert werden insbesondere Jahres- und Konzernabschlüsse sowie Zwischenberichte und zugehörige Lageberichtsäquivalente, was vergleichbar zum Spektrum der DPR ist.[86]

Auch die Prüfungseinleitung ist ähnlich und umfasst eine proaktive, stichprobenbasierte und eine reaktive Komponente, die auf konkreten Anhaltspunkten fußt. Wie in Deutschland werden Prüfungsschwerpunkte ex ante publiziert, wobei sogar in den kommenden Jahren fokussierte Branchen genannt werden.[87]

Kommt es zu einvernehmlichen Feststellungen beider Parteien, wird das der Öffentlichkeit in Form einer Pressemitteilung kommuniziert.[88] Diese enthält wie in Deutschland die festgestellten Fehler, aber auch anschließende Abhilfemaßnahmen. Die Korrektur in Folgeberichten oder eine Neuaufstellung bestehender Abschlüsse geht damit einher, je nach Schwere der Fehler. Im Vergleich zu Deutschland sind Fehlermeldungen aber von deutlich geringerer Zahl. Seit

---

84 Für eine Darstellung seiner Entwicklung und Organisationsform siehe Böckem (2000), S. 63–75; Tielmann (2001), S. 199–207; Lohwasser (2006), S. 150–154; Bockmann (2012), S. 125–129. Eine Übersicht über die Mitglieder findet sich im Internet unter: http://www.frc.org.uk/Our-Work/Conduct/Corporate-Reporting-Review/Members-of-the-Financial-Reporting-Review-Panel-(F.aspx (Stand: 08.04.2015).

85 Vgl. Lohwasser (2006), S. 162–164; Bockmann (2012), S. 131f.

86 Vgl. Bockmann (2012), S. 130f.

87 Für eine umfassende Darstellung des Ablaufs von Enforcement-Prüfungen des FRRP sowie seiner mit der DPR vergleichbaren Auskunftsrechte siehe Lohwasser (2006), S. 154–158, Eiselt/Pleitner (2010), S. 303, und Bockmann (2012), S. 132–136. Eine prägnante Erläuterung der Vorgehensweise des FRRP findet sich auch im Internet unter: https://www.frc.org.uk/Our-Work/Conduct/Corporate-Reporting-Review/Entity-specific-public-announcements.aspx (Stand: 08.04.2015).

88 Diese Pressemitteilungen finden sich im Internet unter: https://www.frc.org.uk/Our-Work/Conduct/Corporate-Reporting-Review/Entity-Specific-Public-Announcements-(1).aspx (Stand: 08.04.2015).

Oktober 2014 sind auch sog. Committee References offiziell geregelt. Dabei handelt es sich um Hinweise in Geschäftsberichten, dass eine Untersuchung des FRRP zu einer Änderung der Bilanzierung geführt hat. Hiermit sollen den Investoren auch Fehler bekannt gemacht werden, die als nicht so wesentlich anzusehen sind, dass sie eine Pressemitteilung des FRRP notwendig machen.[89]

Falls die Unternehmen nicht mit dem FRRP kooperieren oder dessen Fehlerfeststellung nicht akzeptieren, sind die direkten Konsequenzen gering. Gerichtsstreitigkeiten werden vom FRRP faktisch nicht angestrebt. Indirekt drohen jedoch Sanktionen durch einen Verweis auf die britischen Finanzmarktaufsichtsbehörden, sodass negative Folgen für börsennotierte Unternehmen existieren. Diese Behörden können Fehlerfeststellungen bekannt machen sowie beispielsweise zu Fehlerkorrekturen auffordern und Geldbußen oder Handelsausschlüsse der Wertpapiere festlegen. Den Abschlussprüfern drohen wie in Deutschland Sanktionen durch ihre Berufsaufsicht.[90]

2.2.4 Vergleich mit den USA

Das meistgenannte Beispiel für eine rein staatliche Ausgestaltung des Enforcement der Rechnungslegung ist die SEC in den USA. In der vorliegenden Arbeit wird regelmäßig auf US-amerikanische empirische Studien eingegangen, sodass ein gewisses Verständnis dieser Enforcement-Instanz für Rechnungslegungsvorschriften unabdingbar ist, um die Aussagekraft ihrer Resultate einschätzen zu können. Dementsprechend werden in diesem Abschnitt wesentliche Unterschiede zur DPR kenntlich gemacht.

In den USA ist das Enforcement der Rechnungslegung der im Jahr 1934 gegründeten SEC überlassen, welcher als Bundesbehörde umfassende hoheitliche Kompetenzen zuerkannt sind.[91] Für das Enforcement von Rechnungslegungsregeln – welches nur ein Teilbereich ihres Aufgabenspektrums darstellt – sind die

89 Vgl. FRC (2014), S. 10f. In dieser Quelle wird auch ausführlich das Prozedere des Enforcement von Rechnungslegungsregeln dargestellt, welches im Jahr 2014 reformiert wurde. Dabei wurden insbesondere die genannten Committee References sowie Informationen von Hinweisgebern (Whistleblowers) geregelt, welchen künftig eine größere Bedeutung beigemessen werden soll.

90 Vgl. Böckem (2000), S. 80–85; Tielmann (2001), S. 207–211; Lohwasser (2006), S. 158–162; Eiselt/Pleitner (2010), S. 303f.; Bockmann (2012), S. 135–139. Zu den Kompetenzen des FRRP gehören ebenso wenig eine Normenauslegung wie ein Pre-Clearance, vgl. Bockmann (2012), S. 139f.; FRC (2014), S. 8.

91 Für eine Darstellung der historischen Entwicklung der US-amerikanischen Kapitalmarktaufsicht und der Organisationsform der SEC siehe Wilder (2003), S. xi–xlv;

Division of Enforcement, die Division of Corporation Finance, die Division of Investment Management sowie das Office of the Chief Accountant von besonderer Relevanz.[92] Im Jahr 2015 arbeiten ca. 2.000 Mitarbeiter in diesen Bereichen, wobei zu beachten ist, dass sie nicht allein mit dem Enforcement der Rechnungslegung befasst sind.[93] Die Mitarbeiterzahl liegt somit deutlich über der des deutschen Enforcement-Verfahrens, ist aber z.T. auch dem größeren amerikanischen Kapitalmarkt geschuldet. Dennoch wird ihre Mitarbeiterzahl vor dem Hintergrund der Aufgaben und der zu prüfenden Unterlagen oft als zu niedrig angesehen.[94] Die Finanzierung erfolgt vergleichbar über eine Zwangsumlage der betroffenen Unternehmen, wobei die Finanzierungsquellen deutlich breiter ausfallen.[95]

Die Überwachung der Finanzberichterstattung erstreckt sich ähnlich wie in Deutschland auf Unternehmen, deren Wertpapiere an einer von der SEC kontrollierten Börse gelistet sind. Daneben werden aber z.T. auch Unternehmen des Freiverkehrs erfasst. Wie in Deutschland ist das Herkunftsland nicht maßgeblich. Im Allgemeinen werden dieselben Finanzberichte vom Enforcement erfasst – insbesondere die Jahres- und Konzernabschlüsse. Auch das US-amerikanische Lageberichtsäquivalent, die sog. Management's Discussion and Analyis of Financial Position and Results of Operation (MD&A), gehört dazu. Es wird aber auch detaillierter sowohl auf Zulassungsprospekte, die in Deutschland grundsätzlich nur einer formalen Prüfung unterliegen, als auch auf Quartalsabschlüsse eingegangen, die vom deutschen Enforcement nicht erfasst werden.[96]

Tielmann (2001), S. 190–196; Kiefer (2003), S. 30–50; Lohwasser (2006), S. 122–130; Atkins/Bondi (2008); Fischer (2008), S. 12–58; Bockmann (2012), S. 97–102. Die rechtlichen Grundlagen werden umfassend bei Willhelm (1997) abgehandelt. Eine vielseitige kritische Würdigung der SEC leisten beispielsweise Kiefer (2003), S. 121–133, und Fischer (2008), S. 91–104.

92 Siehe hierzu die Übersicht im Internet unter: http://www.sec.gov/divisions/corpfin/cfreportingguidance.shtml (Stand: 08.04.2015).

93 Vgl. SEC (2015b), S. 14. Im Laufe der letzten Jahre wurde die Aufmerksamkeit der Mitarbeiter auf andere Themen der Finanzmarktkrise und auf Betrugsskandale gelenkt, sodass das Enforcement der Rechnungslegung tendenziell vernachlässigt wurde, vgl. Karpoff/Lee/Martin (2014), S. 372f. Als Gegenmaßnahme wurde im Jahr 2013 eine sog. Financial Reporting and Audit Task Force unter der Division of Enforcement gegründet, vgl. SEC (2015b), S. 61f.

94 Vgl. Kiefer (2003), S. 130–133.

95 Vgl. Kiefer (2003), S. 98f.; Lohwasser (2006), S. 147–149; Bockmann (2012), S. 105f.

96 Vgl. Kiefer (2003), S. 68–73; Lohwasser (2006), S. 130; Fischer (2008), S. 21f.; Bockmann (2012), S. 102–104. Eine detaillierte Darstellung der überwachten Finanzberichterstattung findet sich in SEC (2015a).

Die Einleitung einer Prüfung ist wiederum weitgehend vergleichbar: Sie kann insbesondere aufgrund konkreter Hinweise oder eines Stichprobenverfahrens erfolgen, wobei seit dem Sarbanes-Oxley Act spätestens alle drei Jahre eine Untersuchung jedes berichtspflichtigen Unternehmens durchzuführen ist. Prüfungsschwerpunkte bleiben geheim und werden nicht, wie von der DPR, öffentlich bekannt gegeben. Zu beachten ist auch, dass die Einbindung von Hinweisgebern im Gegensatz zu Deutschland forciert wird und für diese sehr lukrativ sein kann.[97] Der Umfang der Untersuchungen ist variabel und hängt vom Eindruck der vorläufigen Prüfung ab. Die Intensität der Prüfung ist nicht fixiert und – wie bei der DPR – nicht mit einer zweiten Abschlussprüfung gleichzusetzen.[98]

Falls die SEC wesentliche Verstöße gegen Rechnungslegungsvorschriften feststellt, ist ihr Sanktionspotenzial sehr weitreichend. Es bleibt nicht wie in Deutschland weitgehend bei der Publikation einer Fehlermeldung. Zusätzlich drohen hohe Bußgelder, die Herausgabe unrechtmäßig erwirtschafteter Gewinne, Handelsausschlüsse der emittierten Wertpapiere, Unterlassungsverfügungen, Suspendierungen und Berufsverbote. Einige dieser Maßnahmen, wie Bußgelder und Berufsverbote, drohen auch dem Abschlussprüfer. Als Sanktionen sind auch personelle Neustrukturierungen und Verfügungen gegen weitere Gehaltszahlungen an Führungskräfte möglich. Strafrechtlich, d.h. seitens des Justizministeriums, drohen besonders hohe Geld- sowie Freiheitsstrafen von bis zu 25 Jahren.[99] Daneben fällt auch eine Korrektur der monierten Finanzberichterstattung (Restatement) unter das Aufgabenspektrum der SEC.[100]

---

97 Vgl. Bockmann (2012), S. 106–108. Siehe Call et al. (2014) für eine empirische Analyse, welche die Konsequenzen der Einbindung von Hinweisgebern bei Fällen fehlerhafter Rechnungslegung in den USA beleuchtet.

98 Vgl. Bockmann (2012), S. 107. Für eine umfassende Darstellung des Ablaufs von Enforcement-Prüfungen und des dabei stattfindenden Zusammenwirkens der relevanten Stellen der SEC sowie ihrer umfangreichen Auskunftsrechte siehe Kiefer (2003), S. 76–90, Lohwasser (2006), S. 130–140, und Bockmann (2012), S. 108–114. Die Arbeitsweise der Division of Enforcement wird ausführlich in SEC (2013) erläutert.

99 Vgl. Tielmann (2001), S. 196f.; Kiefer (2003), S. 91–96; Lohwasser (2006), S. 141–147; Fischer (2008), S. 71–82; Bockmann (2012), S. 116–118. Zu den Sanktionsmaßnahmen siehe auch die Rede der Vorsitzenden der SEC, Mary Jo White, vom März 2014, im Internet unter: http://www.sec.gov/News/Speech/Detail/Speech/1370541253621#.VDVNRGd_t8E (Stand: 08.04.2015). Im Rahmen der Sanktionierung darf ein Einfluss politischer Präferenzen nicht außer Acht gelassen werden, vgl. Heese (2015).

100 Das ist konsequent, da sie auch für die Erstellung der US-amerikanischen Rechnungslegungsnormen zuständig ist. Diese Tätigkeit hat sie jedoch dem FASB übertragen, vgl. Henrici (2004), S. 13–16; Kiefer (2003), S. 50–61; Erchinger/Melcher (2008a),

Dementsprechend sind die Kooperationsbereitschaft und die Wahrscheinlichkeit für einen einvernehmlichen Verfahrensabschluss sehr hoch. In diesem Fall wird aber nicht nur eine Fehlermeldung veröffentlicht, sondern zusätzlich der gesamte Schriftverkehr zwischen beiden Parteien publiziert.[101] Auch die Fehlermeldungen, die ohne einen abschließenden Vergleich resultieren – sog. Accounting and Auditing Enforcement Releases (AAER) – beinhalten deutlich mehr Informationen als die Fehlerveröffentlichungen in Deutschland, beispielsweise zu Zeugenbefragungen oder Implementierungshilfen für fehlerhafte Rechnungslegungssachverhalte.[102] Falls die SEC einen Fall an die Gerichtsbarkeit verweist, wird auch das – zusätzlich zu einer AAER – in Form einer Litigation Release bekannt gemacht.[103]

Eine empirische Untersuchung findet Hinweise, dass sowohl die Nähe zu Niederlassungen der SEC als auch die frühere Durchführung von Prüfungen im selben Bezirk die Wahrscheinlichkeit für Restatements sinken lässt, was die Angst vor dieser Behörde – unter Beachtung ihrer begrenzten Ressourcen – widerspiegele.[104] Eine andere Studie versucht darzulegen, dass Unternehmen, die Wertpapiere in den USA emittiert haben, aber nicht aus den USA stammen, geringere Sanktionen als US-amerikanische Unternehmen zu befürchten haben.[105] Dies mag in der Relation zutreffen. Bekannte Fälle wie die der Daimler AG und der Siemens AG zeigen aber, dass eine Notierung in den USA auch für ausländische Unternehmen eine strenge Behandlung durch die SEC zur Folge haben kann.

S. 682; Bockmann (2012), S. 100 und 120–122. In letztgenannter Quelle findet sich auch eine Darstellung des Pre-Clearance-Verfahrens der SEC, das bestandskräftiger ist als das System der fallbezogenen Voranfragen der DPR.

101 Vgl. Bockmann (2012), S. 109f. und 118. Dabei werden sensible Unternehmensdaten auf Wunsch redigiert. Falls sich die Klärung eines Sachverhalts mit dem betroffenen Unternehmen zögerlich gestaltet, kann die SEC zustimmungspflichtige Finanzierungsmaßnahmen unterbinden, vgl. Tielmann (2001), S. 195.

102 Sie finden sich im Internet unter: http://www.sec.gov/divisions/enforce/friactions.shtml (Stand: 08.04.2015).

103 Vgl. Böckem (2000), S. 117–119; Kiefer (2003), S. 96–98; Bockmann (2012), S. 118–120.

104 Vgl. Kedia/Rajgopal (2011), S. 268–274.

105 Vgl. Shnitser (2010), S. 1668–1684. Zu beachten ist, dass diese Studie alle Arten des Enforcement der SEC betrachtet, nicht nur dasjenige von Rechnungslegungsvorschriften.

3 Empirische Befunde US-amerikanischer Studien zu Wirkungen von fehlerhafter Rechnungslegung

Während im vorhergehenden Kapitel Aufbau und Arbeitsweise von Enforcement-Einrichtungen für die Rechnungslegung erläutert wurden, sollen im Folgenden kurz US-amerikanische Studien präsentiert werden, die bestimmte Aspekte der damit verbundenen Konsequenzen bei Fällen fehlerhafter Rechnungslegung, d.h. insbesondere Fehlermeldungen, empirisch genauer beleuchten. Sie bieten die umfangreichste Forschung zu diesem Thema. Ihre Erkenntnisse können zwar nicht direkt auf das deutsche Umfeld übertragen werden, aber dennoch Hinweise auf mögliche Folgen geben. Die in der Problemstellung vorgestellten Studien, die sich mit der Arbeit der DPR befassen und ihre Effektivität zu erkunden versuchen, decken nicht alle mit fehlerhafter Rechnungslegung potenziell verbundenen Konsequenzen ab.

Bei Betrachtung des Kapitalmarkts zeigen sich - erwartungsgemäß - tendenziell negative Reaktionen auf die Veröffentlichung von Rechnungslegungsverstößen. So kommt es zu Aktienkursrückgängen, steigenden Geld-Brief-Spannen, einer Zunahme von Leerverkäufen, Korrekturen von Analystenschätzungen und einer steigenden Streuung dieser Prognosen.[106] Bezüglich des Verhaltens der Analysten konnte in einer Studie auch ein Rückgang ihrer Abdeckung von Unternehmen nach Bekanntwerden fehlerhafter Rechnungslegung festgestellt werden.[107]

Grundsätzlich müssen die betroffenen Unternehmen oft hohe Strafzahlungen leisten.[108] Interessanterweise sinkt aber deren Ausmaß, sofern gute Verbindungen in die Politik und zu Lobbyisten bestehen, welche Einfluss auf die SEC

---

106 Vgl. Feroz/Park/Pastena (1991), S. 122–125; Dechow/Sloan/Sweeney (1996), S. 25–30; Beneish (1999), S. 444–446; de Vegt (2010), S. 132–145. Auch Restatements weisen derartige Konsequenzen auf, vgl. Palmrose/Richardson/Scholz (2004), S. 75–81; Hribar/Jenkins (2004), S. 347–354; Lev/Ryan/Wu (2008), S. 434–441; Karpoff/Lou (2010), S. 1890–1902; Kravet/Shevlin (2010), S. 277–290; Badertscher/Hribar/Jenkins (2011), S. 1528–1540. Eine theoretisch fundierte Betrachtung der Wirkung von Rechnungslegungsverstößen auf den Kapitalmarkt und mögliche Investorenreaktionen liefert Lohwasser (2006), S. 20–28.

107 Vgl. Young/Peng (2013), S. 418–430.

108 Vgl. Karpoff/Lee/Martin (2008b), S. 594f.

nehmen können.[109] Langfristig betrachtet finden sich bei Unternehmen mit Fehlermeldungen Hinweise auf eine negative wirtschaftliche Entwicklung in den Folgejahren und auch langfristige negative Kursentwicklungen sowie schließlich vergleichsweise viele Insolvenzen gegenüber ähnlichen Unternehmen.[110] Die negativen Kapitalmarktreaktionen in Form von Kursrückgängen lassen sich in einer Studie maßgeblich auf Reputationsverluste der betroffenen Unternehmen zurückführen und nicht nur auf folgende Strafzahlungen.[111] Für Unternehmen mit Restatements zeigt sich, dass diese seltener Übernahmeangebote in den Folgezeit erhalten und dass bereits bestehende Übernahmeangebote eher zurückgezogen werden als bei vergleichbaren Unternehmen.[112]

Manager und Direktoren eines Unternehmens müssen regelmäßig damit rechnen, sowohl ihre Posten beim betroffenen Unternehmen als auch – bezogen auf die Direktoren – weitere derartige Positionen aufgrund der Bilanzmanipulation zu verlieren sowie hohe Strafzahlungen leisten zu müssen. Auch sinken für geschasste Manager die Einstellungsaussichten.[113] Daneben müssen die involvierten Wirtschaftsprüfungsgesellschaften mit Strafzahlungen rechnen.[114] Im Anschluss an Restatements zeigt sich außerdem eine Veränderung der Managementvergütung: Der Anteil an Aktienoptionen geht in den Folgejahren tendenziell zurück.[115]

---

109 Vgl. Correia (2014), S. 250–259.

110 Vgl. Leng et al. (2011), S. 819–838.

111 Vgl. Karpoff/Lee/Martin (2008b), S. 589–605. Siehe auch Dechow/Ge/Schrand (2010), S. 373, für eine Erörterung verschiedener Gründe für die negativen Kapitalmarktreaktionen nach Fehlermeldungen.

112 Vgl. Amel-Zadeh/Zhang (2015), S. 8–13 und 19–21.

113 Vgl. Feroz/Park/Pastena (1991), S. 118; Gerety/Lehn (1997), S. 597; Farber (2005), S. 545–552; Fich/Shivdasani (2007), S. 329–334; Karpoff/Lee/Martin (2008a), S. 210–213. Agrawal/Jaffe/Karpoff (1999), S. 327–331, und Beneish (1999), S. 444–454 finden teils Ergebnisse, die dieser Erwartung nicht entsprechen. Für vergleichbare Analysen zu Restatements siehe Srinivasan (2005), S. 309–330, Desai/Hogan/Wilkins (2006), S. 93–108, Hennes/Leone/Miller (2008), S. 1507–1515, Hennes/Leone/Miller (2014), S. 1067–1070, und Masulis/Wang/Xie (2012), S. 537–539.

114 Vgl. Feroz/Park/Pastena (1991), S. 118–122; Bonner/Palmrose/Young (1998), S. 517–526. Analysen zu Strafzahlungen nach Restatements finden sich z.B. bei Palmrose/Scholz (2004), S. 158–171, und Lev/Ryan/Wu (2008), S. 441–447. Bei Restatements wurden auch Wechsel des Abschlussprüfers untersucht, mit den erwarteten Resultaten, vgl. Mande/Myungsoo (2013), S. 129–136, sowie fehlende Unterstützung der Aktionäre für eine weitergehende Beauftragung bisheriger Abschlussprüfer, vgl. Liu/Raghunandan/Rama (2009), S. 233–237.

115 Vgl. Cheng/Farber (2008), S. 1229–1242.

Weitere Studien haben die Wirkungen auf Unternehmen derselben Branche betrachtet und weitgehend negative Kapitalmarktkonsequenzen bei Konkurrenten im Anschluss an Fehlerbekanntmachungen festgestellt.[116] Längerfristig lässt sich auch bei rivalisierenden Unternehmen eine gewisse abschreckende Wirkung von Fehlerveröffentlichungen feststellen, da bilanzpolitische Maßnahmen - gemessen über diskretionäre Periodenabgrenzungen - zurückgehen.[117] Abschließend soll noch mal darauf hingewiesen werden, dass nicht gesagt werden kann, inwieweit die Erkenntnisse der Arbeiten, die in diesem Kapitel kurz präsentiert wurden, auf Deutschland übertragbar sind.

116 Vgl. Goldman/Peyer/Stefanescu (2012), S. 925–942. Äquivalente Resultate finden sich für Restatements, vgl. Gleason/Jenkins/Johnson (2008), S. 93–105.

117 Vgl. Jennings/Kedia/Rajgopal (2011), S. 18–26.

4 Einflussfaktoren auf fehlerhafte Rechnungslegung[118]

4.1 Überblick

Trotz der zahlreichen negativen Folgen von (aufgedeckter) fehlerhafter Rechnungslegung, bestehen offensichtlich dennoch Einflussfaktoren, die Rechnungslegungsverstöße begünstigen. Die Frage ist: Worauf können sie zurückgeführt werden? Dies wird im Folgenden genauer beleuchtet.

Unternehmen können als ein Netzwerk von Verträgen über Produktionsfaktoren angesehen werden, wobei Verträge dazu dienen, Agency-Probleme zwischen den beteiligten Parteien zu lindern.[119] Mit diesen Problemen sind Interessengegensätze und Reichtumsverlagerungen gemeint, die insbesondere durch Jensen und Meckling (1976) in die akademische Diskussion eingeführt wurden.[120] Eine Finanzierung durch Eigen- und Fremdkapital schafft Agency-Konflikte zwischen den Kapitalgebern und den Managern des das Kapital nutzenden Unternehmens.[121]

Die Übertragung der Agency-Theorie auf das Rechnungswesen basiert maßgeblich auf den Arbeiten von Watts und Zimmerman.[122] Sie analysieren den Einfluss von Rechnungslegung auf eine Milderung von Agency-Problemen. Da die vorliegende Arbeit Verstöße gegen Rechnungslegungsvorschriften betrachtet, wird im Folgenden der Schwerpunkt auf illegitime Bilanzpolitik aus opportunistischen Motiven gelegt.[123] Eine Klärung der grundsätzlichen Frage, ob - auch illegitime - bilanzpolitische Maßnahmen durch das Management stattdessen der Signalisierung privaten Wissens dienen und somit Mehrwert für die Investoren

---

118 Die Ausführungen in diesem Kapitel folgen stellenweise wörtlich meiner unveröffentlichten Projektstudie zur Erlangung des akademischen Grades Master of Business Research (MBR).

119 Vgl. Armstrong/Guay/Weber (2010), S. 181.

120 Vgl. Jensen/Meckling (1976). Zu beachten sind insbesondere auch Coase (1937), Alchian/Demsetz (1972) und Fama/Jensen (1983a).

121 Vgl. Fields/Lys/Vincent (2001), S. 265. Siehe für eine grundlegende Diskussion Jensen (1986).

122 Vgl. Watts/Zimmerman (1978) und (1986).

123 Für eine beispielhafte Übersicht, welche gestalterischen Maßnahmen im Rahmen der Rechnungslegung ergriffen werden können, siehe Jones (2011a) und Trompeter et al. (2013), S. 301f.

generieren, wird nicht versucht.[124] Gerade bei illegitimer Bilanzpolitik ist dies tendenziell nicht zu erwarten, da z.B. Sanktionen von Enforcement-Einrichtungen drohen, welche für Unternehmen wie Investoren nachteilig sind.

Eine Vielzahl an Studien befasst sich mit bilanzpolitischen Einflussfaktoren, die aus Verträgen resultieren. Grundlage hierfür sind die von Watts und Zimmerman formulierten Verschuldungsgrad- und Bonushypothesen. Nach der ersten ergreift ein Manager umso wahrscheinlicher bilanzpolitische Maßnahmen zur Verlagerung künftiger Gewinne in die aktuelle Berichtsperiode, je höher der Verschuldungsgrad ist; nach der zweiten werden derartige Maßnahmen durchgeführt, wenn sich seine Entlohnung teilweise am Gewinn des Unternehmens orientiert.[125] Daneben schafft die Inanspruchnahme von Kapitalmärkten Anreize für Bilanzpolitik. Darunter lassen sich externe Finanzierungsaktivitäten und der Handel mit Wertpapieren durch das Management subsumieren.[126] Dementsprechend werden im Folgenden Einflussfaktoren fokussiert, die durch die Beziehung eines Unternehmens sowohl zu seinen Managern als auch zu seinen Investoren zustande kommen.

Bilanzpolitik ist ein umfassendes Gebiet der Rechnungslegungsforschung.[127] In der vorliegenden Arbeit werden Unternehmen betrachtet, die im Rahmen ihrer bilanzpolitischen Maßnahmen nicht nur innerhalb der Grenzen des vorgegebenen Rechnungslegungssystems operieren, sondern über die gewährten Freiräume hinausgehen. Dies ist das Kennzeichen eines Rechnungslegungsverstoßes. Da hiermit für die betroffenen Unternehmen und Manager Sanktionen, z.B. negative Aktienkursreaktionen, Klagen der Investoren und Reputationsverluste, verbunden sind, lässt sich schlussfolgern, dass Unternehmen, die Bilanzpolitik bis über die Grenzen eines Rechnungslegungssystems hinaus betreiben, dies auch innerhalb der Grenzen tun. Somit kann die breite Literatur zu Anlässen

124 Vgl. Watts/Zimmerman (1987), S. 202; Healy/Wahlen (1999), S. 366–369; Fields/Lys/Vincent (2001), S. 257; Dechow/Ge/Schrand (2010), S. 383. Maßgebliche Arbeiten hierzu sind Christie/Zimmerman (1994); Dye/Verrecchia (1995); Fischer/Verrecchia (2000); Stocken/Verrecchia (2004); Bowen/Rajgopal/Venkatachalam (2008).

125 Vgl. Watts/Zimmerman (1978), S. 116; Watts/Zimmerman (1986), S. 207–210 und 215–217; Watts/Zimmerman (1990), S. 138–140. Gewichtige kritische Anmerkungen finden sich bei Ballwieser (1993), S. 125–129.

126 Vgl. Dechow/Sloan/Sweeney (1996), S. 4.

127 Siehe die Überblicksarbeit von Dechow/Ge/Schrand (2010) für eine umfassende Darstellung und kritische Würdigung des neueren Forschungsstands. Eine vertiefte Erörterung bilanzpolitischer Ziele findet sich bei Baetge/Ballwieser (1977), S. 200–205, wobei Baetge/Ballwieser (1978), S. 514–526, bedeutsame Kritikpunkte gegen eine zielgerichtete und rationale Bilanzpolitik vorbringen.

der Bilanzpolitik auch mögliche Einflussfaktoren auf Rechnungslegungsverstöße aufzeigen.[128]

4.2 Managemententlohnung

Agency-Konflikte können aufgrund von Verträgen zwischen Eignern und dem Management resultieren. Probleme entstehen aus der Informationsasymmetrie zwischen beiden Parteien. Manager maximieren ihren Nutzen, auch zum Nachteil ihrer Prinzipale - den Eignern.[129] Als mögliche Optionen des Managers lassen sich eine überhöhte Entlohnung oder das Eingehen von aus Sicht der Eigner negativer Projekte - im Sinne eines „Empire Building" - anführen. Um die Interessen der Eigner und der Manager anzugleichen, müssen die Verträge entsprechend konzipiert werden. So kann beispielsweise die Entlohnung des Managers in Teilen von dem im Jahresabschluss festgestellten Gewinn und von Renditekennzahlen abhängig gemacht werden[130] oder in Form von Aktien erfolgen. Ersteres wird v.a. für die kurzfristige variable Vergütung eingesetzt, während letzteres für längerfristige Entlohnungskomponenten genutzt wird.[131]

Die von Watts und Zimmerman in die Rechnungslegungsforschung eingeführte Bonushypothese besagt, dass Manager, deren Entlohnung sich zu einem gewissen Grad nach dem Gewinn ihres Unternehmens richtet, einen Anreiz haben, ihren Bonus durch bilanzpolitische Maßnahmen zu erhöhen.[132] Bei rationalen Erwartungen aller Parteien sollte dies keinen Einfluss auf die Gesamtentlohnung haben,

---

128 Vgl. Dechow/Sloan/Sweeney (1996), S. 3f.

129 Siehe hierzu grundlegend die Arbeiten von Berle/Means (1932); Jensen/Meckling (1976); Fama/Jensen (1983a); Fama/Jensen (1983b); Jensen (1986); Jensen/Solberg/Zorn (1992); Jensen (1993). Siehe auch Ballwieser/Schmidt (1981), S. 662–671, Wagenhofer/Ewert (2007), S. 223–230, Armstrong/Guay/Weber (2010), S. 199–208, Kothari/Ramanna/Skinner (2010), S. 254–257, sowie Richter/Furubotn (2010), S. 173–181, für umfassende Diskussionen einschlägiger Arbeiten. Zu beachten ist ein Zusammenhang mit dem in Abschnitt 4.3 diskutierten Insiderhandel, da eine höhere aktienbasierte Vergütung potenziell mit höheren Restriktionen des Insiderhandels verknüpft ist, vgl. Denis/Xu (2013), S. 93f. und 99–102.

130 Vgl. Bushman/Smith (2001), S. 242–285.

131 Vgl. Fields/Lys/Vincent (2001), S. 266; Schaffer (2005), S. 12–16; Rudolph (2006), S. 204–214.

132 Vgl. Watts/Zimmerman (1978), S. 116; Watts/Zimmerman (1986), S. 207–210; Watts/Zimmerman (1990), S. 138–140. Siehe Erickson/Hanlon/Maydew (2006), S. 114, für eine Übersicht über entsprechende Arbeiten.

da die Vergütung an solche Effekte angepasst wird.[133] In der Literatur wird jedoch mehrheitlich die Position vertreten, dass Manager durch ihr opportunistisches Handeln den Investoren schaden.[134] Grundsätzlich lässt sich aus dieser Perspektive die Frage stellen, warum den Managern Freiräume in der Rechnungslegung gewährt werden. Einerseits lässt sich argumentieren, dass hierdurch die Möglichkeit geschaffen wird, Signale über den Unternehmenswert an die Investoren zu übermitteln;[135] andererseits sind mit der Abschaffung aller Freiräume Kosten für den Prinzipal verbunden, sodass die Gewährung von Freiräumen eine Kompromisslösung darstellt.[136]

Eine der ersten empirischen Arbeiten, die sich mit diesem Problembereich auseinandersetzte, stammt von Healy (1985). Er argumentiert, dass die Existenz von gewinnorientierten Entlohnungssystemen Manager dazu verleiten kann, abhängig von der aktuellen Lage des Gewinns diesen entweder zu erhöhen oder zu verringern. Dies liegt an der Struktur derartiger Entlohnungssysteme, die nicht linear verlaufen, sondern oft eine Mindestentlohnung sowie eine Obergrenze für das Gehalt aufweisen. Falls der Gewinn ohne bilanzpolitische Eingriffe oberhalb oder so weit unterhalb des für die Bonusvereinbarung relevanten Gewinns fallen würde, sodass dieser Bereich auch mithilfe von Bilanzpolitik nicht erreicht werden könnte, werden gewinnmindernde Maßnahmen ergriffen, um Gewinne in zukünftige Perioden zu verlagern und so im Mehrperiodenkontext den Bonus zu erhöhen. Im Zwischenbereich wird dagegen der Gewinn erhöht, um den Bonus zu steigern.[137] Healys empirische Resultate zeigen den Einsatz von Periodenabgrenzungen zur Maximierung des Bonus auf. Das Ziel der opportunistischen Einkommenssteigerung wird nach Einschätzung des Autors verdeutlicht.[138] Zu beachten ist jedoch insbesondere, dass in seiner Arbeit ein antiquiertes Maß zur Messung von Bilanzpolitik verwendet wird, welches nicht versucht, zwischen diskretionären und normalen

133 Vgl. Fields/Lys/Vincent (2001), S. 266; Kürsten (2013), S. 16.

134 Vgl. Fields/Lys/Vincent (2001), S. 271; Erickson/Hanlon/Maydew (2006), S. 114f.; Armstrong/Jagolinzer/Larcker (2010), S. 228–231. Siehe auch Aboody/Kasznik (2009), S. 132–138, für eine Diskussion der Interessenangleichung gegenüber der Übervorteilung.

135 Vgl. Dye/Verrecchia (1995); Nagar/Nanda/Wysocki (2003).

136 Vgl. Evans III/Sridhar (1996); Fields/Lys/Vincent (2001), S. 266; Lambert (2001), S. 70–77.

137 Vgl. Healy (1985), S. 86–92; Wagenhofer/Ewert (2007), S. 259–261.

138 Vgl. Healy (1985), S. 95–106.

Periodenabgrenzungen zu differenzieren. Außerdem liegt in dieser Studie eine Auswahlverzerrung bei der Bildung separater Bonusportfolios vor.[139]

Weitere Studien aus den 1990er Jahren konnten ebenfalls einen Einfluss der gewinnabhängigen Entlohnung auf Bilanzierungsentscheidungen feststellen und damit die Bonushypothese untermauern.[140] Bei der Betrachtung von Rechnungslegungsverstößen konnten aber weder die maßgeblichen Arbeiten von Dechow/Sloan/Sweeney (1996) noch diejenige von Beneish (1999) eine signifikante Beziehung zur Existenz von gewinnorientierten Managemententlohnungssystemen nachweisen.[141]

In neueren Studien wird die Rolle aktienbasierter Vergütung als bedeutsame Komponente der Managementvergütung besonders beachtet.[142] Bei der Untersuchung von Gewinnmerkmalen außer festgestellten Rechnungslegungsverstößen konnte ein signifikanter Einfluss z.B. auf diskretionäre Periodenabgrenzungen[143] oder auf das Erreichen von Gewinnprognosen[144] festgestellt werden. Bei der Betrachtung von Rechnungslegungsverstößen wurde untersucht, ob dadurch die Investoren getäuscht und ein gleichbleibender Aktienkurs des Unternehmens gewahrt werden sollten, sodass der Wert der Aktien(-optionen) des Managements

---

139 Vgl. Fields/Lys/Vincent (2001), S. 267. Siehe Francis/Olsson/Schipper (2006), S. 294–309, für einen strukturierten Einblick in verschiedene Maße für die Gewinnqualität.

140 Vgl. Skinner (1993), S. 429–442; Holthausen/Larcker/Sloan (1995); Gaver/Gaver/Austin (1995); Guidry/Leone/Rock (1999). Für Übersichten, auch über frühere Studien, sowie für umfassende Diskussionen siehe Aboody/Kasznik (2009), S. 119–125, Dechow/Ge/Schrand (2010), S. 382, und Fields/Lys/Vincent (2001), S. 267–271 und 279. Hierbei wird auch auf Probleme wie Endogenität und mangelnde Teststärke hingewiesen. Vgl. auch die Diskussion neuerer analytischer und empirischer Arbeiten zu bilanziellen Performancemaßen in Entlohnungsverträgen bei Armstrong/Guay/Weber (2010), S. 199–204, welche die schwindende Bedeutung dieser Forschungsrichtung aufzeigt.

141 Vgl. Dechow/Sloan/Sweeney (1996), S. 20–22; Beneish (1999), S. 441–444.

142 Vgl. Aboody/Kasznik (2009), S. 125–130. Zu beachten ist, dass die Bedeutung aktienkursorientierter Vergütung in Deutschland oft überschätzt wird, da ihr Umfang bei deutschen Vorständen von Unternehmen des Prime Standard der Frankfurter Wertpapierbörse maximal 19% beträgt, vgl. Rapp/Wolff (2012), S. 66–70.

143 Vgl. Baker/Collins/Reitenga (2003), S. 569–578; Bergstresser/Philippon (2006), S. 521–524; Coles/Hertzel/Kalpathy (2006), S. 189–197; Larcker/Richardson/Tuna (2007), S. 985–989.

144 Vgl. McAnally/Srivastava/Weaver (2008), S. 204–210. Siehe Dechow/Ge/Schrand (2010), S. 382, und Armstrong/Guay/Weber (2010), S. 205–208, für Übersichten und Diskussionen einschlägiger Studien.

erhalten bleibt.[145] Die empirischen Ergebnisse sind nicht eindeutig. Während in einer Studie bei Vorhandensein frei verwendbarer Aktien im Vergütungspaket ein signifikant höherer Anteil an Rechnungslegungsverstößen im Vergleich zur Kontrollgruppe festgestellt wurde (jedoch nicht für andere Arten aktienbasierter Vergütung),[146] konnte das in weiteren Arbeiten mit z.T. anderen Maßgrößen für die aktienbasierte Vergütung und deren Wirkung auf das Management sowie divergierenden Kontrollgruppenselektionen nicht wiederholt werden.[147] Neuere Arbeiten, welche die besondere Rolle des Finanzvorstands für die Rechnungslegung hervorheben und dessen Beeinflussung durch eine Aktienvergütung separat untersuchen, kommen ebenfalls zu uneinheitlichen Resultaten.[148]

Die unterschiedlichen Ergebnisse der vorgestellten Analysen resultieren auch aus den Schwierigkeiten, die Einflüsse der Entlohnung mit den diversen bilanzpolitischen Möglichkeiten zu verknüpfen.[149] Endgültig lässt sich diese Frage wohl nur durch verfeinerte Methoden klären.[150] Außerdem ist es wichtig, die potenziellen (kurzfristigen) positiven Wirkungen auf den Aktienkurs einer Bilanzmanipulation mit deren möglichen negativen Konsequenzen, wie Strafzahlungen und einen Vertrauensverlust in die Unternehmensberichterstattung, abzuwägen.

---

145 Vgl. Dechow/Ge/Schrand (2010), S. 371f.

146 Vgl. Johnson/Ryan/Tian (2009), S. 134–138. Siehe Joest (2010), S. 13–64, und Rapp/Wolff (2012), S. 61–66, für umfassende Darstellungen aktienbasierter Entgeltgestaltung.

147 Vgl. Erickson/Hanlon/Maydew (2006), S. 133–135; Armstrong/Jagolinzer/Larcker (2010), S. 247–252. Signifikante als auch nicht signifikante Resultate finden sich außerdem in US-amerikanischen Studien, welche die Beziehung zwischen Restatements – als Indikator für Bilanzpolitik – und aktienbasierter Vergütung analysieren, vgl. Burns/Kedia (2006), S. 53–56; Efendi/Srivastava/Swanson (2007), S. 685–689; Harris/Bromiley (2007), S. 356–360; Armstrong/Jagolinzer/Larcker (2010), S. 247–252. Siehe hierzu auch die Diskussionen bei Core (2010), S. 275–284, und Armstrong/Guay/Weber (2010), S. 205–208, welche z.B. auf divergierende Messungen des Einflusses der Entlohnung hinweisen, und die Untersuchung des Einflusses von Governance-Mechanismen bei O'Connor et al. (2006) und Laux/Laux (2009).

148 Vgl. Jiang/Petroni/Wang (2010), S. 516–523; Feng et al. (2011), S. 28–32.

149 Vgl. Dechow/Ge/Schrand (2010), S. 382; Kürsten (2013), S. 12.

150 Vgl. Armstrong/Guay/Weber (2010), S. 207f.; Jayaraman/Milbourn (2015). Die Rolle der Pensionsansprüche des Managements bei bilanzpolitischen Maßnahmen wie Rechnungslegungsverstößen wurde bislang kaum untersucht. Erste Ergebnisse deuten aber darauf hin, dass hohe Pensionsansprüche das Risiko fehlerhafter Rechnungslegung mindern, vgl. He (2015), S. 517–520.

Dies hat einen Einfluss auf die Risiken des Portfolios eines Managers und damit auch auf die Veranlassung zu Bilanzmanipulationen.[151]

Deutsche empirische Arbeiten, die sich mit der Rolle der Managementvergütung im Rahmen fehlerhafter Rechnungslegung befassen, gibt es bislang nur in geringer Zahl. Ernstberger/Hitz/Stich (2012) können keine Hinweise auf einen signifikanten Einfluss auf Rechnungslegungsverstöße aufzeigen, wobei sie in ihrer Analyse auf eine Dummy-Variable zurückgreifen, die (lediglich) die Existenz eines rechnungslegungsbasierten Vergütungsbestandteils misst.[152] Details der Entlohnungsstruktur gehen dabei unter.

Aufgrund der unter Abschnitt 7.1 dargelegten geringen Datenverfügbarkeit sind derartige Details aber kaum zu erheben. Dementsprechend wird in der vorliegenden Arbeit die Verknüpfung von Managemententlohnungsverträgen und Rechnungslegungsverstößen mittels der Betrachtung von Einzelfällen genauer beleuchtet.

4.3 Aktienhandel von Vorstand und Aufsichtsrat

Manager haben einen Wissensvorsprung über die Entwicklung ihres Unternehmens gegenüber den Aktionären. Demzufolge besteht für sie ein Anreiz, Wertpapiere des Unternehmens zu kaufen (verkaufen), bevor deren Aktienkurse durch eine Information des Markts steigen (fallen).[153]

Die Beteiligung von Vorständen und auch Aufsichtsräten an ihren Unternehmen sowie die Möglichkeit, mit diesen Anteilen zu ihrem Vorteil zu handeln, kann zum einen zu einer effizienten Selbstselektion fähiger Manager und zum anderen zu einer Angleichung ihrer Interessen an die der übrigen Aktionäre führen sowie helfen, ihre privaten Informationen den anderen Kapitalmarktteilnehmern zeitnah zur Verfügung zu stellen.[154] In analytischen Arbeiten wird die Vorteilhaftigkeit des Insiderhandels gegenüber gewinnorientierten Vergütungsabmachungen aus Aktionärssicht hervorgehoben.[155] In der Literatur finden sich aber auch Arbeiten, die potenzielle negative Effekte eines Insiderhandels darlegen. So werden Anreize für die Manager geweckt, die nicht mit denen der übrigen Aktionäre

151 Vgl. Armstrong et al. (2013), S. 336–348.

152 Vgl. Ernstberger/Hitz/Stich (2012), S. 14 und 24f.

153 Vgl. Jaffe (1974), S. 420–424; Ballwieser (1976), S. 245–249; Seyhun (1986), S. 196–202; Damodaran/Liu (1993), S. 109–118; Fidrmuc/Goergen/Renneboog (2006), S. 2949–2968; Brooks/Chance/Cline (2012), S. 744–761; Denis/Xu (2013), S. 93.

154 Vgl. Manne (1966), S. 138–141; Carlton/Fischel (1983), S. 866–872.

155 Vgl. Dye (1984); Noe (1997).

übereinstimmen, da diese beispielsweise einen unterschiedlichen Planungshorizont aufweisen.[156]

Der Zusammenhang von Insiderhandel und Rechnungslegungsverstößen sowie deren zeitliche Abfolge werden von Beneish (1999) umfassend erörtert.[157] Er vermutet, dass Manager im Falle eines mittels fehlerhafter Rechnungslegung erhöhten Gewinnausweises, der als positive private Information über die künftige Unternehmensentwicklung für die Aktionäre anzusehen ist, entweder ihre Aktien am Unternehmen erhöhen, was als weiteres positives Signal aufgefasst werden kann, oder keine Transaktionen tätigen.[158] Die Argumentation, dass wesentliche Fehler in Abschlüssen vom Management forciert werden, um ihre positiven privaten Informationen zu vermitteln, ist jedoch als gewagt anzusehen. Mögliche Sanktionen von Enforcement-Einrichtungen schaden nämlich tendenziell dem Unternehmen und den Investoren, sodass die positive Unternehmensentwicklung konterkariert würde. Falls Gewinne jedoch durch fehlerhafte Rechnungslegung erhöht werden, um eine schlechte Unternehmenslage zu verbergen, sollten, so Beneish, Manager ihre Anteile reduzieren. Einschränkend wirkt hierbei die durch die Transaktionen erweckte Aufmerksamkeit der zuständigen Aufsichtsbehörde (in den USA die SEC, in Deutschland die BaFin).[159]

Neuere empirische Arbeiten unterscheiden Insiderhandel im Zeitraum vor, während und nach einem bestimmten Ereignis, z.B. einem Börsengang oder einem Kreditausfall. Bei der Betrachtung anderer Gewinnmerkmale als Fehlermeldungen über Rechnungslegungsverstöße konnten beispielsweise Hinweise auf einen positiven Zusammenhang von Insiderhandel und realer Bilanzpolitik bei den Ausgaben für Forschung und Entwicklung vor Börsengängen aufgezeigt werden.[160] Derartige Studien führen bilanzpolitische Maßnahmen und den anschließenden Verkauf von Aktien durch das Management darauf zurück, dass es dies zu überhöhten Preisen durchführen möchte.[161] In der Periode nach einem

---

156 Vgl. Carlton/Fischel (1983), S. 872–882.

157 Vgl. Beneish (1999), S. 435.

158 Zur Vermittlung privater Informationen durch Insiderhandel siehe grundlegend Manne (1966), S. 138–141, und Carlton/Fischel (1983), S. 866–868.

159 Bei dieser Argumentation spielen auch persönliche Merkmale des Managers eine Rolle, z.B. seine Moralvorstellungen und seine Risikoaversion, sowie seine Erwartung hinsichtlich einer Aufdeckung durch die Aufsichtsbehörde, vgl. Summers/Sweeney (1998), S. 133; Beneish (1999), S. 435.

160 Vgl. Darrough/Rangan (2005), S. 12–30.

161 Untersucht wurden hierbei auch diskretionäre Periodenabgrenzungen, vgl. Beneish/Vargus (2002), S. 767–787, Park/Park (2004), S. 393–400, Bergstresser/Philippon

Ereignis wie einem Kreditausfall oder der Unterbrechung kontinuierlicher Gewinnsteigerungen lässt sich jedoch ein Rückgang des Insiderhandels feststellen. Dies wird als Methode zur Vermeidung künftiger Rechtsstreitigkeiten interpretiert.[162]

Eine neuere Studie hierzu findet heraus, dass Manager ihre Anteile am Unternehmen im Jahr vor dem Ausfall von Krediten veräußern und dass hiermit bilanzpolitische Maßnahmen - aufgezeigt durch diskretionäre Periodenabgrenzungen - verbunden sind; dies jedoch nicht im Jahr des Ausfalls selbst passiert. Hierbei werden die verschiedenen Argumentationen hinsichtlich des zeitlichen Zusammenhangs bedacht: Verkäufe vor dem Ausfall dienen dazu, die Wertpapiere zu einem überhöhten Preis zu verkaufen; im Jahr des Kreditausfalls wird der Handel jedoch reduziert, um mögliche Rechtsstreitigkeiten zu verhindern.[163]

Bei der Betrachtung von Rechnungslegungsverstößen stellen amerikanische Studien fest, dass Insider, zu denen insbesondere auch Mitglieder des Board eines Unternehmens gehören, ihre Anteile am Unternehmen reduzieren, nachdem Bilanzmanipulationen durchgeführt, aber noch nicht von der SEC festgestellt wurden. Unter der Annahme, dass Fehlerpublikationen den Aktienkurs drücken, haben Insider ihre Wertpapiere somit zuvor zu überhöhten Preisen verwertet.[164]

Die Erkenntnisse der Arbeiten von Dechow/Sloan/Sweeney (1996) und Beneish (1999) weichen bei Untersuchung dieses Einflussfaktors auf Rechnungslegungsverstöße voneinander ab: Erstere stellen keine signifikante Veränderung der Verkäufe durch Insider im Zeitraum zwischen dem Rechnungslegungsverstoß

(2006), S. 524–527, oder das Einhalten von Analystenprognosen, vgl. Cheng/Warfield (2005), S. 452–458, McVay/Nagar/Tang (2006), S. 589–591.

162 Vgl. Ke/Huddart/Petroni (2003), S. 327–338; Cheng/Lo (2006), S. 830–838 (im Zusammenhang mit der Veröffentlichung von Gewinnprognosen); Huddart/Ke/Shi (2007), S. 29–33 (im Zusammenhang mit der Bekanntmachung von Rechnungslegungsinformationen); Rogers (2008), S. 1278–1283 (u.a. im Zusammenhang mit der Veröffentlichung von Gewinnprognosen und Pressemitteilungen).

163 Vgl. Beneish/Press/Vargus (2012), S. 206–210; zu ähnlichen Ergebnissen kommen auch Seyhun/Bradley (1997), S. 199–205, bei einer Analyse insolventer Unternehmen.

164 Vgl. Summers/Sweeney (1998), S. 138–140. Interessanterweise wird in dieser Studie aber kein abweichendes Kaufverhalten im Vergleich zur Kontrollgruppe festgestellt. Siehe Kedia/Philippon (2009), S. 2179–2181, für erwartungsgemäße Ergebnisse bei Betrachtung von Restatements. Zu bedenken bleibt die Möglichkeit, dass eine Überbewertung der Aktien erst zum Rechnungslegungsverstoß geführt hat, vgl. Jensen (2005), S. 7f.

und der Fehlermeldung fest, letzterer dagegen schon.[165] Diese unterschiedlichen Ergebnisse führt Beneish auf die Verwendung anderer Messgrößen für die zentralen Variablen der Analysen und eine abweichende Untersuchungs- und Kontrollgruppenselektion zurück.[166]

Eine neuere Arbeit, welche in ihrer Stichprobe u.a. auch Fehlermeldungen der SEC berücksichtigt, versucht, die Kosten eines Enforcement und anschließender Gerichtsverhandlungen zu quantifizieren. Es zeigt sich eine Abnahme des Insiderverkaufs vor Bekanntwerden eines Rechnungslegungsverstoßes, falls die hiermit verbundenen Konsequenzen besonders kostspielig wären. Wenn auf die Bekanntmachung der fehlerhaften Rechnungslegung ein sehr hoher Rückgang des Aktienkurses folgt, nimmt der Verkauf davor jedoch zu, da dann die finanziellen Vorteile eines Verkaufs überwiegen.[167] Diese Erklärung setzt voraus, dass die manipulierenden Manager die zukünftigen Kosten korrekt in ihrer Erwartungsbildung erfassen können.[168]

Die Bedeutung des Insiderhandels in Deutschland bei Verstößen gegen Rechnungslegungsvorschriften wurde meines Wissens bislang nicht genauer betrachtet. Sie kann mithilfe der Daten über Directors' Dealings, d.h. der Transaktionen eigener Aktien durch Vorstände und Aufsichtsräte börsennotierter Unternehmen, untersucht werden.[169] Diese müssen nach § 15a Abs. 1 WpHG an die BaFin gemeldet werden, welche die Daten öffentlich zur Verfügung stellt.[170] Zu

165 Vgl. Dechow/Sloan/Sweeney (1996), S. 20f.; Beneish (1999), S. 441–444. Ein Mangel der von Beneish verwendeten Variable „Intrade" ist, dass durch ihre Normierung um die Summe der Käufe und Verkäufe im Nenner nicht die Anzahl der Transaktionen berücksichtigt wird, vgl. John/Lang (1991), S. 1375.

166 Vgl. Beneish (1999), S. 427–429.

167 Vgl. Thevenot (2012), S. 385f.

168 Insbesondere auf Becker (1993), S. 391, gehen derartige – oft kritisierte – Rationalitätsannahmen bei kriminellen Handlungen zurück.

169 Bei dieser Analyse wären grundsätzlich auch Konzernstrukturen zu beachten und es wäre zu überprüfen, ob Insider Geschäfte mit Aktien von Tochterunternehmen tätigen. Durch die bestehende Regelung des § 15a WpHG werden Führungskräfte verbundener Unternehmen aber nicht erfasst, vgl. Diekmann/Sustmann (2004), S. 936.

170 Siehe hierzu die Darstellung der Voraussetzungen und die Datenbank im Internet unter: http://www.bafin.de/DE/Aufsicht/BoersenMaerkte/Transparenzpflichten/DirectorsDealings/directorsdealings_node.html (Stand: 08.04.2015). Die Datenbank auf der Website der BaFin stellt die Transaktionen lediglich für ein Jahr zur Verfügung. Über einen längeren Zeitraum (grundsätzlich ab dem Jahr 2002 bzw. bei Unternehmen des ehemaligen Marktsegments Neuer Markt ab dem Jahr 2001)

beachten ist, dass diese nicht nur die Handelsaktivitäten von Vorständen und Aufsichtsräten umfassen, sondern auch von – nach § 15a WpHG meldepflichtigen – sonstigen Führungskräften, nahe stehenden Personen, Unternehmen und juristischen Personen.

Zu beachten bleibt, dass eine derartige Analyse nur legalen Insiderhandel erfassen kann, der regulär der BaFin gemeldet wurde. Illegale Handelsaktivitäten können nicht erhoben werden. Resultate dieser Untersuchung dürften somit nur die Spitze des Eisbergs darstellen, zumal tendenziell zu erwarten ist, dass Manager, die die Grenzen der Rechnungslegungsnormen überschreiten, dies auch im Bereich des Wertpapierhandels machen.[171]

Hinderlich bei der Analyse von Insiderhandel wirkt ebenfalls, dass man grundsätzlich die Motivation des Managers beachten müsste: Handelt er aufgrund seines Informationsvorsprungs oder ist der Handel von Diversifikations-, Liquiditäts- oder steuerlichen Beweggründen geprägt? Diesen vielfältigen Faktoren wird regelmäßig nicht Rechnung getragen. Sie sind schwierig zu kontrollieren.[172]

Wie in Abschnitt 7.2 noch aufgezeigt wird, sollen in der vorliegenden Arbeit – auch aufgrund der genannten Einschränkungen – wie bei der Vertiefung der Managementvergütung auch für die Betrachtung der Rolle des Aktienhandels von Vorständen und Aufsichtsräten für Rechnungslegungsverstöße in Deutschland interessante Einzelfälle hervorgehoben werden und keine vielzählige empirische Analyse erfolgen.

---

lassen sich Directors' Dealings in Deutschland im Internet abrufen unter: http://www.insiderdaten.de (Stand: 08.04.2015).

171 US-amerikanische Studien können aufgrund einer besseren Datenverfügbarkeit z.T. auch illegalen Wertpapierhandel analysieren, vgl. Meulbroek (1992). Eine neuere Studie, die sich ihrer Zielsetzung nach speziell mit den Einflussfaktoren illegalen Insiderhandels auseinandersetzen will, nimmt keine juristisch scharfe Trennung zwischen legalen und illegalen Handelsaktivitäten vor. Ein späteres Restatement (spezifischer Art) dient als Indikator, dass die Handelstätigkeit nach dem betroffenen Abschluss illegal war, vgl. Thevenot (2012), S. 379–382.

172 Vgl. Lambert/Larcker/Verrecchia (1991) S. 131–142; Goolsbee (2000), S. 366–374; Beneish/Press/Vargus (2012), S. 192. Siehe Beneish/Vargus (2002), S. 760–763, für einen Ansatz, anormales Verkaufsverhalten zu bestimmen. Grundsätzlich müssten auch persönliche Merkmale des Managers, z.B. seine Moralvorstellungen und seine Risikoaversion bzw. sein Optimismus, bedacht werden, vgl. Summers/Sweeney (1998), S. 133; Beneish (1999), S. 435; Glaser (2003), S. 51–55; Glaser/Schäfers/Weber (2008), S. 1–17; Schrand/Zechman (2012).

4.4 Unternehmensfinanzierung

Neben Problemen, die auf die Entlohnung des Managements und seine Aktienhandelsaktivitäten zurückzuführen sind, verursacht auch die Bereitstellung von Kapital Agency-Konflikte. Die kapitalmarktorientierte Forschung im Bereich des Rechnungswesens hat sich stark auf das Eigenkapital fokussiert; Fremdkapital wurde weitgehend vernachlässigt.[173] Die Überlassung von Fremdkapital schafft aber auf zwei Arten Anreize für Bilanzpolitik: einmal vor Abschluss eines Kreditvertrags, um den Kredit zu erhalten, einmal nach dessen Gewährung, um einen Ausfall zu verhindern.[174] Die Rechnungswesenforschung hat sich mit dem ersten Problembereich bisher kaum befasst.[175] Der zweite Problembereich wird in Abschnitt 4.5 separat vertieft.

Im Folgenden wird die Verknüpfung von Unternehmensfinanzierungsmaßnahmen und Rechnungslegungsverstößen beleuchtet, wobei Unternehmensfinanzierung weitgefasst wird und „alle Maßnahmen im Zusammenhang mit der Kapitalbeschaffung, dem Kapitaleinsatz und der Kapitalrückzahlung eines Unternehmens umfasst."[176] In diesen Situationen finden sich Anreize für bilanzpolitische Maßnahmen, um die Erwartungen der Geldgeber positiv zu beeinflussen oder über negative Umstände hinweg zu täuschen.

Empirische Studien haben gezeigt, dass Manager bei der Aufnahme von Eigenkapital über den Kapitalmarkt Spielräume der Rechnungslegung nutzen, um ausgewiesene Gewinne zu erhöhen.[177] Dabei wurden Finanzierungsmaßnahmen wie Börsengänge[178] und Kapitalerhöhungen[179] untersucht. Bei Börsengängen ist eine große Divergenz zwischen dem Informationsstand der Manager und demjenigen der künftigen Investoren auszumachen, was erstere zu gewinnerhöhenden bilanzpolitischen Maßnahmen verleitet, beispielsweise mittels diskretionärer Periodenabgrenzungen. Oft haben aber Unternehmen mit solchen Maßnahmen

173 Vgl. Armstrong/Guay/Weber (2010), S. 212.

174 Vgl. Goncharov (2005), S. 79; Kothari/Ramanna/Skinner (2010), S. 257f.; Richter/Furubotn (2010), S. 161–165.

175 Vgl. Armstrong/Guay/Weber (2010), S. 213–217.

176 Rudolph (2006), S. 1. Unter dieses weite Verständnis von Unternehmensfinanzierung lässt sich die Ausschüttungspolitik subsumieren.

177 Vgl. Healy/Wahlen (1999), S. 371.

178 Vgl. Friedlan (1994), S. 17–19.

179 Vgl. Rangan (1998), S. 110–113; Teoh/Welch/Wong (1998b), S. 76–79; Cohen/Zarowin (2010), S. 9–11; Ghosh/Moon (2010), S. 546–551.

negative Aktienkursentwicklungen in den Jahren nach dem Börsengang.[180] Dies kann als Hinweis auf eine vorangegangene Täuschung künftiger Investoren durch Bilanzpolitik angesehen werden.[181]

Im Rahmen von Kapitalerhöhungen wurden vergleichbare empirische Ergebnisse erzielt.[182] In einer solchen Studie werden negative Aktienkursentwicklungen jedoch nicht als Konsequenzen einer vorhergehenden Täuschung der Investoren durch das Management angesehen, sondern als rationale Reaktionen der Investoren auf die bilanzpolitischen Mittel interpretiert. Unternehmen können nicht glaubhaft signalisieren, keine Bilanzpolitik zu betreiben. Demzufolge erwarten Investoren von allen Unternehmen mit Neuemissionen gewinnerhöhende Bilanzpolitik und passen den Kurs der Wertpapiere an; infolge dieser Investorenerwartung - nicht aufgrund einer Täuschungsabsicht - weisen Unternehmen ihre Gewinne wiederum überhöht aus.[183] Dieser Erklärungsversuch ist jedoch kompliziert und steht vor großen Schwierigkeiten eines empirischen Nachweises der Erwartungen.

Wie zu Beginn dieses Abschnitts angeführt, hat sich die Forschung mit Bilanzpolitik vor der Gewährung von Fremdkapital bislang nur wenig auseinandergesetzt. Eine Arbeit zu britischen Immobilienunternehmen findet Hinweise auf zahlreiche bilanzpolitische Maßnahmen in einer derartigen Situation.[184] Eine US-amerikanische Studie findet aber Anzeichen für eine partielle Wirkungslosigkeit von Bilanzpolitik vor der Gewährung von Fremdkapital. Sie zeigt, dass

---

180 Vgl. Teoh/Welch/Wong (1998a), S. 1954–1964; Teoh/Wong/Rao (1998), S. 183–199. Für eine Übersicht über weitere Arbeiten zu anderen Gewinnmerkmalen siehe Dechow/Ge/Schrand (2010), S. 384. Zu beachten ist hierbei, dass Unternehmen vor einem Börsengang oft kaum Gewinne erzielen, siehe hierzu beispielsweise Ritter/Welch (2002) und Jain/Kini (2008). Außerdem spielen divergierende Erwartungen der Investoren eine Rolle, siehe Miller (1977).

181 Healy/Wahlen (1999), S. 373–375, und Wagenhofer/Ewert (2007), S. 258, machen auch andere Einflussfaktoren deutlich, z.B. die Rolle von Analysten. Grundsätzlich machen aber die vielfältigen Umstände, die zu einem Börsengang motivieren können, derartige Analysen schwierig, vgl. Rudolph (2006), S. 266–270.

182 Vgl. Teoh/Welch/Wong (1998b), S. 68–93; Rangan (1998), S. 110–120.

183 Vgl. Shivakumar (2000), S. 354–369. Die langfristigen Wirkungen bilanzpolitischer Maßnahmen nach dem untersuchten Ereignis, wie einem Börsengang, bleiben in diesen Studien weitgehend ausgeklammert, vgl. Dechow/Ge/Schrand (2010), S. 384. Grundlegend zur adversen Selektion bei Finanzierungsmaßnahmen siehe insbesondere Grossman/Hart (1982); Myers (1984); Myers/Majluf (1984); Diamond (1991b).

184 Vgl. Dietrich/Harris/Muller III (2001), S. 139–149.

Unternehmen mit schlechter Rechnungslegungsqualität in Form von anormalen Periodenabgrenzungen eher Schulden bei Banken aufnehmen, welche über private Informationsquellen verfügen und Ausfallrisiken damit besser bepreisen können als Teilnehmer auf einem öffentlichen Anleihemarkt.[185] Die betrachteten Untersuchungskontexte sowie die genutzten Daten und Variablenmessungen haben sicherlich einen Einfluss auf die unterschiedlichen Ergebnisse dieser beiden Studien.

Bei einer Analyse von Restatements, die wie Rechnungslegungsverstöße oft als externe Indikatoren für Bilanzpolitik angesehen werden, wurde ein signifikanter Zusammenhang mit der Aufnahme von Eigen- und Fremdkapital festgestellt.[186] Außerdem wurden weitere Themenbereiche untersucht, die meinem Kenntnisstand nach bis dato nicht für Fehlermeldungen betrachtet wurden. So zeigen sich bei einer Analyse öffentlich zugänglicher Kreditverträge oft eine Zunahme an Covenants sowie kürzere Laufzeiten und weitere nachteilige Abmachungen für das Unternehmen nach Bekanntwerden von Restatements, was die gestiegene Unsicherheit über die Qualität der Rechnungslegung widerspiegelt.[187]

Außerdem wurden bei betroffenen Unternehmen anschließende Verschiebungen in der Finanzierungspolitik aufgezeigt: weg von Eigenkapital-, hin zu einem steigenden Anteil an Fremdkapitalfinanzierung. Je stärker das Ausmaß des Restatement, desto stärker auch die Bewegung hin zu Fremdkapitalaufnahme bei Banken gegenüber öffentlichen Anleihemärkten. Auch das wird anhand der gestiegenen Unsicherheit über die Rechnungslegungsqualität erklärt.[188] Daneben wurde der Übergang von legalen zu illegalen bilanzpolitischen Maßnahmen beleuchtet. Eine Überbewertung eines Unternehmens am Aktienmarkt scheint hier einen Einfluss zu haben. Um diese beizubehalten, würden Manager auch zu nicht rechtskonformen Mitteln, die schließlich zu Restatements führen, greifen, sobald die legalen Mittel ausgereizt sind. Die Bestimmung einer Überbewertung ist aber als kritisch anzusehen.[189]

Bei der Untersuchung US-amerikanischer Unternehmen mit Rechnungslegungsverstößen finden Dechow/Sloan/Sweeney (1996) sowohl einen signifikant höheren externen Finanzierungsbedarf ex ante als auch signifikant höhere Finanzierungsaktivitäten ex post – in Form einer Emission von Wertpapieren –

---

185 Vgl. Bharath/Sunder/Sunder (2008), S. 15–21.
186 Vgl. Efendi/Srivastava/Swanson (2007), S. 691–694.
187 Vgl. Graham/Li/Qiu (2008), S. 49–59.
188 Vgl. Chen/Cheng/Lo (2013), S. 761–768.
189 Vgl. Badertscher (2011), S. 1505–1514.

im Vergleich zu Unternehmen ohne Fehlermeldung. Als Beweggrund für den Rechnungslegungsverstoß wird auch die positive Beeinflussung der Investorenerwartung angeführt.[190] Die Resultate von Beneish (1999) widersprechen diesen früheren Ergebnissen.[191] Wie in Abschnitt 4.3 genannt, führt Beneish diese Resultate auf variierende Variablenmessungen sowie Unterschiede in der Untersuchungs- und Kontrollgruppe zurück.[192]

Studien zu Rechnungslegungsverstößen mit aktuelleren Stichproben finden hierzu auch uneinheitliche Resultate. Brazel/Jones/Zimbelman (2009), Ettredge et al. (2010) sowie Dechow et al. (2011) können keinen signifikant erhöhten externen Finanzierungsbedarf ex ante aufzeigen. Bei einer Ex-post-Betrachtung zeigt letztere Studie – ohne Verwendung einer Kontrollgruppe – jedoch erhöhte Finanzierungsaktivitäten (in Form von Eigen- und Fremdkapitalaufnahme), was die anderen beiden Studien nicht überprüfen.[193] Letztere Studie weist mit 2.190 auswertbaren Fällen die bis dato größte Stichprobe zu Fehlermeldungen der SEC auf.[194] Ein Mangel der drei Studien, die Finanzierungsmaßnahmen ex post betrachten,[195] ist, dass diese Maßnahmen lediglich über eine Dummy-Variable gemessen werden – das Ausmaß der Aktivitäten also nicht beachtet wird.

Entsprechend der vorherigen Ausführungen und unter Berücksichtigung, dass meine empirische Analyse maßgeblich auf Daten aus der Kapitalflussrechnung

---

190 Vgl. Dechow/Sloan/Sweeney (1996), S. 4, 19f. und 23f.

191 Vgl. Beneish (1999), S. 338–444. Eine Studie zeigt, dass Investoren fehlerhafte Rechnungslegung z.T. erkennen können, bevor diese öffentlich bekannt wird, vgl. Hui/Lennox/Zhang (2014), S. 639–643.

192 Vgl. Beneish (1999), S. 427–429.

193 Vgl. Brazel/Jones/Zimbelman (2009), S. 1156–1161; Ettredge et al. (2010), S. 344–347; Dechow et al. (2011), S. 43–54. Tendenziell ist es schwierig, auf Basis von Stichtagsgrößen in der Bilanz sowie von Vergangenheitswerten in der Kapitalflussrechnung Aussagen über den künftigen Finanzierungsbedarf zu treffen. Diese Vorgehensweise impliziert eine Repräsentativität einer – wie weit auch immer abgegrenzten – Vergangenheitslage für die Zukunft, welche jedoch nicht ohne weiteres angenommen werden kann. Außerdem ist die Verlässlichkeit einzelner Kennzahlen für die künftige Prognose kritisch zu sehen, vgl. Ballwieser (1987), S. 57–61; Baetge/Kirsch/Thiele (2004), S. 265–267, 272–274 und 287–289; Palepu/Healy/Peek (2013), S. 219–221; Penman (2013), S. 354f. und 684–688. Dementsprechend wird der Ex-ante-Finanzierungsbedarf nicht weiter betrachtet.

194 Vgl. Dechow et al. (2011), S. 27.

195 D.h. Dechow/Sloan/Sweeney (1996); Beneish (1999); Dechow et al. (2011).

basiert, was in Abschnitt 8.2. erläutert wird, lässt sich folgende Hypothese formulieren:

Hypothese 1: *Unternehmen mit Fehlermeldung haben signifikant höhere Cash Flows aus Finanzierungstätigkeit im Zeitraum nach dem Rechnungslegungsverstoß als vergleichbare Unternehmen ohne Fehlermeldung.*

Neben dieser allgemeinen Betrachtung wird die Finanzierungstätigkeit weiter aufgegliedert in ihre Bestandteile, was zu folgenden Hypothesen führt:

Hypothese 1a: *Unternehmen mit Fehlermeldung haben signifikant höhere Cash Flows aus Eigenkapitaltransaktionen im Zeitraum nach dem Rechnungslegungsverstoß als vergleichbare Unternehmen ohne Fehlermeldung.*

Hypothese 1b: *Unternehmen mit Fehlermeldung haben signifikant höhere Cash Flows aus Fremdkapitaltransaktionen im Zeitraum nach dem Rechnungslegungsverstoß als vergleichbare Unternehmen ohne Fehlermeldung.*

Neben dem aufgezeigten Zusammenhang zwischen bilanzpolitischen Maßnahmen bzw. Rechnungslegungsverstößen und Finanzierungsmaßnahmen lässt sich auch nach einer Assoziation mit Investitionstätigkeiten fragen. Jedoch gibt es dazu bislang nur wenige Arbeiten.[196] Bilanzpolitische Maßnahmen scheinen aber auch bei Investitionen zu Verzerrungen zu führen.[197] Eine US-amerikanische Studie, die u.a. Fehlermeldungen der SEC genauer betrachtet, kann bei betroffenen Unternehmen im Vergleich zu einer Kontrollgruppe Hinweise auf ein Überinvestitionsverhalten im Zeitraum nach einem Rechnungslegungsverstoß finden. Die Autoren führen diese Beobachtung auf zwei mögliche Erklärungsversuche zurück: Entweder vertrauen die für Investitionen zuständigen Manager der zu positiven, fehlerhaften Berichterstattung, weil sie überaus optimistisch oder sich des Fehlers gar nicht bewusst sind, oder sie wählen absichtlich ein zu hohes Investitionsvolumen, um eine schlechte Unternehmenslage möglicherweise umzudrehen.[198] Die Bestimmung eines optimalen Investitionsniveaus und

196 Vgl. Dechow/Ge/Schrand (2010), S. 387.

197 Vgl. Biddle/Hilary (2006), S. 971–974; Biddle/Hilary/Verdi (2009), S. 118–125.

198 Vgl. McNichols/Stubben (2008), S. 1573–1595.

darauf folgender Abweichungen ist aber als kritisch anzusehen. Außerdem kann eine Vielzahl an Erklärungen zu dem beobachten Investitionsverhalten führen.[199]

Entsprechend des geschilderten Studienergebnisses soll mithilfe folgender Hypothese ein Einblick auf ein erhöhtes Investitionsvolumen erlangt werden, wobei jedoch die Optimalität des Investitionsniveaus bewusst ausgeklammert wird:

Hypothese 2: *Unternehmen mit Fehlermeldung haben signifikant höhere Cash Flows, die für Investitionen genutzt werden, im Zeitraum nach dem Rechnungslegungsverstoß als vergleichbare Unternehmen ohne Fehlermeldung.*[200]

Zuletzt wurde auch der Zusammenhang von Dividendenzahlungen und Bilanzmanipulationen betrachtet. So findet eine Studie Hinweise, dass Unternehmen nach der Durchführung von Rechnungslegungsverstößen nicht mehr ihre bisherige Ausschüttungspolitik - auch gegenüber vergleichbaren Unternehmen und unter Berücksichtigung der Unternehmensentwicklung - beibehalten. Mögliche Ursache ist, dass die manipulierte Rechnungslegung zu Umkehreffekten in der Zukunft führt, sodass die Dividendenzahlungen angepasst werden müssen.[201]

Angelehnt an diese Studie lautet die entsprechende Hypothese:

Hypothese 3: *Unternehmen mit Fehlermeldung haben signifikant niedrigere Dividendenzahlungen im Zeitraum nach dem Rechnungslegungsverstoß als vergleichbare Unternehmen ohne Fehlermeldung.*

---

199 Siehe hierzu auch die zahlreichen Einschränkungen von McNichols/Stubben (2008), S. 1597f., sowie Bar-Gill/Bebchuk (2002) und Wang (2006).

200 Mit Bezugnahme auf die Kapitalflussrechnung werden nur Investitionen in ihrem Sinne betrachtet, somit z.B. keine Investitionen in Humankapital.

201 Vgl. Caskey/Hanlon (2013), S. 831–845, sowie Lintner (1956), Fama/Babiak (1968), Allen/Michaely (2003) und Brav et al. (2005). Genau genommen finden Caskey und Hanlon Hinweise, dass Dividenden weniger stark erhöht werden als in der Kontrollgruppe; eine Reduzierung der Dividenden können sie nicht nachweisen. Daneben findet sie Anzeichen für eine Schutzfunktion von Dividendenzahlungen gegen Rechnungslegungsverstöße; Unternehmen, die regelmäßig Dividenden ausschütten, haben eine geringere Wahrscheinlichkeit für Rechnungslegungsverstöße als Vergleichsunternehmen, vgl. Caskey/Hanlon (2013), S. 828–831. Dass Manipulationen durchgeführt werden, um Dividenden weiterhin zahlen zu können, scheint dagegen auch plausibel; eine Studie, die diskretionäre Periodenabgrenzungen als Maß für die Rechnungslegungsqualität verwendet, liefert entsprechende Resultate, vgl. Daniel/Denis/Naveen (2008), S. 7–15.

Da eine umfassende Betrachtung denkbarer Einflussfaktoren für fehlerhafte Rechnungslegung in Deutschland als wenig innovativ anzusehen ist,[202] erfolgt empirisch eine Schwerpunktsetzung auf eine Analyse von Unternehmensfinanzierungsmaßnahmen im Zeitraum um einen Rechnungslegungsverstoß. Diese Analyse findet sich in Kapitel 8. Eine derartige Betrachtung fehlt bislang in der deutschen Literatur. In der US-amerikanischen Rechnungslegungsforschung wurden bisher nur die geschilderten Einzelaspekte, wie eine Anpassung der Ausschüttungspolitik oder eine Erhöhung der Investitionen, herausgegriffen und separat betrachtet. Da Unternehmensfinanzierungsentscheidungen eng verknüpft sind, sind sie grundsätzlich gemeinsam zu untersuchen.[203] In diese Lücke soll die vorliegende Arbeit stoßen, indem sie eine Gesamtbetrachtung der Unternehmensfinanzierungsmaßnahmen liefert, welche bislang in der Rechnungslegungsforschung fehlt.

4.5 Ausfallrisiko

Eng mit den Ausführungen des vorherigen Abschnitts verknüpft ist die Frage nach der Bedeutung fehlerhafter Rechnungslegung in Kreditbeziehungen. Nach der Überlassung von Fremdkapital besteht ein Anreiz für das Management, das Vermögen der Fremdkapitalgeber aus deren Sicht negativ zu verwenden.[204] Hierzu zählen die Ausschüttung von Dividenden, die Aufnahme neuen und vorrangigen Fremdkapitals, das Eingehen riskanter Investitionen, die zu einer Vermögensverlagerung von den Fremd- zu den Eigenkapitalgebern führen, oder die Vermeidung rentabler Investitionen bei erhöhtem Ausfallrisiko.[205] Das Ausfallrisiko bezeichnet die Gefahr, dass die Zahlungsansprüche eines Gläubigers nicht oder nicht mehr in voller Höhe bedient werden.[206]

---

202 Insbesondere die Arbeiten von Ernstberger/Hitz/Stich (2012), Strohmenger (2013) und Strohmenger (2014) gehen bereits in diese Richtung.

203 Vgl. James Tobins Anmerkung bei Poterba (1988), S. 204, sowie Gatchev/Pulvino/Tarhan (2010), S. 728–732, und Dasgupta/Noe/Wang (2011), S. 1259–1261.

204 Siehe Wagenhofer/Ewert (2007), S. 191–223, für eine Übersicht über derartige Probleme sowie mögliche Gegenmaßnahmen, wobei nicht zwischen Managern und Eignern differenziert wird. Eine solche Differenzierung ist auch nicht notwendig, vgl. Armstrong/Guay/Weber (2010), S. 212f.

205 Vgl. Myers (1977), S. 155f.; Smith/Warner (1979), S. 118f.; Schmidt/Terberger (1997), S. 415–421; Rudolph (2006), S. 179f.; Armstrong/Guay/Weber (2010), S. 213; Kürsten (2013), S. 12f.

206 Vgl. Schmidt/Terberger (1997), S. 413; Bieg/Kußmaul (2009), S. 39; Franke/Hax (2009), S. 410–413.

Rationale Fremdkapitalgeber werden versuchen, das Ausfallrisiko durch passende Mittel in der Gestaltung der Kreditverträge zu verringern.[207] Hierbei kann auf die Rechnungslegung Bezug genommen werden.[208] Klauseln in diesen Verträgen („Covenants“) schränken beispielsweise Dividendenzahlungen oder die Ausgabe weiteren Fremdkapitals ein oder machen eine (Teil-)Rückzahlung des Kreditbetrags notwendig, wenn der bilanzielle Verschuldungsgrad eines Unternehmens eine vorgegebene Schwelle überschreitet.[209] Ein Großteil der in Deutschland geschlossenen Kreditverträge enthält derartige Klauseln; insbesondere solche, die das Einhalten von Bilanzkennzahlen – als Indikatoren für das Ausfallrisiko – über die Laufzeit des Kredits vorsehen.[210]

Dies führt zu Reaktionen des Managements, welches über Bilanzpolitik zu verhindern versucht, die von diesen Kreditvertragsklauseln vorgegebenen Grenzwerte zu überschreiten. Beispielhaft können die mit einer Durchbrechung von Covenants verbundenen Kosten das Management dazu veranlassen, gewinnerhöhende Maßnahmen umzusetzen oder Bilanzen zu manipulieren, sofern sich der Verschuldungsgrad ihres Unternehmens der vertraglich festgehaltenen Schwelle annähert.[211] Dies entspricht der Verschuldungsgradhypothese von Watts

---

207 Vgl. Armstrong/Guay/Weber (2010), S. 182.

208 Vgl. Armstrong/Guay/Weber (2010), S. 183 und 217–222, für eine Übersicht über Arbeiten, die den Zusammenhang von Eigenschaften des Rechnungslegungssystems und der Gestaltung von Fremdkapitalverträgen analysieren. Neuere Studien untersuchen auch die Qualität der Rechnungslegung in Abhängigkeit von der Wahl des Kreditmarkts (privat versus öffentlich), vgl. Bharath/Sunder/Sunder (2008), und der Laufzeit des Kreditvertrags, vgl. Gul/Goodwin (2010).

209 Vgl. Smith/Warner (1979), S. 125–146, El-Gazzar/Pastena (1990), S. 383–391, Servatius (2008), S. 32–47, Terstege/Ries (2008), Franke/Hax (2009), S. 547–550, Haghani et al. (2009), S. 7–10, Chava/Kumar/Warga (2010), S. 1130–1145, Hannen (2012), S. 2233–2236, Servatius (2013), S. 14–16, und Day/Taylor (2014), für umfassende Diskussionen von Kreditvertragsklauseln sowie Duke/Hunt III (1990), S. 50–61, für eine Analyse der Relation des Verschuldungsgrads zu diesen. Solche Abmachungen mit den Kreditgebern haben auch einen Effekt auf Agency-Konflikte zwischen Managern und Eigenkapitalgebern, vgl. Brickley/Zimmerman (2010), S. 237 und 243; Chava/Kumar/Warga (2010). Siehe auch Christensen/Nikolaev (2012) für eine Analyse der Selektion bestimmter Covenants in Kreditverträgen.

210 Vgl. Leuz/Deller/Stubenrath (1998), S. 122–124; Watrin (2001), S. 205–207; Haghani et al. (2009), S. 11–16; Hannen (2012), S. 2234; Haghani et al. (2014), S. 12–14.

211 Zur Diskussion, ob Verletzungen von Covenants überhaupt mit Kosten verbunden sind, siehe Armstrong/Guay/Weber (2010), S. 222f.

und Zimmerman.[212] Für andere Covenants, die sich auf Rechnungslegungswerte stützen, ist die Argumentation entsprechend.[213] Es lässt sich die grundsätzliche Frage stellen, warum Kreditgeber dem Management Freiräume bei der Bilanzierung gestatten und keine expliziten Vorgaben machen. Als Argumente werden geringere Kosten der Überwachung sowie mehr Möglichkeiten bei der Auswahl von Investitionen durch das Management angeführt.[214]

In vielen empirischen Studien, die nicht Fehlerfeststellungen durch Enforcement-Instanzen, sondern andere Gewinnmerkmale fokussieren, konnte ein signifikanter Zusammenhang dieser Gewinnmerkmale mit Ausfallrisiken, gemessen z.B. mithilfe des Verschuldungsgrads, aufgezeigt werden.[215] US-amerikanische Untersuchungen hierzu nutzen oft den Umstand, dass Daten über die Verletzung von Kreditvertragsklauseln ohne Schwierigkeiten erhoben werden können, was in Deutschland nicht der Fall ist. Frühe empirische Arbeiten betrachteten eingeschränkte Dividendenzahlungen bei wenig profitablen Unternehmen aufgrund entsprechender Vereinbarungen in Kreditverträgen. Sie konnten mehrheitlich aber keine daraus folgenden bilanzpolitischen Maßnahmen feststellen.[216] Andere Studien erweiterten den Blick auf zusätzliche Covenants und zeigen, dass Unternehmen vor Bekanntwerden einer Verletzung von Kreditvertragsklauseln gewinnerhöhende Bilanzpolitik ergreifen, um ihre Schuldner über den wahren Zustand des Unternehmens zu täuschen. Dies wurde beispielsweise für diskretionäre Periodenabgrenzungen im Jahr davor und im entsprechenden Jahr selbst[217] sowie für den freiwilligen Wechsel von Bilanzierungs- und Bewertungsmethoden im Zeitraum von fünf Jahren davor belegt.[218]

---

212 Vgl. Watts/Zimmerman (1986), S. 215–217; Watts/Zimmerman (1990), S. 138–140; Wagenhofer/Ewert (2007), S. 261. Siehe hierzu auch die Analyse von Francis (1990), welche die Rationalität der Durchbrechung von Kreditvertragsklauseln in bestimmten Situationen aufzeigt.

213 Vgl. Watts/Zimmerman (1986), S. 216.

214 Vgl. Smith/Warner (1979), S. 119–122; Holthausen/Leftwich (1983), S. 86f.; Fields/Lys/Vincent (2001), S. 271f.

215 Für eine Übersicht siehe Dechow/Ge/Schrand (2010), S. 379f. Siehe auch Skinner (1993), S. 429–442, der eine variierende Qualität der Rechnungslegung auch auf unterschiedliche Investitionsmöglichkeiten zurückführt.

216 Vgl. Holthausen (1981), S. 95–106; Healy/Palepu (1990), S. 116–120; DeAngelo/DeAngelo/Skinner (1994), S. 130–133. Siehe auch Fields/Lys/Vincent (2001), S. 272–275, für eine prägnante Diskussion entsprechender Arbeiten.

217 Vgl. DeFond/Jiambalvo (1994), S. 155–174.

218 Vgl. Sweeney (1994), S. 293–306.

Bei derartigen Analysen ist eine mögliche Auswahlverzerrung zu bedenken, da die Stichprobe zwar Unternehmen umfasst, die Covenants nach Veröffentlichung ihres Abschlusses überschritten hatten, jedoch keine Unternehmen, die eine Verletzung der Covenants im Voraus vermeiden konnten, z.B. durch Neuverhandlungen der Kreditverträge. Dies verzerrt die empirischen Resultate gegen das Finden signifikanter Bilanzpolitik.[219] Neuere Studien berücksichtigen diesen Umstand und finden Resultate im Einklang mit der Verschuldungsgradhypothese; oft auch unter Verwendung sehr großer Stichproben und der Kenntnis vieler Vertragsdetails.[220]

Es lässt sich jedoch nicht in allen Situationen eine direkte Verletzung von Kreditvertragsklauseln feststellen. Dementsprechend wurde in anderen empirischen Arbeiten der Verschuldungsgrad fokussiert.[221] Dieser dient als Maß für die Nähe zu einer vertraglich vorgegebenen Schwelle einer Kreditvertragsklausel. Im Allgemeinen zeigen diese Arbeiten, dass ein hoher Verschuldungsgrad mit schlechten Gewinnmerkmalen verknüpft ist.[222]

Zwei Studien, welche Fehlerbekanntmachungen der SEC – als Indikator einer schlechten Gewinnqualität – analysieren, kommen in diesem Punkt jedoch zu unterschiedlichen Ergebnissen. Dechow/Sloan/Sweeney (1996) stellen für die von ihnen untersuchten 92 Unternehmen mit Rechnungslegungsverstößen einen signifikant höheren Verschuldungsgrad als für vergleichbare Unternehmen fest.[223] Beneish (1999) kann bei seiner Untersuchung über einen ähnlichen Zeitraum und mit einer Stichprobe von 64 Unternehmen hierfür kein signifikantes Resultat konstatieren.[224] Die Gründe liegen, wie in Abschnitt 4.3 genannt, mög-

---

219 Vgl. Healy/Wahlen (1999), S. 376; Fields/Lys/Vincent (2001), S. 273f.; Wagenhofer/Ewert (2007), S. 262; Armstrong/Guay/Weber (2010), S. 222f.

220 Vgl. Dichev/Skinner (2002), S. 1108–1119; Beatty/Weber (2003), S. 134–139; Daniel/Denis/Naveen (2008), S. 7–10; Beneish/Press/Vargus (2012), S. 203–207; Franz/HassabElnaby/Lobo (2014), S. 487–500.

221 Siehe Lys (1984), S. 61; Fields/Lys/Vincent (2001), S. 272. Mittlerweile wird die Analyse des Verschuldungsgrads seltener vorgenommen, vgl. Armstrong/Guay/Weber (2010), S. 223. Siehe auch die kritischen Anmerkungen bei Franke/Hax (2009), S. 115.

222 Es besteht die Möglichkeit, dass diese schlechte Qualität nicht durch die Nähe zu Covenants, sondern durch andere Einflussfaktoren wie drohende Insolvenz, finanzielle Engpässe oder Abweichungen in den Investitionsmöglichkeiten resultiert, vgl. Dechow/Ge/Schrand (2010), S. 380.

223 Vgl. Dechow/Sloan/Sweeney (1996), S. 20f.

224 Vgl. Beneish (1999), S. 441–444.

licherweise in der abweichenden Variablenmessung sowie Untersuchungs- und Kontrollgruppenauswahl.[225]

Neuere Studien zeigen jedoch deutliche Unterschiede im Verschuldungsgrad zwischen Unternehmen mit Fehlerfeststellung durch die SEC im Vergleich zu Unternehmen ohne Fehlermeldung auf.[226] Auch eine Studie zu Fehlerbekanntmachungen in Großbritannien kann einen im Vergleich höheren Verschuldungsgrad bei betroffenen Unternehmen nachweisen.[227]

Für Deutschland findet die Analyse von Ernstberger/Hitz/Stich (2012) keinen signifikanten Zusammenhang zwischen Rechnungslegungsverstößen und dem Verschuldungsgrad.[228] Auch die Zeitreihenbetrachtung bei Strohmenger (2013) zeigt keine signifikante Abweichung des Verschuldungsgrads im Jahr des Rechnungslegungsverstoßes sowie im Zeitraum davor bei betroffenen Unternehmen im Vergleich zur Kontrollgruppe – diese wird erst im Anschluss deutlich.[229] Bei Höhn/Strohmenger (2013) und Strohmenger (2014) finden sich dagegen Hinweise auf eine signifikante Verknüpfung.[230] Wie US-amerikanische Studien ermitteln diese Arbeiten genau genommen die Fremdkapitalquote statt des Verschuldungsgrads, wenn sie von „Leverage" sprechen, obwohl Watts und Zimmerman in ihren fundamentalen Arbeiten explizit die „Debt/Equity Hypothesis" propagierten.[231]

Daneben wurden in der Literatur verfeinerte Maße für das Ausfallrisiko entwickelt, wie z.B. der Altmansche Z-Faktor oder das Merton-Modell, denen z.T. eine genauere Analysefähigkeit als dem Verschuldungsgrad beigemessen wird.[232]

---

225 Vgl. Beneish (1999), S. 427–429.

226 Vgl. Jones/Krishnan/Melendrez (2008), S. 512–515; Brazel/Jones/Zimbelman (2009), S. 1159–1161; Ettredge et al. (2010), S. 344–347. Dechow et al. (2011), S. 43–54, können jedoch hinsichtlich des Verschuldungsgrads keine signifikante Abweichung im Vergleich zur Kontrollgruppe nachweisen, weder im Jahr des Rechnungslegungsverstoßes noch in den Jahren davor. Problematisch ist hierbei, dass die Kontrollgruppe nicht sachgemäß selektiert wird, sondern aus allen anderen Unternehmen der verwendeten Datenbank besteht.

227 Vgl. Peasnell/Pope/Young (2001), S. 307f.

228 Vgl. Ernstberger/Hitz/Stich (2012), S. 24f.

229 Vgl. Strohmenger (2013), S. 28.

230 Vgl. Höhn/Strohmenger (2013), S. 22; Strohmenger (2014), S. 287–290.

231 Vgl. Watts/Zimmerman (1986), S. 215–217; Watts/Zimmerman (1990), S. 138–140. Ernstberger/Hitz/Stich (2012), S. 33, und Strohmenger (2013), S. 31, überprüfen die Robustheit ihrer Resultate bei anderen Spezifikationen dieser Variable und finden keine abweichenden Ergebnisse.

232 Siehe für solche Maße Beaver/Correia/McNichols (2010), S. 106–157.

Ihre Ausmaße bei Unternehmen mit Fehlermeldungen wurden bis dato noch selten untersucht.[233] Erste Betrachtungen für Deutschland liefern Ernstberger/Hitz/Stich (2012) sowie Strohmenger (2013) mit lediglich deskriptiven Auswertungen, die jedoch auf ein hohes Ausfallrisiko hindeuten.[234]

Problematisch für die Analyse des Ausfallsrisikos sowohl mithilfe des Altmanschen Z-Faktors als auch mithilfe des Merton-Modells ist, dass hierfür Daten aus Konzernabschlüssen nicht geeignet sind. Die gängigen Datenbanken für empirische Analysen wie Worldscope beziehen ihre Informationen regelmäßig aus Konzernabschlüssen. Ein Konzern als wirtschaftliche Einheit haftet nicht in Kreditverträgen.[235] Diese werden zwischen einzelnen Unternehmen und Kreditgebern geschlossen. Höchstens wären Zahlen aus den Jahresabschlüssen nicht-konzernierter Unternehmen heranzuziehen, die nicht von der konzerninternen Geschäfts- und Bilanzierungspolitik beeinflusst sind.[236] Die von der DPR in Deutschland überwachten Unternehmen sind jedoch regelmäßig Konzernunternehmen.

Die Vermutung, dass Unternehmen mit Rechnungslegungsverstößen ein höheres Ausfallrisiko tragen, lässt sich auch ex post betrachten. So konnten zwei Studien für die USA zeigen, dass eine signifikant erhöhte Wahrscheinlichkeit für eine Verletzung von Covenants bzw. einer Liquidierung bei Unternehmen mit Fehlermeldung durch die SEC gegenüber vergleichbaren Unternehmen ohne einen festgestellten Rechnungslegungsverstoß vorliegt.[237]

Wie erwähnt, können in Deutschland keine tatsächlichen Covenant-Brüche beobachtet werden. Möglich ist aber die Feststellung, ob – regelmäßig später eintretende – Insolvenzen oder Liquidierungen vorliegen. Erste Hinweise auf einen

233 Vgl. Erickson/Hanlon/Maydew (2006), S. 127; Brazel/Jones/Zimbelman (2009), S. 1151. Erstgenannte Studie verwendet eine modifizierte Form des ursprünglichen Modells von Altman nach Begley/Ming/Watts (1996), S. 276–278.

234 Vgl. Ernstberger/Hitz/Stich (2012), S. 33; Strohmenger (2013), S. 31.

235 El-Gazzar/Pastena (1990), S. 382–391, zeigen, dass Kreditverträge zwischen Unternehmen und Banken zumindest in den USA nur geringe Anpassungen der Konzernabschlüsse enthalten, welche konzerninterne Bilanzierungsmaßnahmen rückgängig machen, und damit nahe an der Vertragsgestaltung öffentlicher Anleihen sind.

236 Vgl. Baetge/Kirsch/Thiele (2004), S. 8f. und 70–72. Englischsprachige Literatur zur Bilanzanalyse geht auf diese Problematik i.d.R. gar nicht ein.

237 Dechow/Sloan/Sweeney (1996), S. 23f., betrachten nur tatsächliche Verstöße gegen Covenants, während Leng et al. (2011), S. 831–838, auch Liquidationsfälle erfassen. Beneish (1999), S. 440–444, kann keinen signifikanten Zusammenhang mit Covenant-Verletzungen nachweisen.

Zusammenhang zwischen Insolvenzen und Rechnungslegungsverstößen finden sich auch in Deutschland.[238]

Eine weitere detaillierte Betrachtung dieses Themenbereichs wird ausgeklammert, da es schon erste Erkenntnisse deutscher Studien gibt – insbesondere hinsichtlich des Verschuldungsgrads – und eine zusätzliche Vertiefung als wenig innovativ anzusehen ist. Es erfolgt lediglich eine Betrachtung im Zusammenhang mit den Auswertungen zur im letzten Abschnitt erarbeiteten Forschungslücke, da die Unternehmensfinanzierung mit Ausfallrisiken verbunden ist.

4.6 Weitere Einflussfaktoren auf fehlerhafte Rechnungslegung

In den vorhergehenden Abschnitten wurden mehrere Einflussfaktoren auf Rechnungslegungsverstöße erörtert, da eine singuläre Ursache als realitätsfern anzusehen ist.[239] In der Literatur finden sich demzufolge zahlreiche weitere Einflussfaktoren auf Rechnungslegungsverstöße, die oftmals nicht direkt auf der Agency-Theorie und der „Positive Accounting Theory" von Watts und Zimmerman basieren. Es sollen kurz einige neuere Richtungen der Forschung genannt und gewürdigt werden.

Im Speziellen sind Persönlichkeitsmerkmale der Manager, wie überhöhtes Selbstvertrauen, ein interessanter Gesichtspunkt aktueller Forschung und haben tendenziell einen Einfluss auf Rechnungslegungsverstöße.[240] Eine neuere Arbeit findet auch Hinweise auf einen „Ansteckungseffekt" bei US-amerikanischen Firmen durch gemeinsame Board-Mitglieder, was auf eine mangelnde Kontrolle auf dieser Unternehmensebene hindeutet.[241] Persönlichkeitsmerkmale wurden zwar in dieser Studie nicht genauer betrachtet, könnten aber hierbei einen gewissen Effekt haben.

Eine andere Arbeit versucht, den Einfluss der allgemeinen Qualität des Managements auf die Qualität der Rechnungslegung zu untersuchen. Ihre Autoren

---

238 Vgl. Berger/Pasch (2013), S. 387.

239 Vgl. Fields/Lys/Vincent (2001), S. 290–292; Jones (2011b), S. 33–39.

240 Vgl. Schrand/Zechman (2012) und Trompeter et al. (2013), S. 294, sowie grundlegend Bénabou/Tirole (2002); Heaton (2002); Glaser (2003), S. 51–55; Glaser/Schäfers/Weber (2008). Interessante Einsichten in den Einfluss psychologischer Effekte auf Bilanzpolitik liefert Brown (2014).

241 Vgl. Chiu/Teoh/Tian (2013), S. 929–940. Zu Ansteckungseffekten siehe auch Kedia/Koh/Rajgopal (2015) und die verhaltenswissenschaftliche Untersuchung von Fung (2015).

finden Anzeichen, dass ein besseres Management weniger Restatements, höhere Gewinne sowie positive Eigenschaften bei diskretionären Periodenabgrenzungen zur Folge hat. Ob die Messung eines Konstrukts wie Managementqualität valide erfolgt, ist fraglich, zumal sie sich auf Variablen stützt, die auf Unternehmensebene erhoben werden, wie die Forschungs- und Entwicklungsausgaben.[242]

Auf Unternehmensebene wurde die Höhe der Zahlungen an Wirtschaftsprüfungsgesellschaften, sowohl für Abschlussprüfungen als auch für Beratungsleistungen, mangels veröffentlichter Daten lange Zeit nicht genauer betrachtet. Eine Arbeit findet in den USA einen positiven Zusammenhang von deren Ausmaß und dem Auftreten von Rechnungslegungsverstößen, wobei die genauen Ursachen für dieses Resultat unklar bleiben.[243] Da der Detaillierungsgrad und die Vergleichbarkeit zwischen den Unternehmen bei diesen Informationen stark variieren, ist dieser Untersuchungsschwerpunkt problembehaftet. Die Erfahrung von Wirtschaftsprüfern und Wirtschaftsprüfungsgesellschaften mit Klagen wegen mangelhafter Abschlussprüfung führt jedoch dazu, dass sie anschließend häufiger fehlerhafte Rechnungslegung unterbinden.[244]

Daneben sind auf einer Makroebene Einflussfaktoren auf fehlerhafte Rechnungslegung denkbar. Sicherlich kann ein gewisser Einfluss staatlicher Interventionen und Regulierungsvorhaben auf bilanzpolitische Maßnahmen erwartet werden.[245] Dennoch ist es schwierig, entsprechende Zusammenhänge empirisch herauszufiltern. Teilweise wird auch die Bedeutung der gesamtwirtschaftlichen Entwicklung eines Landes für Rechnungslegungsverstöße betrachtet.[246] Bei international tätigen Unternehmen bleibt der Einfluss derartiger makroökonomischer Faktoren jedoch zu hinterfragen.

Neben der archivdatenbasierten Forschung gibt es weitere Mittel, um Einflussfaktoren auf Bilanzmanipulationen in Erfahrung zu bringen, z.B. Befragungen von Vorständen[247] sowie – aus der Erfahrung gewonnene – Risikoindikatoren in den berufsständischen Verlautbarungen der Wirtschaftsprüfer und Erhebungen

---

242 Vgl. Demerjian et al. (2013). Die Überprüfung des Einflusses von Vertrauen innerhalb eines Unternehmens, vgl. Garrett/Hoitash/Prawitt (2014), bzw. Männlichkeit von Vorstandsvorsitzenden, vgl. Jia/van Lent/Zeng (2014), auf die Rechnungslegungsqualität steht ebenfalls vor Messproblemen.

243 Vgl. Markelevich/Rosner (2013), S. 1603–1620.

244 Vgl. Lennox/Li (2014), S. 66–71.

245 Für eine neuere Übersicht über einschlägige Forschung siehe Groß/Königsgruber (2013).

246 Vgl. Fernandes/Guedes (2010), S. 82–88.

247 Vgl. Dichev et al. (2013), S. 24–27; Dichev et al. (2014), S. 13–24.

über deren tatsächliche Bedeutung.[248] Zu bedenken ist hierbei die Selektivität im Antwortverhalten bei derartigen Umfragen.

Naturgemäß können nicht alle relevanten Einflussfaktoren auf fehlerhafte Rechnungslegung in einem Modell erfasst und untersucht werden, was auch weder erreichbar noch erstrebenswert erscheint.[249] Dennoch hat die Rechnungswesenforschung zahlreiche Einblicke in mögliche Einflussfaktoren auf Bilanzpolitik im Allgemeinen und Rechnungslegungsverstöße im Speziellen gewonnen.[250]

4.7 Vor- und Nachteile der Verwendung von Fehlermeldungen für eine Untersuchung von Einflussfaktoren auf fehlerhafte Rechnungslegung

Ein Vorteil der Verwendung von Fehlerbekanntmachungen besteht darin, dass es sich um konkrete und im Einzelnen nachprüfbare Ereignisse handelt, die eine Verletzung der Rechnungslegungsvorschriften anzeigen – im Gegensatz zu verbreiteten Modellen zur Messung von Gewinnmerkmalen wie diskretionäre Periodenabgrenzungen, die zahlreiche Ungenauigkeiten und Gestaltungsspielräume für deren Bestimmung bieten.[251] Dieser Umstand führt zu einer geringen Wahrscheinlichkeit für die Selektion von Unternehmen ohne tatsächliche Rechnungslegungsverstöße.[252] Vor diesem Hintergrund kann man auch die Sinnhaftigkeit der Untersuchung bilanzpolitischer Maßnahmen, die innerhalb der Grenzen des Rechnungslegungssystems stattfinden, infrage stellen.[253]

In der angelsächsischen Forschung zu Rechnungslegungsverstößen wird meist angenommen, dass die Unternehmen die Fehler absichtlich verursacht haben.[254] Dies geschieht in den USA vor dem Hintergrund, dass die SEC in ihren Fehlermeldungen oft explizit den Vorwurf des Betrugs, im Gegensatz zur Nachlässigkeit,

248 Vgl. Terlinde (2005), S. 330–347.

249 Vgl. Box (1976), S. 792; Brickley/Zimmerman (2010), S. 244; Coenenberg/Haller/Schultze (2014), S. 1313f.

250 Einen prägnanten Überblick liefern z.B. Dechow/Ge/Schrand (2010), S. 371–373 und 379–386. Die Perspektive erweitern Trompeter et al. (2013), S. 291–308, indem sie auch relevante Literatur aus anderen Forschungsbereichen präsentieren.

251 Vgl. Ballwieser (2014), S. 641.

252 Vgl. Ball (2009), S. 281; Dechow/Ge/Schrand (2010), S. 352 und 371; DeFond (2010), S. 404; Dechow et al. (2011), S. 25.

253 Vgl. DeFond (2010), S. 405.

254 Vgl. Dechow/Sloan/Sweeney (1996), S. 2; Bonner/Palmrose/Young (1998), S. 505; Peasnell/Pope/Young (2001), S. 293f.

äußert. Ob dies den Tatsachen entspricht, bleibt ungeklärt.[255] Auch die DPR macht Andeutungen, dass sie – unter Hinzuziehung der entsprechenden IFRS-Vorschriften – grundsätzlich von einer absichtlichen Herbeiführung eines von ihr beanstandeten (wesentlichen) Fehlers in der Rechnungslegung ausgeht.[256] Die Analyse deutscher Fehlermeldungen durch Toebe/Herberg/Schlüter (2013) macht die (deutliche) Überbewertung von Vermögensgegenständen bzw. -werten und des Eigenkapitals, die Unterbewertung von Schulden sowie die daraus konsequente zu positive Darstellung der Ertragslage deutlich.[257] Dies kann als Indiz für die absichtliche Herbeiführung dieser wesentlichen Rechnungslegungsfehler angesehen werden. Eine Untersuchung von Einflussfaktoren auf fehlerhafte Rechnungslegung beinhaltet somit eine verbundene Hypothese, dass die Fehlermeldungen einen vorsätzlichen (nicht fahrlässigen) Rechnungslegungsverstoß andeuten und dass die Einflussfaktoren diesen verursachen.[258]

Ein Nachteil einer empirischen Untersuchung auf Basis von Fehlermeldungen besteht zum einen in der Gefahr einer Auswahlverzerrung. Diese basiert auf den eingeschränkten Ressourcen von Enforcement-Institutionen für die Rechnungslegung, welche jene dazu verleiten, Fälle auszuwählen, die hohe Wahrscheinlichkeiten für das Auffinden von Fehlern aufweisen. Fälle mit unsicherem Ausgang hinsichtlich eines Fehlerresultats bleiben tendenziell unberücksichtigt. Unternehmen mit Fehlerbekanntmachungen sind dementsprechend wohl nur ein Teilbereich aller Unternehmen mit Rechnungslegungsverstößen. Folglich können die Auswahlkriterien der Enforcement-Instanz mit den vom Forscher betrachteten Einflussfaktoren auf Bilanzmanipulationen korrelieren.

Zum anderen ist das Ziel der Enforcement-Instanzen zu beachten: die Erhaltung des Vertrauens in die Kapitalmärkte. Dies lenkt die Aufmerksamkeit in Richtung der Unternehmen mit hoher Marktkapitalisierung, mit einem Börsengang

---

255 Siehe hierzu auch die Einschätzung von Dechow/Ge/Schrand (2010), S. 371.

256 Vgl. Scheffler/Zempel (2012), Rn. 149. Siehe auch die teils zustimmenden Analysen bei Ernstberger/Hitz/Stich (2012), S. 23–26, Strohmenger (2013), S. 9f., und die weiterführenden Argumentationen bei Hitz (2014), S. 283. Zur Absichtlichkeit siehe auch Ballwieser (2008b), S. 61f.

257 Vgl. Toebe/Herberg/Schlüter (2013), S. 258.

258 Vgl. Dechow/Ge/Schrand (2010), S. 373. Damit wird aber nicht ausgeschlossen, dass unbewusst herbeigeführte Fehler nicht auch relevante Konsequenzen haben, wobei sich jedoch z.B. mindernde und erhöhende Einflüsse auf den Gewinnausweis im Mittel ausgleichen dürften, vgl. Hitz (2014), S. 277.

oder mit der Emission von Aktien oder Anleihen.[259] Die DPR in Deutschland hat eine häufigere Überprüfung großer Unternehmen i.S. ihrer Marktkapitalisierung explizit in ihrem Prüfungsverfahren verankert, siehe Abschnitt 2.2.1.

Schließlich weisen Untersuchungen zu Fehlerveröffentlichungen regelmäßig eine für statistische Analysen geringe bis mittlere Stichprobengröße auf. Da die Anzahl potenzieller Einflussfaktoren auf Rechnungslegungsverstöße groß ist, weisen die in empirischen Untersuchungen verwandten Tests oft nicht genug Teststärke für den Nachweis einer bestehenden Relation auf, was durch die divergierenden Ergebnisse der in dieser Arbeit, insbesondere in Kapitel 4, vorgestellten Studien untermauert wird. Diese Umstände machen eine wohlüberlegte Vorgehensweise sowohl bei der Ermittlung der Kontrollgruppe als auch bei der Messung der untersuchten Einflussfaktoren auf Rechnungslegungsverstöße notwendig.[260]

---

259 Vgl. Bonner/Palmrose/Young (1998), S. 505f.; Dechow/Ge/Schrand (2010), S. 371; Dechow et al. (2011), S. 25f.; Kedia/Rajgopal (2011), S. 268–274; Armstrong et al. (2013), S. 332; Lennox/Lisowsky/Pittman (2013), S. 748f.; Wang (2013), S. 535f.

260 Vgl. Dechow/Ge/Schrand (2010), S. 352 und 372f.; DeFond (2010), S. 404f.; Coenenberg/Haller/Schultze (2014), S. 1313f.

5 Datengewinnung

5.1 Schwierigkeiten einer europaweiten Erhebung von Fehlermeldungen

Zu Beginn der folgenden Analyse von Rechnungslegungsverstößen und ihrer Einflussfaktoren waren länderübergreifende Vergleiche geplant. Um weitere Daten über Fehlermeldungen in Europa zu erhalten, wurden von mir alle entsprechenden Institutionen, die für die Einhaltung der Unternehmensberichterstattung zuständig sind – in der Regel die Börsenaufsichten –, kontaktiert.[261] Ausgangspunkt war die Übersicht über die europäischen Enforcement-Institutionen für Rechnungslegungsregeln des Jahresberichts von 2011 der europäischen Wertpapier- und Marktaufsichtsbehörde ESMA. Anscheinend enthält dieser vereinzelt Ungenauigkeiten, da diese Institutionen mir teilweise andere Stellen als verantwortlich für das Enforcement der Rechnungslegung genannt und auf diese verwiesen haben.[262] Eine korrigierte Übersicht über die zuständigen Instanzen findet sich in Tabelle 1, während die Ergebnisse der Befragung in Tabelle 2 dargelegt werden. Die Tabellen finden sich auf den S. 58–60.

Tabelle 1 zeigt, dass Verweise auf andere Institutionen insbesondere die nationalen Wirtschaftsprüferinstitute bzw. -kammern betrafen. Dies ist natürlich auch aufgrund mangelnder Kooperationsbereitschaft der Befragten denkbar, d.h. nicht aufgrund der Richtigkeit des Verweises. Die angeführten Stellen wurden von mir insbesondere gefragt, ob Rechnungslegungsverstöße in ihrem Land öffentlich bekannt gemacht werden und wo diese Meldungen zu finden sind. Dies geschah vor dem Hintergrund, dass die letzte Erhebung über die mit einem Enforcement der Rechnungslegung verbundenen Sanktionen einige Jahre

261 Vgl. ESMA (2012), S. 20f. Die ESMA wies mich in einer E-Mail darauf hin, dass sie direkt keinen zentralen Überblick über die Fehlerpublikationen der beteiligten Enforcement-Instanzen liefern könne, weswegen ich diese separat kontaktiert habe. Die britischen, deutschen, österreichischen und schweizerischen Stellen wurden nicht angeschrieben, da hier die Datenlage eindeutig ist. Das Schreiben erfolgte per E-Mail oder per Online-Kontaktformular der entsprechenden Institution. Sofern nach ca. drei Monaten keine Antwort eintraf, wurde ein erneuter Kontaktversuch unternommen.

262 Die potenziell falschen Angaben über die zuständigen Instanzen waren in den Folgeberichten der ESMA weiterhin enthalten, vgl. ESMA (2013), S. 22; ESMA (2014b), S. 29; ESMA (2015), S. 29.

zurückliegt.[263] Nur von ca. der Hälfte der angeschriebenen Einrichtungen erhielt ich eine Antwort, wie Tabelle 2 zu entnehmen ist.[264]

Bei den publizierten Fehlermeldungen ist zu beachten, dass sie in der Regel lediglich in der Landessprache veröffentlicht werden, dass ihr Detaillierungsgrad variiert und dass die Fallzahlen – abgesehen von Deutschland – sehr gering sind.[265] Eine Verfügbarkeit der Rechnungslegungsdaten der monierten Unternehmen ist ebenso als kritisch anzusehen.[266] Folglich verbleiben für eine Analyse der Einflussfaktoren auf Rechnungslegungsverstöße die deutschen Fehlermeldungen, die sich durch ihre vergleichsweise hohe Güte auszeichnen.

Tabelle 1: Liste der europäischen Enforcement-Einrichtungen für die Rechnungslegung[267]

Land	**Enforcement-Einrichtungen für die Rechnungslegung**
Belgien	Financial Services and Markets Authority
Bulgarien	Financial Supervision Commission (keine Antwort)
Dänemark	Danish Financial Services Authority
	Danish Business Authority
Deutschland	DPR / BaFin
Estland	Estonian Financial Supervision Authority (keine Antwort)
Finnland	Finnish Financial Supervisory Authority
Frankreich	*Autorité des normes comptables* (keine Antwort)

263 Vgl. Berger (2009); ESMA (2009).

264 Zu vermerken ist, dass auch eine Antwort von der isländischen Einrichtung kam, welche auf die Erhebung der ESMA aus dem Jahr 2009 nicht reagiert hatte.

265 Geringe Publikationszahlen lassen sich nicht nur über mangelhafte Enforcement-Aktivitäten erklären, sondern können auch auf eine effektive abschreckende Wirkung zurückgeführt werden, vgl. Jackson/Roe (2009), S. 211. Daneben spielt die Größe des überwachten Kapitalmarkts eine Rolle.

266 Weitere Hindernisse bei Ländervergleichen finden sich z.B. bei Gordon et al. (2013).

267 Quelle: eigene Darstellung in Anlehnung an ESMA (2015), S. 29. In kursiver Schrift sind die Instanzen aufgeführt, die mir als zuständig für das Enforcement der Rechnungslegung genannt wurden oder auf die grundsätzlich für weitere Informationen verwiesen wurde und die von der Übersicht der ESMA abweichen. Sofern keine Rückmeldungen kamen, sind die Angaben aus dem ESMA-Bericht übernommen, wobei eine Überprüfung über die Webseiten der entsprechenden Instanzen erfolgte, die kleinere Ungenauigkeiten der Benennungen im ESMA-Bericht zutage förderte. Die Angabe zur Instanz in der Schweiz stammt aus Berger (2009), S. 609. Im Falle Lettlands ist zu beachten, dass kein expliziter Verweis auf eine andere Instanz erfolgte, die Antwort aber aus dem lettischen Finanzministerium kam.

Griechenland	Hellenic Capital Market Commission (keine Antwort)
Großbritannien	Financial Conduct Authority
	Financial Reporting Council / FRRP
Irland	Central Bank of Ireland
	Irish Auditing and Accounting Supervisory Authority
Island	*Directorate of Internal Revenue*
Italien	National Commission for Companies and the Stock Exchange
Kroatien	Croatian Financial Services Supervisory Agency Croatian National Bank Ministry of Finance – Tax Administration
Lettland	Financial and Capital Market Commission
Litauen	Bank of Lithuania (keine Antwort)
Luxemburg	Commission de Surveillance du Secteur Financier
Malta	*Malta Institute of Accountants*
Niederlande	Netherlands Authority for the Financial Markets
Norwegen	Financial Supervisory Authority of Norway
Österreich	Österreichische Prüfstelle für Rechnungslegung (OePR) / Finanzmarktaufsicht
Polen	Polish Financial Supervision Authority
Portugal	Portuguese Securities Market Commission
	Bank of Portugal
	Insurance and Pension Funds Supervisory Authority
Rumänien	Financial Supervisory Authority (keine Antwort)
Schweden	Swedish Financial Supervisory Authority
	Nordic Growth Market
	Nasdaq OMX Stockholm
Schweiz	SIX Swiss Exchange
Slowakei	National Bank of Slovakia (keine Antwort)
Slowenien	*Slovenian Institute of Auditors*
Spanien	National Securities Market Commission (keine Antwort)
Tschechische Republik	*Ministry of Finance of the Czech Republic* (keine Antwort)
Ungarn	*Chamber of Hungarian Auditors* (keine Antwort)
Zypern	Cyprus Securities and Exchange Commission (keine Antwort)

Tabelle 2: Bekanntmachung einzelner Fehlermeldungen (FM) in Europa[268]

Land	**Veröffentlichung von Fehlermeldungen**
Belgien	**Einzelne FM**
Bulgarien	Keine Antwort und (wohl) keine FM
Dänemark	**Einzelne FM**
Deutschland	**Einzelne FM**
Estland	Keine Antwort und (wohl) keine FM
Finnland	Keine FM
Frankreich	Keine Antwort und (wohl) keine FM
Griechenland	Keine Antwort und (wohl) keine FM
Großbritannien	**Einzelne FM**
Irland	**Möglicherweise einzelne FM (Suche schwierig)**
Island	Keine FM
Italien	Keine FM
Kroatien	Keine FM
Lettland	Keine FM
Litauen	Keine Antwort und (wohl) keine FM
Luxemburg	Keine FM
Malta	Keine FM
Niederlande	**Einzelne FM**
Norwegen	**Einzelne FM**
Österreich	**Einzelne FM**
Polen	Keine FM
Portugal	**Einzelne FM**
Rumänien	Keine Antwort und (wohl) keine FM
Schweden	**Einzelne FM**
Schweiz	**Einzelne FM**
Slowakei	Keine Antwort und (wohl) keine FM
Slowenien	Keine FM
Spanien	Keine Antwort und (wohl) keine FM
Tschechische Republik	Keine Antwort und (wohl) keine FM
Ungarn	Keine Antwort und (wohl) keine FM
Zypern	Keine Antwort und (wohl) keine FM

268 Quelle: eigene Darstellung. Interessant ist, dass die Antworten über die öffentliche Bekanntmachung von Rechnungslegungsverstößen, die ich aus den jeweiligen Ländern erhalten habe, zum Teil den Angaben der ESMA widersprechen.

5.2 Fehlermeldungen in Deutschland

Die DPR hat seit Aufnahme ihrer Tätigkeit im Juli 2005 bis Ende des Jahres 2013 958 Prüfungen abgeschlossen.[269] Sofern diese mit einer Fehlerfeststellung enden, was nach der Auswertung in Tabelle 3 im Jahr 2013 bei ca. 13% der Untersuchungen der Fall war,[270] wird den betroffenen Unternehmen eine Veröffentlichung nach § 37q Abs. 2 Satz 1 WpHG angeordnet. In Tabelle 3 findet sich ein Überblick über die von der DPR bis Ende des Jahres 2013 abgeschlossenen Prüfungen, die resultierenden Fehlermeldungen sowie die fallbezogenen Voranfragen, die der Fehlerprävention dienen.

Tabelle 3: Abgeschlossene DPR-Prüfungen untergliedert nach Prüfungsarten und Fehlerquote[271]

	Kalenderjahr									
	2005	**2006**	**2007**	**2008**	**2009**	**2010**	**2011**	**2012**	**2013**	**Summe (Anteil)**
Abgeschlossene Prüfungen										
Insgesamt	*7*	*109*	*135*	*138*	*118*	*118*	*110*	*113*	*110*	*958 (100%)*
Stichproben-prüfungen	4	98	118	118	103	106	90	110	98	845 (88,2%)
Anlassprü-fungen	3	10	15	19	14	8	6	2	6	83 (8,7%)
Prüfungen auf Verlangen der BaFin	0	1	2	1	1	4	14	1	6	30 (3,1%)

269 Diese Summe ergibt sich aus folgenden drei Tätigkeitsberichten der DPR: DPR (2006), S. 16, DPR (2012), S. 3, und DPR (2014), S. 3.

270 Vor dem Jahr 2012 lagen die Quoten noch bei ca. 25%. Mögliche Gründe für den Rückgang in letzter Zeit aus Sicht der DPR finden sich bei DPR (2014), S. 4, und DPR (2015), S. 4.

271 Quelle: eigene Darstellung in Anlehnung an Hitz/Ernstberger/Stich (2012), S. 259. Die Zahlen der abgeschlossenen Prüfungen und der fallbezogenen Voranfragen stammen von den jährlichen Tätigkeitsberichten der DPR, im Internet unter: http://www.frep.info/presse/taetigkeitsberichte.php (Stand: 08.04.2015); die Zahlen der Fehlermeldungen stammen von der Website des Bundesanzeigers, im Internet unter: https://www.bundesanzeiger.de (Stand: 08.04.2015), zum Stichtag 31. Dezember 2013. In Veröffentlichungen von Vertretern der DPR finden sich z.T. widersprüchliche Angaben, vgl. Thormann/Zempel (2013), Rn. 84.

	Kalenderjahr									
	2005	**2006**	**2007**	**2008**	**2009**	**2010**	**2011**	**2012**	**2013**	**Summe (Anteil)**
Fehlermeldungen										
Insgesamt	*0*	*5*	*32*	*32*	*39*	*25*	*30*	*23*	*14*	*200*
Fehlerquote	0,0%	4,6%	23,7%	23,2%	33,1%	21,2%	27,3%	20,4%	12,7%	20,9%
Fallbezogene Voranfragen	–	–	–	–	–	6	1	4	4	15

Bis zum 31. Dezember 2013 wurden 200 Fehlermeldungen bei den überwachten Unternehmen mit Wertpapieren in einem regulierten Marktsegment einer deutschen Börse publiziert. Zu beachten ist, dass diese neben der DPR z.T. von der BaFin veranlasst sind. Sie lassen sich über die Suchfunktion auf der Website des Bundesanzeigers – https://www.bundesanzeiger.de (Stand: 08.04.2015) – finden und manuell erheben. Diese 200 Fehlermeldungen bilden die Basis für die Untersuchung möglicher Einflussfaktoren auf Rechnungslegungsverstöße.

6 Analyse der Fehlermeldungen in Deutschland[272]

6.1 Charakterisierung der Fehlermeldungen

Vor der Untersuchung der Einflussfaktoren sollen die Fehlermeldungen nach § 37q Abs. 2 Satz 1 WpHG genauer betrachtet werden. Wie in Abschnitt 5.2 dargestellt, wurden bis zum 31. Dezember 2013 200 Fehlermeldungen veröffentlicht. 14 dieser 200 Fehlerbekanntmachungen sind erneute Publikationen einer davor bereits veröffentlichten Fehlermitteilung. Diese wurden mehrheitlich aufgrund von Zusätzen durch das Unternehmen, welche z.B. Einschränkungen, andere Sichtweisen oder fehlende Auswirkungen auf die aktuelle Geschäftslage deutlich machten, notwendig. Derartige relativierende oder verharmlosende Zusätze sind den publizierenden Unternehmen untersagt.[273] Als weitere Mängel in den Formerfordernissen finden sich eingefügte Unternehmensportraits oder falsche Bezeichnungen der Publikation.[274] Von diesen 14 erneuten Fehlerbekanntmachungen wurden vier von ausländischen Unternehmen durchgeführt. Um doppelte Erfassungen zu verhindern, wurden die 14 ursprünglichen und mit den genannten Fehlern behafteten Publikationen von der Analyse ausgeschlossen.[275]

Neben diesen 14 Fehlerbekanntmachungen wurden noch 19 weitere aussortiert. Hierbei handelte es sich zum einen um 18 Rechnungslegungsverstöße von 17 ausländischen Unternehmen, die entweder IFRS-Vorschriften oder ihre nationalen Rechnungslegungsnormen (z.B. das österreichische Handelsrecht oder Irish-GAAP) verletzt hatten.[276] Zum anderen wurde auch eine Fehlermeldung eines deutschen Unternehmens ausgeschlossen, welches seinen Konzernabschluss

272 Die Ausführungen in diesem Kapitel folgen überwiegend wörtlich meiner unveröffentlichten Projektstudie zur Erlangung des akademischen Grades Master of Business Research (MBR).

273 Vgl. beispielsweise Bockmann (2012), S. 175f.

274 Nur eine erneute Bekanntmachung wurde durch einen inhaltlichen Fehler in der vorhergehenden Veröffentlichung notwendig („EUR 1" statt „TEUR 1" bei einer im Abschluss fehlenden Angabe über Beziehungen zu nahe stehenden Unternehmen und Personen).

275 Demzufolge sind die in Tabelle 4 wiedergegebenen Werte der durchschnittlichen Dauer bis zur Veröffentlichung einer Fehlermeldung konservativ berechnet.

276 Die Air Berlin PLC hat bereits zwei Fehlermeldungen.

nach US-GAAP aufgestellt hatte.[277] Dies geschieht vor dem Hintergrund, dass die anschließende empirische Analyse deutsche Unternehmen betrachtet, da eine Kontrolle für ausländische Corporate-Governance-Faktoren und andere Rechtssysteme bei diesen geringen Fallzahlen nicht angemessen ist.

Somit verbleiben 167 Fehlerbekanntmachungen für eine vertiefte Untersuchung. In Tabelle 4 wird aufgezeigt, wie viele Fehlermitteilungen in den Jahren seit Bestehen der DPR bekannt gemacht wurden und auf welche Abschlussstichtage sich diese beziehen.[278]

277 Es handelt sich um die Zapf Creation AG.

278 Abweichungen zu den Übersichten in von Keitz/Wenk (2010), S. 514, und in Strohmenger (2013), S. 11f., welche vergleichbare Analysen vorlegen, sind u.a. durch einen anderen Suchmechanismus, den längeren Analysehorizont, eine andere Vorgehensweise bei der Selektion der zu untersuchenden Stichprobe sowie einer Zählung ab der tatsächlichen Publikation des fehlerhaften Geschäfts- bzw. Halbjahresberichts bis zur Fehlerbekanntmachung bedingt.

Tabelle 4: Analysierte Fehlermitteilungen differenziert nach dem Jahr der Veröffentlichung der Fehlermeldung (FM) und dem Abschlussstichtag[279]

Veröffentlichung der FM in …		**Abschlussstichtag der fehlerhaften Abschlüsse in …**									
		2004	**2005**	**2006**	**2007**	**2008**	**2009**	**2010**	**2011**	**2012**	**Gesamt**
2006	Anzahl FM	2	3	–	–	–	–	–	–	–	5
	Ø Anzahl an Fehlern	9,0	9,0	–	–	–	–	–	–	–	9,0
	Median der Fehler	9,0	8,0	–	–	–	–	–	–	–	8,0
	Ø Monate bis FM	12,5	10,7	–	–	–	–	–	–	–	11,4
2007	Anzahl FM	6	18	2	–	–	–	–	–	–	26
	Ø Anzahl an Fehlern	2,3	9,4	2,0	–	–	–	–	–	–	6,5
	Median der Fehler	1,5	6,0	2,0	–	–	–	–	–	–	3,0
	Ø Monate bis FM	24,8	13,1	10,0	–	–	–	–	–	–	15,6
2008	Anzahl FM	3	8	14	2	–	–	–	–	–	27
	Ø Anzahl an Fehlern	6,0	5,8	4,0	5,5	–	–	–	–	–	4,9
	Median der Fehler	7,0	2,0	3,0	5,5	–	–	–	–	–	3,0
	Ø Monate bis FM	27,7	24,5	11,4	9,0	–	–	–	–	–	16,9
2009	Anzahl FM	–	3	11	15	2	–	–	–	–	31
	Ø Anzahl an Fehlern	–	8,0	4,9	4,5	1,5	–	–	–	–	4,8
	Median der Fehler	–	9,0	3,0	4,0	1,5	–	–	–	–	3,0
	Ø Monate bis FM	–	34,0	22,5	13,9	9,0	–	–	–	–	18,5

279 Quelle: Darstellung eigener Ergebnisse in Anlehnung an von Keitz/Wenk (2010), S. 514.

Veröffentlichung der FM in …		Abschlussstichtag der fehlerhaften Abschlüsse in …									
		2004	2005	2006	2007	2008	2009	2010	2011	2012	Gesamt
2010	Anzahl FM	–	–	1	2	14	6	–	–	–	23
	Ø Anzahl an Fehlern	–	–	2,0	6,0	3,5	1,2	–	–	–	3,0
	Median der Fehler	–	–	2,0	6,0	3,0	1,0	–	–	–	2,0
	Ø Monate bis FM	–	–	44,0	31,0	14,7	10,3	–	–	–	16,3
2011	Anzahl FM	–	–	–	2	4	14	7	–	–	27
	Ø Anzahl an Fehlern	–	–	–	6,5	1,3	3,6	4,1	–	–	3,6
	Median der Fehler	–	–	–	6,5	1,0	2,5	2,0	–	–	2,0
	Ø Monate bis FM	–	–	–	33,0	24,0	11,6	11,4	–	–	15,0
2012	Anzahl FM	–	–	–	–	–	5	11	4	–	20
	Ø Anzahl an Fehlern	–	–	–	–	–	4,0	3,3	1,3	–	3,1
	Median der Fehler	–	–	–	–	–	3,0	3,0	1,0	–	2,0
	Ø Monate bis FM	–	–	–	–	–	22,4	16,2	6,8	–	12,6
2013	Anzahl FM	–	–	–	–	–	–	1	6	1	8
	Ø Anzahl an Fehlern	–	–	–	–	–	–	13,0	5,2	1,0	5,6
	Median der Fehler	–	–	–	–	–	–	13,0	4,5	1,0	4,5
	Ø Monate bis FM	–	–	–	–	–	–	17,0	12,7	11,0	13,0
Gesamt	Anzahl FM	11	32	28	21	20	25	19	10	1	**167**
	Ø Anzahl an Fehlern	4,5	8,3	4,1	4,9	2,9	3,1	4,1	3,6	1,0	**4,7**
	Median der Fehler	2,0	6,0	2,5	4,0	2,0	2,0	3,0	2,0	1,0	**3,0**
	Ø Monate bis FM	23,4	17,7	16,8	16,9	16,0	13,4	14,5	10,3	11,0	**16,1**

Dabei zeigt sich, dass insbesondere die Jahre 2008 und 2009 sehr viele Fehlermeldungen aufweisen (27 bzw. 31) und dass nach einer gewissen Erholung im darauffolgenden Jahr im Jahr 2011 wieder 27 Rechnungslegungsverstöße festgestellt wurden. Dies lässt voreilig auf eine gehäufte Anzahl von Fehlern in den Jahren des Höhepunkts der Finanz- und Wirtschaftskrise schließen.

Bei Betrachtung der Fußzeile, welche die gesamten Fehlermeldungen sortiert nach den Abschlussstichtagen wiedergibt, lässt sich jedoch feststellen, dass die meisten Rechnungslegungsverstöße in Berichterstattungen des Jahres 2005 zu finden sind (32); diese weisen auch den höchsten Durchschnittswert sowie Median an enthaltenen Fehlern im Vergleich zu den übrigen Jahren auf (8,3 bzw. 6,0). Über die Folgejahre (der Abschlussstichtage) zeigt sich tendenziell eine Abnahme sowohl der Fehlermitteilungen als auch der Mittelwerte und Mediane der aufgewiesenen Fehler. Dies kann als Lerneffekt der unter der Aufsicht der DPR stehenden Unternehmen interpretiert werden.

Diesen Resultaten folgend ist es für eine empirische Analyse fehlerhafter Rechnungslegung nicht notwendig, die Finanzkrise separat zu erfassen, auch wenn die DPR in den Abschlüssen der entsprechenden Jahre gehäuft Fehler in der Risiko- und Prognoseberichterstattung sowie bei der Bilanzierung von Finanzinstrumenten feststellte.[280] Jedoch sollten potenzielle Lerneffekte für die Interpretation von Ergebnissen nicht außer Acht gelassen werden. Die Nachhaltigkeit dieser rückläufigen Entwicklung kann jedoch auch hinterfragt werden, sodass nicht eindeutig von Lerneffekten ausgegangen werden muss.[281]

Das arithmetische Mittel über alle Fehlermeldungen hinweg, welches angibt, wie viele Rechnungslegungsverstöße im Durchschnitt in einer Fehlerveröffentlichung enthalten sind, beträgt 4,7. Der Median, der aufgrund der Rechtsschiefe der Verteilung der Rechnungslegungsverstöße eine höhere Aussagekraft als das arithmetische Mittel aufweist, beträgt 3,0. Im Vergleich zur ähnlichen Studie von von Keitz/Wenk (2010) hat sich der arithmetische Mittelwert erhöht (von 4,2 auf 4,7), während der Median konstant bei 3,0 geblieben ist.[282] Die Spannweite bei Betrachtung der einzelnen Fehlermeldungen ist sehr groß: Sie reicht von einem Fehler pro Fehlermeldung (in 48 Fällen) bis zu – mit großem Abstand vorne

280 Vgl. DPR (2010), S. 6f.; DPR (2011), S. 5f.; DPR (2012), S. 7f. In dieser Zeit wurden von der DPR auch die Prüfungsschwerpunkte entsprechend gesetzt.

281 Böcking/Gros/Worret (2015), S. 440f., machen den Rückgang von Anlassprüfungen deutlich. Zu beachten sind auch die Erklärungen der DPR, vgl. DPR (2014), S. 4; DPR (2015), S. 4.

282 Siehe jedoch Fn. 278 für eine Einschränkung der Vergleichbarkeit.

liegend – 51 Fehlern. Letzteres betrifft den Konzernabschluss der Württembergischen Lebensversicherung AG vom 31. Dezember 2005.

Die Anzahl der Fehler erfasst aber nicht unbedingt deren Bedeutung. Als besonders gewichtige Fehlerveröffentlichungen sind beispielsweise diejenigen betreffend den Konzernabschluss des Jahres 2006 der Conergy AG, der ein um € 51,1 Mio. zu hohes Ergebnis vor Steuern aufwies (nicht korrigierter Betrag: € 50,0 Mio.), und den Konzernabschluss des Jahres 2009 der Puma SE, mit einem um € 48,6 Mio. zu hohen Konzernjahresüberschuss (nicht korrigierter Betrag: € 125,9 Mio.), zu nennen. Prominent ist auch die Bekanntmachung der Rechnungslegungsverstöße der HSH Nordbank AG, deren Konzernabschluss für das Jahr 2008 einen um € 140 Mio. zu niedrigen Jahresfehlbetrag auswies (nicht korrigierter Betrag: € –2.704 Mio.).[283]

Zu beachten ist auch der Zeitraum zwischen Veröffentlichung der von der DPR oder der BaFin als fehlerhaft eingestuften Finanzberichterstattung und der Bekanntmachung des Rechnungslegungsverstoßes. Tabelle 4 zeigt, dass im Durchschnitt 16,1 Monate vergehen, bis der Rechnungslegungsverstoß bekannt gemacht wird.[284] Bei Betrachtung der 167 Fehlermitteilungen sieht man eine Spanne zwischen vier und 44 Monaten.[285] Bis zum Ende des Jahres 2009 hat die durchschnittliche Dauer bis zur Fehlermitteilung zugenommen – wie die rechte Spalte von Tabelle 4 zeigt – seitdem ist sie tendenziell am Abnehmen.

Die 167 Fehlermeldungen wurden von 145 Unternehmen publiziert. Bei 22 Unternehmen wurden von der DPR oder der BaFin bereits je zwei Rechnungslegungsverstöße festgestellt.

---

283 Zur Höhe einzelner Fehler siehe die Analyse von Toebe/Herberg/Schlüter (2013), S. 258.

284 Ein Vergleich mit der Untersuchung von von Keitz und Wenk ist hierbei nicht möglich, da sie den Zeitraum zwischen Abschlussstichtag und Fehlermeldung bestimmen, vgl. von Keitz/Wenk (2010), S. 514. Ihr Durchschnittswert beträgt 23,4. In der vorliegenden Analyse wurde sachgemäß ab der Veröffentlichung des fehlerhaften Abschlusses gezählt. Bei einer Zählung ab dem Abschlussstichtag würde sich ein Durchschnittswert von 21,7 ergeben. Die Analyse von Toebe/Herberg/Schlüter gibt Werte für den Zeitraum zwischen Abschluss- und Fehlerveröffentlichung an, die von den hier genannten z.T. (leicht) abweichen, vgl. Toebe/Herberg/Schlüter (2013), S. 260. Die Gründe sind nicht erkenntlich.

285 Letzteres trifft auf eine Fehlermeldung zu, bei der die BaFin den Rechnungslegungsverstoß festgestellt hat. Dies lässt beispielsweise auf eine Verweigerung der Mitwirkung an einer Prüfung durch die DPR oder auf eine fehlende Akzeptanz ihres Prüfungsergebnisses schließen.

6.2 Anzahl der festgestellten Fehler

Die oben erwähnten 167 Fehlermeldungen beinhalten insgesamt 872 einzelne Fehler.[286] Tabelle 5 zeigt eine Übersicht der gesamten Fehler differenziert nach den verletzten Standards und den Fehlerarten.[287]

Im Gegensatz zur Untersuchung von von Keitz/Wenk (2010) wurde bei Fehlermeldungen, in denen zwar die einzelnen Fehler, aber nicht die verletzten Standards aufgeführt wurden, diese Zuordnung nachgeholt.[288] Außerdem wurden in dieser Vorgängerstudie zum einen Bilanzierungsfehler nicht von Bewertungsfehlern getrennt, zum anderen wurden Verletzungen der Segmentberichtanforderungen nicht separat aufgeführt – ihre damalige Zuteilung bleibt unklar.[289]

Wie Tabelle 5 zu entnehmen ist, finden sich am häufigsten Verstöße gegen Bilanzierungs- und Bewertungsvorgaben (364; 41,7%), wobei Fehler bei der Bewertung deutlich häufiger auftreten als Bilanzierungsfehler (309 versus 55). Am zweithäufigsten finden sich Mängel bei den Anhangangaben (338; 38,8%). In der vorhergehenden Untersuchung von von Keitz/Wenk war die Relation noch umgekehrt.[290]

---

286 Die Studie von Toebe/Herberg/Schlüter nennt 1.494 einzelne Fehler in den von ihnen untersuchten 168 Fehlermeldungen (sie eliminieren nur Dopplungen bei den Fehlermeldungen), vgl. Toebe/Herberg/Schlüter (2013), S. 256. Diese hohe Anzahl ist schwierig nachzuvollziehen und resultiert wohl aus der Ergänzung einzelner, in den Fehlermeldungen genannter Fehler um sich daraus ergebende Folgefehler, vgl. Toebe/Herberg/Schlüter (2013), S. 258. Strohmenger (2013), S. 12f., untersucht ausgehend von 100 Fehlermeldungen eine Summe von 326 einzelnen Fehlern, was teilweise auf einen abweichenden Zeitraum und eine Konzentration auf IFRS-Abschlüsse zurückgeführt werden kann.

287 In dieser Tabelle ist die Zuordnung der Fehler zu den einzelnen Standards zu beachten: Fehler, die sich aus dem Zusammenwirken mehrerer Standards ergeben, wurden den betroffenen Standards jeweils einmal zugerechnet. Ein Verstoß gegen „IAS 10.10 i.V.m. IAS 39.14" beispielsweise wurde als Verletzung sowohl des IAS 10 als auch des IAS 39 gewertet. Andernfalls – und auch für Tabelle 4 zugrunde gelegt – ergäbe sich eine Gesamtfehlerzahl von 786.

288 Vgl. von Keitz/Wenk (2010), S. 515.

289 Eine ähnliche neuere Übersicht über die verletzten Standards wurde von Ernstberger/Hitz/Stich aufgestellt. Sie berücksichtigt jedoch nur Anhangs- sowie Bilanzierungs- und Bewertungsfehler und weist eine andere Kategorisierung der Fehler auf; eine Beschreibung der Datengewinnung fehlt, vgl. Ernstberger/Hitz/Stich (2012), S. 19 und 43f.

290 144 Anhangs- zu 130 Bilanzierungs- und Bewertungsverstößen, vgl. von Keitz/Wenk (2010), S. 515.

Tabelle 5: Einzelne Fehler der Fehlermeldungen differenziert nach Standards und Fehlerarten[291]

Standard	Gesamt	Bilanzierung	Bewertung	Gliederung Ausweis	Kapitalflussrechnung	Eigenkapitalveränderungsrechnung	Segmentbericht	Anhang	Lagebericht
IFRS 1	7	1	1	0	0	1	0	4	0
IFRS 2	12	0	7	0	0	0	0	5	0
IFRS 3	65	7	27	3	0	0	0	28	0
IFRS 4	5	0	0	0	0	0	0	5	0
IFRS 5	19	2	6	5	0	0	0	6	0
IFRS 6	0	0	0	0	0	0	0	0	0
IFRS 7	17	0	0	0	0	0	0	17	0
IFRS 8	1	0	0	0	0	0	1	0	0
IAS 1	93	5	21	15	3	9	2	38	0
IAS 2	10	1	5	0	0	0	0	4	0
IAS 7	47	0	0	0	40	0	0	7	0
IAS 8	24	0	16	1	0	2	0	5	0
IAS 10	5	1	3	0	0	0	0	1	0
IAS 11	8	0	3	0	0	0	0	5	0
IAS 12	51	0	31	0	0	1	0	19	0
IAS 14	16	0	0	1	0	0	12	3	0
IAS 16	10	0	4	2	0	0	0	4	0
IAS 17	26	5	7	0	0	0	0	14	0
IAS 18	15	1	11	0	0	0	0	3	0
IAS 19	8	0	1	0	0	0	0	7	0
IAS 20	1	0	1	0	0	0	0	0	0
IAS 21	1	0	0	0	0	1	0	0	0
IAS 22	4	1	0	1	0	1	0	1	0
IAS 23	1	0	0	0	0	0	0	1	0
IAS 24	32	0	0	0	0	0	0	32	0
IAS 26	1	0	0	0	0	0	0	1	0
IAS 27	22	6	11	0	0	0	0	5	0
IAS 28	21	2	11	0	0	0	0	8	0
IAS 31	7	1	3	0	0	0	0	3	0
IAS 32	40	9	19	0	0	0	0	12	0
IAS 33	3	0	1	1	0	0	0	1	0
IAS 34	10	0	2	0	1	3	0	4	0
IAS 36	52	0	22	0	0	0	2	28	0
IAS 37	22	2	15	0	0	0	0	5	0
IAS 38	21	3	9	0	0	0	0	9	0

291 Darstellung eigener Ergebnisse in Anlehnung an von Keitz/Wenk (2010), S. 515.

Standard	Gesamt	Bilanzierung	Bewertung	Gliederung Ausweis	Kapitalflussrechnung	Eigenkapitalveränderungsrechnung	Segmentbericht	Anhang	Lagebericht
IAS 39	39	4	31	0	0	0	0	4	0
IAS 40	14	0	3	0	0	0	0	11	0
IAS 41	2	0	2	0	0	0	0	0	0
Nationale Vorschriften	140	4	36	2	0	1	0	38	59
Gesamt	872	55	309	31	44	19	17	338	59

Fehler in der Kapitalflussrechnung, Eigenkapitalveränderungsrechnung und dem Segmentbericht weisen eine weniger prominente Rolle auf. Mit 59 Fehlern sind Verstöße gegen Lageberichtsanforderungen etwas auffälliger. Sie betreffen mehrheitlich die handelsrechtlichen Vorschriften zum Lagebericht und Konzernlagebericht nach § 289 HGB bzw. § 315 HGB.

Eine genauere Betrachtung der Bilanzierungs- und Bewertungsfehler zeigt, dass mit mehr als 30 Nennungen insbesondere gegen IFRS 3 (*Unternehmenszusammenschlüsse*), IAS 12 (*Ertragsteuern*), IAS 39 (*Finanzinstrumente: Ansatz und Bewertung*) sowie gegen nationale Vorschriften verstoßen wurde. Während bei von Keitz/Wenk in ihrer Untersuchung der Fehlermeldungen bis zum 31. Dezember 2009 die ersten beiden Standards ebenfalls auffällig waren und die meisten Verletzungen aufgewiesen haben, ist die besondere Rolle des IAS 39 und der nationalen Vorschriften neu. Die gehäuften Fehler bei Anwendung des IAS 39 könnten durch die andauernde Finanz- und Wirtschaftskrise bedingt sein.[292]

Jedoch müssen bei dieser Argumentation auch die Prüfungsschwerpunkte der DPR beachtet werden, welche seit deren erstmaliger Bekanntmachung für das Jahr 2007 bis zum Jahr 2014 durchgehend ein besonderes Augenmerk auf Vorgaben des IFRS 3 beinhalteten, aber erst ab dem Jahr 2009 (bis zum Jahr 2012) auch den IAS 39 aufgriffen. Die gestiegene Rate von Verstößen gegen diesen Standard könnte dadurch beeinflusst worden sein. IAS 12 war lediglich für das Jahr 2007 Teil der Prüfungsschwerpunkte.[293]

292 Dabei ist jedoch die eingeschränkte Vergleichbarkeit der beiden Studien zu berücksichtigen, vgl. Fn. 278 und 287. Auch Strohmenger (2013), S. 14, findet ähnliche Schwerpunkte.

293 Siehe hierzu die Bekanntmachungen der Prüfungsschwerpunkte im Internet unter: http://www.frep.info/presse/pressemitteilungen.php (Stand: 08.04.2015). Zu beachten

Nationale Vorschriften meinen in der vorliegenden Studie speziell in Deutschland geltendes Recht, d.h. insbesondere handelsrechtliche Vorgaben. Bei von Keitz/Wenk sind die hierunter erfassten Fälle geringer, da sie HGB-Abschlüsse ausklammern.[294] Dementsprechend finden sie unter den nationalen Verstößen keine Bilanzierungs- und Bewertungsfehler, sondern weitgehend nur Verletzungen der Anforderungen an den (Konzern-)Lagebericht, welche auch von deutschen IFRS-Anwendern zu beachten sind.[295]

ist, dass in den Jahren 2013 und 2014 die Fokussierung der DPR auf Regelungen des IFRS 3 zurückgegangen ist.

294 Vgl. von Keitz/Wenk (2010), S. 514.

295 Vgl. von Keitz/Wenk (2010), S. 515.

7 Einzelfalldarstellungen

7.1 Fehlerhafte Rechnungslegung und Managemententlohnung

In Abschnitt 4.2 wurde dargelegt, dass Agency-Konflikte aufgrund von Verträgen zwischen Eignern und dem Management entstehen können. Zur Interessenangleichung werden diese Verträge entsprechend gestaltet. So kann beispielsweise die Entlohnung des Managers vom Gewinn, von Renditekennzahlen oder von der Entwicklung des Aktienkurses abhängig gemacht werden. Aufgrund der Informationsasymmetrie zwischen beiden Parteien und der Nutzenmaximierung des Managements können dennoch Nachteile für die Eigner resultieren.[296]

Die Bedeutung von Entlohnungsstrukturen in Zusammenhang mit Rechnungslegungsverstößen in Deutschland ist aufgrund mangelnder Datenverfügbarkeit schwierig zu analysieren. Die meisten Publikationen zu diesem Thema beinhalten kumulierte Daten, z.B. bezogen auf einen speziellen Index der Frankfurter Wertpapierbörse wie den DAX oder untergliedert nach einer bestimmten Branchenklassifikation, und ermöglichen keine firmenspezifische Zuordnung von Vergütungskomponenten.

Dementsprechend muss eine bestimmte Auswahl getroffen werden. Bei den auswertbaren 167 Fehlermeldungen - siehe Abschnitt 6.1 - sind 25 (auch ehemalige) DAX- und MDAX-Unternehmen betroffen, die als wirtschaftlich besonders bedeutsam angesehen werden können sowie die Entlohnungskomponenten vergleichsweise detailliert berichten. Zwar weisen auch die in Abschnitt 4.2 angeführten US-amerikanischen Studien, die den Zusammenhang von fehlerhafter Rechnungslegung und Managemententlohnung betrachten, regelmäßig eine niedrige Stichprobe zwischen 50 und 100 Unternehmen auf, dennoch scheint die verwertbare deutsche Stichprobe zu gering, sodass eine multivariate Analyse unterbleibt und stattdessen ein Fokus auf bedeutende Einzelfälle gelegt wird.

Folglich wurde überprüft, ob bei diesen 25 Fällen Auffälligkeiten in der Vergütung in den Jahren der fehlerhaften Rechnungslegung vorliegen.[297] Dies trifft nur auf vier Fehlermeldungen zu. Betroffen sind die Deutsche Wohnen AG, die Deutsche Postbank AG, die Aurubis AG und die adidas AG, wobei nur in einem Fall von einem möglichen Einfluss der Vergütung auf die fehlerhafte Rechnungslegung ausgegangen werden kann.

---

296 Maßgebliche Quellen zu dieser Thematik finden sich in den Fn. 129–131.

297 Ich danke herzlich Frau Verena Springer für diesbezügliche Hinweise.

Die Deutsche Wohnen AG weist einen fehlerhaften Konzernabschluss zum Stichtag 31. Dezember 2006 auf. In diesem Jahr haben die Vorstände auch eine deutlich höhere variable Vergütung – im Vergleich zum Vorjahr und dem Folgejahr – erhalten, die sich unter anderem auf den EBDIT (Earnings Before Depreciation, Interest and Taxes) bezieht.[298] Das Unternehmen hatte zu diesem Zeitpunkt zwei Vorstände, die € 551.000 bzw. € 364.000 als variable Entlohnung erhielten (85,6% bzw. 81,3% ihrer Gesamtvergütung). Im Jahr 2005 betrug die variable Vergütungskomponente lediglich € 300.000 bzw. € 225.000 (61,5% bzw. 57,1% der Gesamtvergütung) und im Jahr 2007 wurden beide Vorstände im Zuge einer Fusion ihrer Ämter enthoben, sodass sie keine variable Vergütung, aber eine Abfindung erhielten.[299] Die von der DPR veranlasste Fehlermeldung vom 15. Mai 2008 bezieht sich auf eine erstmalige Konsolidierung einer Zweckgesellschaft. Da diese schon in den Vorjahren in den Konzernabschluss hätte einbezogen werden müssen, ist der Jahresüberschuss von € 29,3 Mio. um € 8,8 Mio. zu mindern, die zu Unrecht als Ertrag aus der erstmaligen Konsolidierung verbucht wurden. Dieser Ertrag hatte auch Einfluss auf den EBDIT und somit auf die variable Vergütung. Insbesondere aufgrund des späteren Ausscheidens aus dem Unternehmen ist hier ein bewusster Rechnungslegungsverstoß zum eigenen Vorteil denkbar.

Die Deutsche Postbank AG weist einen fehlerhaften Konzernabschluss zum 31. Dezember 2008 auf. In diesem Fall ist die variable Vergütung deutlich höher als im Vorjahr: Sie ist, je nach Vorstandsmitglied, zwischen ca. 75%–200% erhöht (nur ein Vorstand, der zum 30. Juni 2008 ausgeschieden ist, hat einen geringeren Bonus erhalten).[300] Die Bestimmung der variablen Vergütung wird in den Geschäftsberichten nicht explizit erläutert; es finden sich nur allgemeine Hinweise auf die Existenz quantitativer und qualitativer Kriterien sowie von

298 Die Angaben zur Vergütungsgestaltung sind dem Geschäftsbericht des Rumpfgeschäftsjahres 2006 (S. 117) entnommen, wobei sich in diesem keine genauere Darstellung der Vergütung findet; es wird lediglich auf explizite Regelungen in den Vorstandsverträgen hingewiesen.

299 Die Geschäftsberichte der Deutschen Wohnen AG finden sich im Internet unter: http://ir.deutsche-wohnen.com/websites/deuwo/German/4000/berichte.html (Stand: 08.04.2015).

300 Die Geschäftsberichte der Deutschen Postbank AG finden sich im Internet unter: https://www.postbank.de/postbank/ir_publikationen_berichte.html (Stand: 08.04.2015).

Zielvereinbarungen.[301] Zu beachten ist jedoch zweierlei: Zum einen wurde nur (bei Betrachtung der Jahre 2007–2009) im Jahr 2007 ein variabler Bonus gezahlt. Dieser entfiel in den beiden Folgejahren. Stattdessen wurde im Jahr 2008 – dem Jahr des Rechnungslegungsverstoßes – lediglich ein einmaliger Sonderbonus gezahlt, der aufgrund des Erwerbs einer Beteiligung an der Gesellschaft zugesprochen wurde (im Folgejahr gab es nur eine fixe Entlohnung). Zum anderen ist der Anlass der Fehlermeldung, die am 14. Mai 2010 publiziert wurde, eine fehlende Wertberichtigung auf Forderungen aus Kreditengagements i.H.v. € 90 Mio. Da keine direkte Verbindung dieses Bilanzierungsfehlers mit der erhaltenen Entlohnung besteht, kann in diesem Fall nicht von einem Einfluss der Vergütung die Rede sein. Wahrscheinlicher erscheint, dass die Forderungsabschreibung entfiel, um das schlechte Ergebnis des Konzerns nicht weiter auszubauen: Während die Gesellschaft im Jahr 2007 noch einen Überschuss von € 856 Mio. aufwies, betrug im Jahr 2008 der Konzernverlust € 821 Mio. Im Folgejahr verzeichnete die Gesellschaft wiederum ein positives Resultat über € 76 Mio.

Die dritte Fehlermeldung stammt von der Aurubis AG zum Konzernabschluss des Stichtags 30. September 2010. Hier ist die variable Vergütung des gesamten Vorstands gegenüber dem Vorjahr um mehr als 300% gestiegen.[302] Jedoch war die variable Vergütung im Folgejahr auf ähnlich hohem Niveau. Im Geschäftsbericht des Jahres 2010 findet sich eine Erläuterung, dass es aufgrund einer Gesetzesänderung zu einer Überprüfung und Neugestaltung der Vergütungssysteme kam. Die weiteren Ausführungen machen deutlich, dass dies zu der merklichen Gehaltssteigerung geführt hat. So fließt nun beispielsweise eine 3-Jahres-Entwicklung des EBT (Earnings Before Taxes) in die Bemessung des variablen Bonus ein.[303] Daneben besteht eine aktienkursorientierte Vergütung, die über die Jahre 2009–2011 kontinuierlich angestiegen ist. Die von der BaFin veranlasste Fehlermeldung moniert eine inkorrekte Folgebewertung der Vorräte. Dies führte zu einem um mindestens € 29,7 Mio. zu niedrig ausgewiesenem Vorratsvermögen

---

301 Vgl. z.B. S. 49f. des Geschäftsberichts von 2008, im Internet unter: https://www.postbank.de/postbank/docs/PB_GB08_D.pdf (Stand: 08.04.2015).

302 Die Geschäftsberichte der Aurubis AG finden sich im Internet unter: https://www.aurubis.com/site/de/de/corp/investor-relations/berichte-und-prasentationen/konzerngeschaftsberichte (Stand: 08.04.2015).

303 Vgl. S. 42f. des Geschäftsberichts von 2009/2010. Dieser befindet sich zum 8. April 2015 nicht mehr auf der Website der Aurubis AG, kann jedoch über die Website des Bundesanzeigers eingesehen werden, im Internet unter: https://www.bundesanzeiger.de (Stand: 08.04.2015).

und damit auch erwirtschaftetem Konzern-Eigenkapital[304] in der Bilanz sowie in der Gewinn- und Verlustrechnung zu einem zu niedrigen Ausweis des Postens Veränderungen des Bestandes an fertigen und unfertigen Erzeugnissen um wenigstens € 25,2 Mio. Der wesentliche Rechnungslegungsverstoß führte in diesem Fall also nicht zu einem überhöhten, sondern zu einem verminderten Gewinnausweis. Folglich lässt sich ein Einfluss der Vergütung in diesem Fall nicht sinnvoll konstruieren.

Die vierte Fehlermeldung betrifft die adidas AG mit Rechnungslegungsverstößen im Konzernabschluss zum Stichtag 31. Dezember 2011. In diesem Jahr erhielten die Vorstände eine hohe variable Vergütung. Der Vorstandsvorsitzende bezog beispielsweise eine einmalige Zahlung von € 6,3 Mio. Jedoch handelt es sich hierbei um eine variable Entlohnung für eine mittelfristige Zielerreichung über die Jahre 2009 bis 2011, d.h. die Ermittlung der Höhe der Zahlung war nicht auf das Jahr 2011 beschränkt.[305] Darüber hinaus bezieht sich die Fehlermeldung vom 17. Mai 2013 auf dolose Handlungen bei dem Tochterunternehmen Reebok India Company, wie Fehlbuchungen bei den Umsatzerlösen und unterlassene Verbuchungen von Warenrücklieferungen, sodass der Konzernjahresüberschuss um € 62 Mio. zu hoch ausgewiesen wurde. Diesen Umständen entsprechend kann auch bei diesem Rechnungslegungsverstoß nur schwerlich ein Zusammenhang von der Vergütung der Vorstände und der fehlerhaften Rechnungslegung in Indien erkannt werden.

Die Ausführungen zu diesen vier Fällen machen die Probleme einer Analyse des Einflusses der Vergütung auf die Umsetzung fehlerhafter Rechnungslegung deutlich. Eine statistische Analyse ist nicht nur aufgrund der geringen Datenverfügbarkeit nicht möglich, sondern erscheint allein vor dem Hintergrund des individuellen Charakters der vier diskutierten Fehlermeldungen und der Vergütungssysteme der jeweiligen Unternehmen auch weder praktisch umsetzbar noch sinnvoll.[306]

---

304 In der entsprechenden Fehlermeldung wird dieser Posten als „erwirtschaftete[s] Konzern-Eigenkapital vor Steuern" bezeichnet, was einen verwirrenden und unüblichen Begriff darstellt.

305 Eine Darstellung der genauen Zusammensetzung der variablen Vergütung findet sich im Geschäftsbericht der adidas AG für das Jahr 2011 auf den S. 50f., im Internet unter: http://www.adidas-group.com/media/filer_public/2013/07/31/gb_2011_de.pdf (Stand: 08.04.2015).

306 Unter den anfangs betrachteten 25 Fällen finden sich sieben, bei denen die Vorstände im Jahr der fehlerhaften Rechnungslegung sogar deutlich weniger als im Vorjahr verdient haben, was der Erwartung zuwiderläuft.

Dies ist auch als Kritikpunkt an den genannten US-Studien zu Rechnungslegungsverstößen zu sehen. Diese generalisieren den Einfluss variabler Vergütung teilweise, indem sie nur auf deren Existenz abstellen. Sie messen den Einfluss dieser Vergütungskomponente lediglich über eine Dummy-Variable, welche folglich weder den Anteil an der Gesamtentlohnung noch die konkrete Ausgestaltung dieser Entlohnungsformen erfassen kann.[307] Für die Untersuchung aktienkursorientierter Vergütung, auf die sich neuere Studien konzentrieren, gelten die in Abschnitt 4.2 geäußerten Einwende. Die widersprüchlichen Resultate der Studien legen die damit verbundenen Probleme offen.

7.2 Fehlerhafte Rechnungslegung und Aktienhandel von Vorstand und Aufsichtsrat

Falls Gewinne durch Rechnungslegungsverstöße erhöht werden, um eine schlechte Unternehmenslage zu verbergen, sollten Manager ihre Anteile reduzieren, bevor der Aktienkurs durch eine Information des Markts fällt. Dies wurde in Abschnitt 4.3 genauer aufgezeigt.[308] Da kumulierte Maße für Directors' Dealings, d.h. der Transaktionen eigener Aktien durch Vorstände und Aufsichtsräte börsennotierter Unternehmen, oft von geringer Aussagekraft sind, werden im Folgenden besondere Einzelfälle diskutiert.[309] Hierbei wird auf diejenigen eingegangen, bei denen die Differenz zwischen Kauf- und Verkaufsvolumen im Folgejahr nach dem Rechnungslegungsverstoß deutlich negativ ist, d.h. über € –10 Mio. beträgt.[310] Diese Auswahl ist naturgemäß verzerrt, legt aber die gravierenden Fälle offen.

---

307 Vgl. Dechow/Sloan/Sweeney (1996), S. 13; Beneish (1999), S. 437.

308 Maßgebliche Quellen zu dieser Thematik finden sich in den Fn. 153–156.

309 Siehe z.B. das Maß von Beneish (1999), S. 439, welches aufgrund seines Zuschnitts auf das US-amerikanische Board-System nicht zwischen den Handelstätigkeiten von Aufsichtsräten und Vorständen differenziert. Letzte erscheinen aufgrund ihres Wissensvorsprungs interessanter.

310 Die Daten finden sich im Internet unter: http://www.insiderdaten.de (Stand: 08.04.2015). Dabei sind auch die Ausführungen am Ende von Abschnitt 4.3 zu beachten. Sonstige Bestandserhöhungen (SBE) und -minderungen (SBM) werden nicht berücksichtigt. Drei zugehörige Fälle – die Fehlermeldungen der ARQUES Industries AG (heute: Gigaset AG), der MTU Aero Engines Holding AG und der Kampa AG – werden nicht diskutiert, da sich die exakten Daten der Veröffentlichung der monierten Abschlüsse (31. Dezember 2004 (beim ersten Fall) bzw. 2005) nicht feststellen lassen. Die ersten beiden Fälle scheinen auch aufgrund der wenigen Fehler mit Ergebniswirkung uninteressant. Der Fall der PUMA Aktiengesellschaft Rudolf Dassler Sport (heute: PUMA SE) wird nicht weiter verfolgt, da hier wesentliche

Zum einen erscheint die Conergy AG interessant, deren Konzernergebnis vor Steuern des Jahres 2006 von € 46 Mio. nach der Fehlermeldung vom 6. August 2008 um € 51,1 Mio. zu hoch ausgewiesen war. Ursachen waren insbesondere fehlerhafte Ertragsrealisationen und die Nichtkonsolidierung von Projektgesellschaften. Bis Ende April des Jahres 2007 verkauften Vorstandsmitglieder der Conergy AG Anteile im Wert von ca. € 17 Mio. (daneben der Aufsichtsratsvorsitzende Anteile im Wert von knapp € 11 Mio.). Dies entspricht vorerst dem erwarteten Verhalten. Zu bedenken ist aber, dass der fehlerhafte Konzernabschluss im Bundesanzeiger erst am 5. September 2007 publiziert wurde. Sofern dann erst von einer Marktinformation gesprochen werden kann und die Informationen des Abschlusses davor nicht öffentlich wurden, kann die Erwartung des opportunistischen Verkaufs eigener Anteile nicht gestützt werden. Außerdem erwarben drei Vorstände im November des Jahres 2007, d.h. im Anschluss an die offizielle Bekanntgabe des Konzernabschlusses, Aktien im Wert von ca. € 4 Mio.

Vom Transaktionsvolumen her erscheint zum anderen auch die AWD Holding AG ein spezieller Fall zu sein. Im März des Jahres 2005 verkauften der Gründer und seine beiden Söhne Anteile im Wert von knapp € 236 Mio. Die DPR stufte den Konzernabschluss und -lagebericht des Jahres 2004 mit einer Meldung vom 20. Juli 2007 als fehlerhaft ein. Jedoch betrafen die Fehler lediglich den Lagebericht, der mangelnde Angaben zu wesentlichen Risiken für das prognostizierte Umsatz- und Ertragswachstum aufwies, da ein Auslaufen des Steuerprivilegs für wichtige Versicherungsprodukte zum Ende des Jahres 2004 nicht erwähnt wurde. Es wurde aber nicht die Bilanzierung oder Bewertung im Abschluss kritisiert. Falls man Lageberichtsfehlern eine geringere Bedeutung beimessen möchte, kann hier nicht von einer gezielten Täuschung und anschließendem opportunistischen Handel ausgegangen werden.

Auch der dritte Fall lässt keinen Bezug der Rechnungslegungsverstöße zu anschließenden Handelsaktivitäten vermuten. Dieser betrifft die SolarWorld AG, deren Konzernabschluss zum 31. Dezember 2006 von der DPR bemängelt wurde. Im März des Jahres 2007 – drei Monate vor der Veröffentlichung des Konzernabschlusses im Bundesanzeiger – hat die Eifelstrom GmbH Anteile an der SolarWorld AG über € 32 Mio. verkauft. Der Vorstandsvorsitzende der SolarWorld AG war zugleich Geschäftsführer der Eifelstrom GmbH, sodass sich eine Vorteilsnahme aus dem später gerügten Abschluss vermuten ließe. Die Fehlermeldung

---

Fehler für die Halbjahresberichterstattung des Jahres 2010 vorlagen, nicht jedoch für den Konzern- oder Jahresabschluss desselben Jahres. Die umfangreichen Verkaufsaktivitäten fanden erst im Jahr 2011 statt.

der DPR vom 25. März 2008 kritisiert jedoch lediglich fehlende Anhangangaben über die Beziehung zur Eifelstrom GmbH. Es werden somit keine gewinnerhöhenden Maßnahmen kritisiert, die einen Verkauf der Anteile zu einem überhöhten Kurs vermuten ließen. Auch dieser Fall macht die Schwierigkeit bei der Abgrenzung relevanter Einzelfälle des Insiderhandels und ihrer Verbindung mit Rechnungslegungsverstößen deutlich.

8 Empirische Analyse des Zusammenhangs von fehlerhafter Rechnungslegung und Unternehmensfinanzierung

8.1 Hypothesen

Die Ausführungen in Abschnitt 4.4 machten die Forschungslücke zum Zusammenhang von fehlerhafter Rechnungslegung und Unternehmensfinanzierung deutlich. Die dort erarbeiteten Hypothesen werden im Folgenden untersucht. Sie lauten:

Hypothese 1: *Unternehmen mit Fehlermeldung haben signifikant höhere Cash Flows aus Finanzierungstätigkeit im Zeitraum nach dem Rechnungslegungsverstoß als vergleichbare Unternehmen ohne Fehlermeldung.*

Hypothese 1a: *Unternehmen mit Fehlermeldung haben signifikant höhere Cash Flows aus Eigenkapitaltransaktionen im Zeitraum nach dem Rechnungslegungsverstoß als vergleichbare Unternehmen ohne Fehlermeldung.*

Hypothese 1b: *Unternehmen mit Fehlermeldung haben signifikant höhere Cash Flows aus Fremdkapitaltransaktionen im Zeitraum nach dem Rechnungslegungsverstoß als vergleichbare Unternehmen ohne Fehlermeldung.*

Hypothese 2: *Unternehmen mit Fehlermeldung haben signifikant höhere Cash Flows, die für Investitionen genutzt werden, im Zeitraum nach dem Rechnungslegungsverstoß als vergleichbare Unternehmen ohne Fehlermeldung.*[311]

Hypothese 3: *Unternehmen mit Fehlermeldung haben signifikant niedrigere Dividendenzahlungen im Zeitraum nach dem Rechnungslegungsverstoß als vergleichbare Unternehmen ohne Fehlermeldung.*

---

311 Wie bereits in Fn. 200 angeführt, werden mit Bezugnahme auf die Kapitalflussrechnung nur Investitionen in ihrem Sinne betrachtet, somit z.B. keine Investitionen in Humankapital.

8.2 Analysemodell und Variablenbeschreibung

Da sich die empirische Analyse auf den Zusammenhang von fehlerhafter Rechnungslegung und Unternehmensfinanzierung konzentriert, stellt sich die Frage nach dem zu verwendenden Modell. Hier wird eine Verbindung zwischen neueren Herangehensweisen der Finanzierungsforschung und den bisherigen Ansätzen der Rechnungswesenforschung versucht. Die Motivation hierfür ist, dass bislang nur im ersten Forschungsbereich die Interdependenzen zwischen den Teilbereichen der Unternehmensfinanzierung ausreichend Beachtung gefunden haben.

Die Arbeit von Balakrishnan/Core/Verdi (2014) stellt eine Ausnahme in der Rechnungswesenforschung dar, die die Zusammenhänge von Unternehmensfinanzierungsmaßnahmen genauer beachtet, jedoch nicht fehlerhafte Rechnungslegung ins Auge fasst.[312] Neuere Modelle im Finanzierungsbereich stammen von Gatchev/Pulvino/Tarhan (2010) und Dasgupta/Noe/Wang (2011).[313] Im Rechnungswesenbereich wurden im Zusammenhang mit Rechnungslegungsverstößen dagegen Einzelaspekte herausgegriffen, ohne dass die Zusammenhänge und Wechselwirkungen mit anderen Entscheidungen genügend berücksichtigt wurden, was sicherlich auch an der Neuheit der Modelle in der Finanzierungsforschung liegt. Hier seien die Arbeiten von McNichols/Stubben (2008), Caskey/Hanlon (2013) sowie Chen/Cheng/Lo (2013) genannt.[314] Für die anstehende Analyse werden sie zurate gezogen, da sie eine Schwerpunktsetzung auf Rechnungslegungsverstöße ermöglichen.

Das folgende Modell stellt insbesondere eine Verknüpfung von Dasgupta/Noe/Wang und Balakrishnan/Core/Verdi zur Beachtung der Interdependenzen sowie Chen/Cheng/Lo zur Erfassung von Rechnungslegungsverstößen dar und berücksichtigt die Panelstruktur des zugrunde liegenden Datensatzes:

$$Kapital\_und\_I\&F_{j,i,t} = \alpha_i + \beta_1\, Fehler_i + \beta_2\, Post_{i,t} + \beta_3\, Post_{i,t}\, x\, Fehler_i + \gamma\, Kontrollvariablen_{i,t-1} + \delta_1\, Jahres\text{-}Dummy\text{-}Variablen_t + \varepsilon_{j,i,t}.$$

$Kapital\_und\_I\&F_{j,i,t}$ steht für die vier zu beachtenden abhängigen Variablen j bei Dasgupta/Noe/Wang, d.h. 1. den Finanzmittelfonds ($Cash_{i,t}$), 2. den Cash Flow, der für Investitionen genutzt wird ($CF\_Investing_{i,t}$), 3. die Dividendenzahlungen ($CF\_Dividends_{i,t}$) und 4. den Cash Flow aus der Finanzierungstätigkeit

312 Vgl. Balakrishnan/Core/Verdi (2014), S. 9–13.

313 Vgl. Gatchev/Pulvino/Tarhan (2010), S. 732–736; Dasgupta/Noe/Wang (2011), S. 1265f.

314 Vgl. McNichols/Stubben (2008), S. 1578f.; Caskey/Hanlon (2013), S. 823–825; Chen/Cheng/Lo (2013), S. 761–763.

($CF\_Financing_{i,t}$), bei Unternehmen *i* im Jahr *t*.[315] Die Messung der Variablen für die Hauptanalyse erfolgt aus der Kapitalflussrechnung,[316] wobei zur Überprüfung der Robustheit der Ergebnisse anschließend z.T. andere Variablenberechnungen, basierend auf Bilanzdaten, durchgeführt werden.[317] Zur Erfassung von Heterogenität aufgrund unterschiedlicher Firmengröße werden diese Variablen durch die Bilanzsumme zu Beginn des Geschäftsjahres geteilt.[318]

Um einen genaueren Einblick in die Finanzierungstätigkeiten zu bekommen, wird gemäß den Hypothesen 1a und 1b der Cash Flow aus der Finanzierungstätigkeit weiter aufgegliedert in die drei Bestandteile Cash Flow aus Eigenkapitaltransaktionen ($CF\_Equity_{i,t}$)[319] sowie die Cash Flows aus lang- ($CF\_LTDebt_{i,t}$) und kurzfristigen Fremdkapitaltransaktionen ($CF\_STDebt_{i,t}$).[320]

Zu beachten ist, dass die Variablen $CF\_Equity_{i,t}$, $CF\_LTDebt_{i,t}$ und $CF\_STDebt_{i,t}$, ebenso wie die aggregierte Variable $CF\_Financing_{i,t}$, entsprechend der Vorgehensweise bei Dasgupta/Noe/Wang negativ skaliert sind. Ein positiver Koeffizient in den anschließenden statistischen Analysen deutet somit eine Reduktion, ein negativer Koeffizient eine Erhöhung an.

Die Größen zur Erfassung der Rechnungslegungsverstöße lehnen sich an die Variablen bei Chen/Cheng/Lo an, wobei dort Restatements betrachtet werden.[321] $Fehler_i$ stellt eine – zeitunabhängige – Dummy-Variable mit dem Wert eins bei Unternehmen mit (bekannt gemachten) Rechnungslegungsverstößen und dem Wert null bei Unternehmen der Kontrollgruppe dar. $Post_{i,t}$ ist eine

---

315 Vgl. Dasgupta/Noe/Wang (2011), S. 1265f. und 1272. Beim Cash Flow aus der Finanzierungstätigkeit, der in der Kapitalflussrechnung nach Dividendenzahlungen bestimmt wird, werden diese herausgerechnet, sodass sie separat erfasst werden können. Der Cash Flow, der für Investitionen genutzt wird, erfasst nur Investitionen i.S. der Kapitalflussrechnung und somit z.B. keine Investitionen in Humankapital, vgl. Fn. 200.

316 Siehe hierzu insbesondere Ballwieser (2013), S. 151f., und Pellens et al. (2014), S. 182–197.

317 Siehe hierzu auch Chang/Dasgupta (2009), S. 1776f.; Lemmon/Roberts (2010), S. 584f.; Gatchev/Pulvino/Tarhan (2010), S. 737; Dasgupta/Noe/Wang (2011), S. 1271f.

318 Vgl. Gatchev/Spindt/Tarhan (2009), S. 183.

319 Hier werden Dividendenzahlungen wiederum ausgeklammert, siehe Fn. 315.

320 Die Unterteilung in lang- und kurzfristige Fremdkapitaltransaktionen wurde in Hypothese 1b noch nicht getroffen, wird jedoch durch die in der Datenbank Worldscope erfassten Angaben in der Kapitalflussrechnung ermöglicht. „LT“ und „ST“ in den Variablenabkürzungen stehen für „Long Term“ bzw. „Short Term“.

321 Vgl. Chen/Cheng/Lo (2013), S. 761–763.

Dummy-Variable, die den Vergleich des Zeitraums nach einem Verstoß und vor einem Verstoß erlaubt. Sowohl bei den Unternehmen mit Fehlern als auch bei den Unternehmen aus der Kontrollgruppe wird den Perioden danach der Wert eins zugeteilt, der Wert null den Perioden davor. Hier sind unterschiedliche Abgrenzungen denkbar. In der vorliegenden Analyse werden die Perioden −2 und −1 den Perioden 0 und +1 gegenübergestellt, d.h. die „sauberen" Zeiträume mit den manipulierten verglichen. Zur Überprüfung der Robustheit wird auch der Vergleich der Perioden −2 und −1 gegenüber den Perioden +1 und +2 durchgeführt.[322] Von zentraler Bedeutung für die Analyse ist der Interaktionsterm $Post_{i,t}$ x $Fehler_i$, da er das abweichende Verhalten der Unternehmen mit Rechnungslegungsverstößen im Vergleich zu den Unternehmen aus der Kontrollgruppe im Zeitraum nach dem Fehler aufzeigt.

Die Kontrollvariablen stellen etablierte Größen dar, welche die Unternehmensfinanzierung beeinflussen:[323] 1. der Cash Flow aus betrieblicher Tätigkeit ($OCF_{i,t-1}$). Dieser kann grundsätzlich z.B. für Investitionen oder Dividendenzahlungen genutzt werden.[324] 2. die Fremdkapitalquote als Verhältnis der lang- und kurzfristigen Verbindlichkeiten zur Bilanzsumme ($Leverage_{i,t-1}$). Je höher sie ausfällt, desto eher sollte z.B. eine weitere Aufnahme von Verbindlichkeiten unterbleiben und diese stattdessen reduziert werden. 3. die Unternehmensgröße, gemessen anhand der logarithmierten Bilanzsumme ($Size_{i,t-1}$). Sie dient z.B. als Maß für die Informationsasymmetrie zwischen Unternehmen und Kapitalgebern. Je größer das Unternehmen, desto leichter fällt tendenziell eine Kapitalaufnahme.[325] 4. Tobin's Q als Marktkapitalisierung plus Buchwert der kurz- und langfristigen Verbindlichkeiten im Verhältnis zur Bilanzsumme ($TobinsQ_{i,t-1}$).

---

322 Eine Ausweitung der Analyse auf die Jahre −3 und +3, wie McNichols/Stubben (2008), S. 1581, und Strohmenger (2013), S. 16, bei einer Analyse von US-amerikanischen bzw. deutschen Rechnungslegungsverstößen, wird für unsachgemäß gehalten. Die Auswertung der Fehlermeldungen in Abschnitt 6.1 hat gezeigt, dass im Durchschnitt nach 16,1 Monaten nach Veröffentlichung des fehlerhaften Geschäftsberichts die entsprechende Meldung erfolgt. Somit dürfte regelmäßig im dritten Jahr nach dem Verstoß die Öffentlichkeit informiert sein. Die Untersuchung soll aber gerade Besonderheiten des Unternehmensfinanzierungsverhaltens im manipulierten Zeitraum zutage fördern.

323 Siehe hierzu z.B. die grundlegenden Arbeiten von Fazzari/Hubbard/Petersen (1988) und Kaplan/Zingales (1997) sowie die Untersuchungen von Richardson (2006), Lemmon/Roberts (2010) und Dasgupta/Noe/Wang (2011), S. 1268–1270.

324 Für eine umfassende Beurteilung der Rolle des Cash Flow aus betrieblicher Tätigkeit siehe Baetge/Kirsch/Thiele (2004), S. 271–274, und Pellens et al. (2014), S. 188.

325 Siehe hierzu auch Gatchev/Pulvino/Tarhan (2010), S. 734.

Es dient u.a. als Stellvertretergröße für die Investitionsmöglichkeiten sowie als Maß für eine vorteilhafte Marktlage zur Eigenkapitalaufnahme eines Unternehmens.[326] Alle Werte werden zu Beginn des Geschäftsjahres gemessen. Dies ist die gängige Vorgehensweise, da sie besser zur Erklärung einer Assoziation beiträgt als Messungen am Ende des Geschäftsjahres.

Daneben werden Jahres-Dummy-Variablen[327] ab dem Analysebeginn im Jahr 2002 – zwei Jahre vor den ersten fehlerhaften Geschäftsberichten des Jahres 2004 – eingefügt, um fixe Effekte, die sich aus dem zeitlichen Verlauf ergeben, in der Analyse zu berücksichtigen.

8.3 Datenerhebung und -bereinigung

Die Daten der Finanzberichte der zu untersuchenden Unternehmen und der Kontrollgruppe wurden über die Datenbank Worldscope erhoben. Sie stellt die umfangreichste Quelle für Rechnungslegungsgrößen deutscher Unternehmen dar. Diese Datenbank bezieht ihre Daten aus Konzernabschlüssen, sofern die Unternehmen einen solchen Abschluss veröffentlichen.[328]

Letzteres kann als Kritik an den verwendeten Daten angesehen werden, da sich manche Einflussfaktoren auf das Unternehmensfinanzierungsverhalten, beispielsweise die Fremdkapitalquote, potenziell besser aus Jahresabschlüssen ableiten lassen. Dieser Makel kann nicht vollständig zurückgewiesen werden. Ein Grund für dieses Vorgehen liegt in der umfassenden Datenverfügbarkeit bei einer Erhebung mittels Worldscope.

Ein weiterer Punkt ist die Entsprechung zur Vorgehensweise US-amerikanischer Forschung. Diese greift für Finanzdaten fast durchgehend auf die Datenbank Compustat zurück, da diese für die kapitalmarktorientierten Unternehmen in den USA die größte Abdeckung aufweist. Als Grundlage für die Daten auf Jahresbasis dienen ihr insbesondere Berichte nach Form 10-K, welche bei der

326 Tobin's Q ist ursprünglich als Verhältnis des Marktwerts eines Vermögensgegenstands zu seinen Wiederbeschaffungskosten definiert, vgl. Brainard/Tobin (1968), S. 101; Tobin (1969), S. 21. Da sich die Wiederbeschaffungskosten bei einer Gesamtunternehmensbetrachtung regelmäßig nicht einfach ermitteln lassen, wird sich in der Forschung meist mit der genannten Berechnung beholfen.

327 In den folgenden Tabellen werden die Jahres-Dummy-Variablen als „Jahres-DV" abgekürzt, um eine einfache Lesbarkeit zu gewährleisten.

328 Hinweise zu den Datenquellen finden sich in den Handbüchern zu Worldscope, vgl. im Internet unter: https://blogs.cul.columbia.edu/business/files/2014/02/Worldscope-Data-Definition-Guide-Issue-14.2.pdf (Stand: 08.04.2015).

SEC eingereicht werden müssen.[329] Bei diesen Berichten kann es sich aber neben Jahres- auch um Konzernabschlüsse handeln, was der Fall ist, sofern das Unternehmen zur Erstellung eines solchen Abschlusses gesetzlich verpflichtet ist.[330] Dies führt somit zu einer Vermischung entsprechender Angaben in der Compustat-Datenbank. Generell wird die mögliche Problematik einer Verwendung von Konzernabschlüssen sowie einer Vermengung mit Jahresabschlussdaten in der US-amerikanischen empirischen Forschung nicht erkannt.

Im Folgenden greifen weiterhin die in Abschnitt 6.1 erläuterten Bereinigungen um mangelhafte Fehlermeldungen sowie um Fehlermeldungen von ausländischen und von nach US-GAAP bilanzierenden Unternehmen.

Tabelle 6 enthält eine alphabetisch sortierte Übersicht über die entsprechenden Firmenjahr-Beobachtungen mit Rechnungslegungsverstößen, für die Daten in Worldscope hinterlegt sind. Dabei ist zu beachten, dass in der Datenbank zum Zeitpunkt der Erhebung nur Werte bis zum Geschäftsjahr 2012 zur Verfügung standen. Die 146 Beobachtungen (von den insgesamt 186 Fehlermeldungen bis zum 31. Dezember 2012) bilden die Basis für die folgenden empirischen Analysen.

Tabelle 7 auf S. 89 gibt die Branchenzugehörigkeit der 146 Beobachtungen nach der Standard Industrial Classification (SIC) wieder, welche auch ein Element der in Abschnitt 8.4 geschilderten Kontrollgruppenbildung ist. Die meisten Beobachtungen sind dem Bereich „Manufacturing" (33,6%) zuzuordnen. Auch die Bereiche „Finance, Insurance, Real Estate" (25,3%) sowie „Services" (24,7%) haben einen großen Anteil an den Unternehmen mit Rechnungslegungsverstößen, die in Worldscope hinterlegt sind. Mit Bereich („Division") wird die höchste Kategorie der SIC bezeichnet. Auch die darunter liegende Hauptgruppe („Major Group") wird in der Tabelle mit einem Code aufgezeigt.

---

329 Eine Auflistung der Datenquellen findet sich in den Handbüchern zu Compustat, vgl. im Internet unter: http://web.utk.edu/~prdaves/Computerhelp/COMPUSTAT/Compustat_manuals/manuals.htm (Stand: 08.04.2015).

330 Vgl. Scherrer (2000), S. 331f.

Tabelle 6: Firmenjahr-Beobachtungen mit Rechnungslegungsverstößen, die in Worldscope hinterlegt sind[331]

Nummer	Firmenname	Jahr	Nummer	Firmenname	Jahr
1	1st RED AG	2005	31	COLEXON Energy AG	2007
2	3U HOLDING AG	2006	32	Conergy AG	2006
3	7days music entertainment AG	2007	33	Conergy AG	2007
4	Action Press Holding AG	2005	34	Continental AG	2008
5	adidas AG	2008	35	Curanum AG	2005
6	adidas AG	2011	36	Curanum AG	2006
7	AGOR AG	2004	37	curasan AG	2005
8	ALBA SE	2006	38	DEAG Deutsche Entertainment AG	2005
9	ALBA SE	2009	39	Deutsche Beteiligungs AG	2005
10	ALBIS Leasing AG	2008	40	Deutsche Beteiligungs AG	2006
11	Allgeier SE	2004	41	Deutsche EuroShop AG	2006
12	AREAL Immobilien- und Beteiligungs-AG	2010	42	Deutsche EuroShop AG	2011
13	ARQUANA International Print & Media AG	2006	43	Deutsche Immobilien Holding AG	2008
14	artnet AG	2012	44	Deutsche Post AG	2005
15	Asian Bamboo AG	2010	45	Deutsche Postbank AG	2008
16	Aurubis AG	2010	46	Deutsche Steinzeug Cremer & Breuer AG	2010
17	B+S Banksysteme AG	2009	47	Deutsche Wohnen AG	2006
18	Basler AG	2008	48	DIC Asset AG	2010
19	Bau-Verein zu Hamburg AG	2004	49	DocCheck AG	2009
20	BBS Kraftfahrzeugtechnik AG	2004	50	Dom-Brauerei AG	2005
21	Beate Uhse AG	2009	51	ecotel communication ag	2006
22	Biofrontera AG	2006	52	EDOB Abwicklungs AG	2007
23	biolitec AG	2007	53	Elmos Semiconductor AG	2008
24	Borussia Dortmund GmbH & Co. KGaA	2008	54	Energiekontor AG	2006
25	caatoosee ag	2008	55	Enerxy AG	2009
26	Cash.Medien AG	2005	56	Enerxy AG	2010
27	CCR Logistics Systems AG	2010	57	euromicron AG	2008
28	CDV Software Entertainment AG	2007	58	Fielmann AG	2007
29	Celesio AG	2007	59	FORIS AG	2010
30	China Specialty Glass AG	2011	60	FRoSTA AG	2007

331 Quelle: Darstellung eigener Ergebnisse in Anlehnung an Strohmenger (2013), S. 41.

Nummer	Firmenname	Jahr	Nummer	Firmenname	Jahr
61	GAG Immobilien AG	2005	92	MBB Industries AG	2009
62	GESCO AG	2006	93	Mensch und Maschine Software SE	2005
63	GESCO AG	2008	94	Merck KGaA	2008
64	GfK SE	2008	95	METRO AG	2011
65	Gigaset AG	2004	96	MISTRAL Media AG	2008
66	Girindus AG	2007	97	MLP AG	2010
67	GK Software AG	2008	98	MOOD AND MOTION AG	2005
68	Global PVQ SE	2008	99	MTU Aero Engines AG	2005
69	Global PVQ SE	2009	100	MWG-Biotech AG	2005
70	GWB Immobilien AG	2006	101	MyHammer Holding AG	2009
71	GWB Immobilien AG	2009	102	MyHammer Holding AG	2011
72	H&R AG	2008	103	Neschen AG	2007
73	HAHN-Immobilien-Beteiligungs-AG	2010	104	Norddeutsche Landesbank AG	2009
74	Hesse Newman Capital AG	2006	105	OHB AG	2005
75	INDUS Holding AG	2005	106	Olympia Flexgroup AG	2008
76	INDUS Holding AG	2007	107	PA Power Automation AG	2004
77	Infineon Technologies AG	2008	108	Petrotec AG	2010
78	Intelis AG	2006	109	Piper Generalvertretung Deutschland AG	2006
79	Interhyp AG	2005	110	Pixelpark AG	2006
80	Intertainment AG	2005	111	Pixelpark AG	2007
81	ISARIA Wohnbau AG	2010	112	Pongs & Zahn AG	2004
82	ISRA VISION AG	2005	113	Pongs & Zahn AG	2005
83	KAMPA AG	2005	114	Porsche Automobil Holding SE	2009
84	KPS AG	2005	115	Powerland AG	2011
85	KPS AG	2006	116	Praktiker Bau- und Heimwerkermärkte Holding AG	2007
86	LINTEC Information Technologies AG	2006	117	PUMA SE	2009
87	loginet3 AG	2006	118	PUMA SE	2010
88	LS telcom AG	2006	119	S&O AGRAR AG	2005
89	MAGNAT Real Estate AG	2010	120	Sanacorp Pharmahandel GmbH	2007
90	Marbert Holding AG	2009	121	Schlossgartenbau-AG	2009
91	MATERNUS-Kliniken AG	2009	122	Schön & Cie. AG	2005

Nummer	Firmenname	Jahr	Nummer	Firmenname	Jahr
123	Schwälbchen Molkerei Jakob Berz AG	2010	135	TUI AG	2009
124	SEDLBAUER AG	2010	136	Turbon AG	2011
125	Sedlmayr Grund und Immobilien KGaA	2010	137	Value Management & Research AG	2011
126	sino AG	2009	138	Vivacon AG	2005
127	Sky Deutschland AG	2007	139	VSM Vereinigte Schmirgel- und Maschinen-Fabriken AG	2010
128	SolarWorld AG	2007	140	vwd Vereinigte Wirtschaftsdienste AG	2009
129	STADA Arzneimittel AG	2007	141	vwd Vereinigte Wirtschaftsdienste AG	2011
130	Stadtwerke Hannover AG	2007	142	W.E.T. Automotive Systems AG	2008
131	STRABAG AG	2006	143	_wige MEDIA AG	2011
132	Swiss Life Deutschland Vertriebsholding AG	2004	144	Wirecard AG	2005
133	TAG Immobilien AG	2006	145	Württembergische Lebensversicherung AG	2005
134	TAG Immobilien AG	2009	146	zooplus AG	2009

Tabelle 7: Branchenverteilung der Firmenjahr-Beobachtungen mit Rechnungslegungsverstößen, die in Worldscope hinterlegt sind[332]

SIC-Code – Hauptgruppe	Beobachtungen
Agriculture, Forestry, Fishing (0,7%)	**1**
01 – Agricultural Production-Crops	1
Mining (0,7%)	**1**
10 – Metal Mining	1
Construction (2,1%)	**3**
15 – Building Construction General Contractors and Operative Builders	2
16 – Heavy Construction other than Building Construction Contractors	1
Manufacturing (33,6%)	**49**
20 – Food and Kindred Products	2
23 – Apparel and other Finished Products Made from Fabrics and Similar Materials	1
26 – Paper and Allied Products	1
27 – Printing, Publishing, and Allied Industries	4

332 Quelle: Darstellung eigener Ergebnisse in Anlehnung an Strohmenger (2014), S. 282.

SIC-Code – Hauptgruppe	**Beobachtungen**
28 – Chemicals and Allied Products	9
30 – Rubber and Miscellaneous Plastics Products	7
31 – Leather and Leather Products	1
32 – Stone, Clay, Glass and Concrete Products	3
33 – Primary Metal Industries	2
35 – Industrial and Commercial Machinery and Computer Equipment	3
36 – Electronic and Other Electrical Equipment and Components, except Computer Equipment	7
37 – Transportation Equipment	6
38 – Measuring, Analyzing, and Controlling Instruments; Photographic, Medical and Optical Goods; Watches and Clocks	3
Transportation & Public Utilities (6,8%)	**10**
42 – Motor Freight Transportation and Warehousing	1
47 – Transportation Services	1
48 – Communications	4
49 – Electric, Gas and Sanitary Services	4
Wholesale Trade (2,7%)	**4**
50 – Wholesale Trade-Durable Goods	1
51 – Wholesale Trade-Nondurable Goods	3
Retail Trade (3,4%)	**5**
52 – Building Materials, Hardware, Garden Supply, and Mobile Home Dealers	1
54 – Food Stores	1
59 – Miscellaneous Retail	3
Finance, Insurance, Real Estate (25,3%)	**37**
60 – Depository Instituitions	2
61 – Non-Depository Credit Institutions	2
62 – Security and Commodity Brokers, Dealers, Exchanges, and Services	4
63 – Insurance Carriers	1
64 – Insurance Agents, Brokers and Service	1
65 – Real Estate	19
67 – Holding and other Investment Offices	8
Services (24,7%)	**36**
73 – Business Services	18
78 – Motion Pictures	2
79 – Amusement and Recreation Services	2
80 – Health Services	3

SIC-Code - Hauptgruppe	Beobachtungen
83 - Social Services	1
87 - Engineering, Accounting, Research, Management, and Related Services	7
89 - Miscellaneous Services	3
Summe an Beobachtungen:	**146**

Bei Banken und Versicherungen können einige Daten, z.B. zum Cash Flow aus operativer Tätigkeit, zu den Investitionen oder zur Fremdkapitalquote, nicht mit denjenigen der übrigen Unternehmen verglichen werden. Dies beruht auf Besonderheiten ihrer Geschäftsmodelle, ihrer speziellen Rechnungslegungsvorschriften sowie ihrer besonderen regulatorischen Umfelder. Demzufolge werden sie von der Analyse ausgeschlossen, da es andernfalls möglicherweise zu Verzerrungen der Ergebnisse kommt. Davon ist der Bereich „Finance, Insurance, Real Estate" betroffen. Immobilienunternehmen, die in die Hauptgruppe 65 gehören, werden jedoch beibehalten. Sie stellen eine relativ große Fallzahl dar. In vielen Studien werden deren Beobachtungen pauschal gelöscht.

Alle stetigen Variablen werden zum 1%- und 99%-Perzentil winsorisiert. Dies bedeutet, dass Werte unter- bzw. oberhalb dieser Grenzen auf die entsprechenden Grenzwerte gesetzt werden. Es stellt ein verbreitetes Verfahren zur Minderung des Beeinflussens der Ergebnisse durch Ausreißer im Datensatz dar.[333]

8.4 Kontrollgruppenbildung

Es wird eine Kontrollgruppe gebildet, um in der Analyse die Bedeutung der Zugehörigkeit zur Untersuchungsgruppe - den Unternehmen mit Fehlermeldungen - genauer zu erkennen. Sie hat anhand beobachteter Kriterien möglichst ähnlich der Untersuchungsgruppe zu sein. Die Kriterien müssen für die Analysesituation relevant sein.[334] Mithilfe dieser Paarung soll gewährleistet werden, dass die anschließende empirische Analyse den Zusammenhang von fehlerhafter

---

333 Für Anwendungen in Untersuchungen von Rechnungslegungsverstößen siehe Erickson/Hanlon/Maydew (2006), S. 129; Dechow et al. (2011), S. 45; Armstrong et al. (2013), S. 333; Caskey/Hanlon (2013), S. 825; für eine Anwendung in der Finanzierungsforschung siehe z.B. Dasgupta/Noe/Wang (2011), S. 1270. Der Vorteil gegenüber einem Abschneiden des Datensatzes an bestimmten Grenzwerten („Truncation") ist, dass keine Messungen verloren gehen.

334 Vgl. grundlegend Imbens/Wooldridge (2009), S. 35–38, Stuart (2010), Wooldridge (2010), S. 934–936, Roberts/Whited (2013), S. 549–553 und 556f., sowie Steiner/Cook (2013).

Rechnungslegung und Unternehmensfinanzierung besser herausfiltern kann; alle Unterschiede zwischen der Untersuchungs- und der Kontrollgruppe sollen dann auf den Rechnungslegungsverstoß zurückzuführen sein.

Untersuchungen zu Fehlerveröffentlichungen weisen regelmäßig eine für statistische Analysen geringe bis mittlere Fallzahl auf. Eine Folge ist, dass die in empirischen Untersuchungen verwandten Tests oft nicht genug Teststärke für den Nachweis einer bestehenden Relation aufweisen.[335] Dementsprechend wird in dieser Arbeit ein Ansatz gewählt, der tendenziell eine hohe Teststärke gewährleistet. Da die Untersuchungsgruppe, welche die Firmenjahr-Beobachtungen der Unternehmen mit Fehlermeldungen umfasst, tendenziell eine kleine Fallzahl aufweist, wird nicht eine einzelne Vergleichsbeobachtung ausgewählt, sondern es werden vier pro Fehlerbeobachtung erhoben. Neben der Gewährleistung einer erhöhten Teststärke werden somit auch nicht bedachte Unterschiede der Unternehmenscharakteristika ausgeglichen.[336]

Vergleichsbeobachtungen dürfen nur von Unternehmen stammen, die Wertpapiere in einem regulierten Marktsegment einer deutschen Börse emittiert haben und somit ebenfalls unter der Aufsicht der DPR stehen, jedoch bislang keine Fehlerbekanntmachung aufweisen. Daneben hat die jeweilige Kontrollbeobachtung drei Kriterien zu erfüllen: Erstens muss das betrachtete Firmenjahr identisch zu dem Geschäftsjahr des Fehlerunternehmens sein, in welchem der Rechnungslegungsverstoß stattfand; zweitens muss die Kontrollbeobachtung von einem Unternehmen stammen, welches im entsprechenden Jahr eine vergleichbare Größe – gemessen anhand der Bilanzsumme – wie das Fehlerunternehmen aufweist; drittens gehört das Unternehmen, welches die Kontrollbeobachtung liefert, derselben Branche wie das Fehlerunternehmen an, was

---

335 Deren Fehlen stellt einen Hauptkritikpunkt an der Forschung zu (kleinzahligen) Rechnungslegungsverstößen dar, vgl. Dechow/Ge/Schrand (2010), S. 372f.

336 Die Güte von vier Kontrollbeobachtungen wird auch in einer Simulationsstudie von Abadie und Imbens demonstriert, vgl. Abadie/Imbens (2007), S. 12f. Anwendungen einer erhöhten Kontrollgruppenzahl finden sich z.B. bei Caskey/Hanlon (2013), S. 823, und – im Bereich der Finanzierungsforschung – bei Lemmon/Roberts (2010), S. 570–575. Die Vor- und Nachteile einer erhöhten Kontrollgruppenzahl wägen Stuart (2010), S. 8, und Roberts/Whited (2013), S. 556, ab: Dies kann einerseits zu verzerrten Ergebnissen führen, da Kontrollbeobachtungen in die Analyse aufgenommen werden, die weiter von der Beobachtung aus der Untersuchungsgruppe entfernt sind. Andererseits können aufgrund der insgesamt erhöhten Beobachtungszahl die Verzerrung geringer und die Ergebnisse präziser werden. Die Anzahl von Kontrollbeobachtungen lässt sich somit nicht anhand einer Regel festlegen; siehe hierzu auch Rosenbaum/Rubin (1985).

mithilfe der SIC-Klassifikation bestimmt wird (bei Unternehmen, die in mehreren Branchen tätig sind und damit mehrere SIC-Codes aufweisen, wird der erste SIC-Code in Worldscope verwendet, welcher die bedeutendste Branche des Unternehmens anzeigt).

Eine derartige Kontrollgruppeneingrenzung ist vergleichbar mit US-amerikanischen Untersuchungen von Einflussfaktoren auf Rechnungslegungsverstöße.[337] Die Bestimmung ähnlicher Größe anhand der Bilanzsumme wird als geeigneter als eine Verwendung der Marktkapitalisierung[338] angesehen und stellt auch den gängigsten Indikator für vergleichbare Unternehmensgröße dar. Der Einsatz der 12-Branchen-Klassifikation von Fama und French wird als eine zu grobe Bestimmung der Branchenzugehörigkeit betrachtet.[339]

Ein paar Details sind zu beachten, die die Distanz der Kontrollbeobachtungen zu den Fehlerbeobachtungen betreffen.[340] Das Matching wurde anhand der zweiten Ziffer des vierstelligen SIC-Codes umgesetzt, welche die sog. Hauptgruppe angibt. Hätte man die dritte oder vierte Stelle verwendet, wäre das Matching zwar genauer – bezogen auf die Branchenzugehörigkeit –, jedoch hätten sich weniger Kontrollbeobachtungen gefunden. Bei Verwendung der ersten Stelle, die naturgemäß eine größere Kontrollgruppe geliefert hätte, kann das Matching jedoch als zu unpräzise angesehen werden. Bei der Bestimmung einer vergleichbaren Unternehmensgröße wurde auf die Bilanzsumme rekurriert. Bedingung hierbei war, dass das Verhältnis der Bilanzsummen beider Beobachtungen kleiner als zwei ist. Damit ist gemeint, dass die Bilanzsumme der Vergleichsbeobachtung (annähernd) maximal das Doppelte der Bilanzsumme der Fehlerbeobachtung bzw. (annähernd) minimal die Hälfte der entsprechenden Bilanzsumme beträgt. Das Verfahren ist außerdem so gestaltet, dass es sich um ein Ziehen mit Zurücklegen handelt. Demzufolge kann eine Beobachtung mehrfach als Kontrollbeobachtung dienen.[341]

Die Qualität eines Matching-Verfahrens kann ex post nur problembehaftet statistisch überprüft werden.[342] Für die vorliegende Untersuchung ist eine

---

337 Vgl. beispielsweise Dechow/Sloan/Sweeney (1996), S. 8f.; Beneish (1999), S. 428f.

338 Diese wird z.B. bei Ernstberger/Hitz/Stich (2012), S. 18, genutzt.

339 Vgl. Fama/French (2008). Diese wird z.B. bei Ernstberger/Hitz/Stich (2012), S. 18, Höhn/Strohmenger (2013), S. 18, und Strohmenger (2013), S. 16, verwendet.

340 Diese Vorgehensweise folgt Asker/Farre-Mensa/Ljungqvist (2013), S. 8f.

341 Ziehen mit Zurücklegen wird generell als vorteilhaft angesehen, vgl. Roberts/Whited (2013), S. 556. Kritisch ist Stuart (2010), S. 9, da es z.B. zu verzerrenden Effekten kommen kann. Diese lassen sich aber nicht einfach nachweisen.

342 Vgl. Stuart (2010), S. 10–12.

Überprüfung nur für das stetige Kriterium der Unternehmensgröße einschlägig. Ein T^2-Test nach Hotelling kann die Nullhypothese identischer Mittelwerte in beiden Gruppen nicht ablehnen (p-Wert: 0,299).[343] Die übrigen (diskretionären) Kriterien für die Kontrollgruppenbildung, wie die Branchenzugehörigkeit, können keine mangelhafte Qualität im statistischen Sinne aufweisen.

Nach dem beschriebenen Matching-Verfahren und der im vorhergehenden Abschnitt beschriebenen Datenbereinigung können 108 Firmenjahr-Beobachtungen mit Rechnungslegungsverstößen analysiert werden (18 entfallen aufgrund des Ausschlusses von Banken und Versicherungen, 20 aufgrund fehlender Kontrollbeobachtungen), was zwar keine große Fallzahl darstellt, aber deutlich über der Anzahl analysierter Fälle in vergleichbaren – insbesondere deutschen – Studien liegt. Diese Verstöße stammen von 96 Unternehmen; zwölf der betrachteten Unternehmen weisen zwei Fehlermeldungen auf. Die fehlerhaften Rechnungslegungspublikationen stammen aus den Jahren 2004 bis 2011. Den Beobachtungen fehlerhafter Rechnungslegung können maximal 432 Beobachtungen gegenüberstehen, was dem Vierfachen der 108 Fälle entspricht. Tatsächlich findet das Matching-Verfahren im zugrunde liegenden Datensatz 429 Kontrollbeobachtungen.

Wie jede Kontrollgruppenbildung hat auch diese Vorgehensweise bestimmte Schwachstellen.[344] Ein bedeutendes Problem ist dem Untersuchungskontext immanent: Bei der Bildung einer Gruppe, die vergleichbar zu Unternehmen mit Rechnungslegungsverstößen ist, besteht eine Unsicherheit, ob in der Vergleichsgruppe nicht auch Unternehmen enthalten sind, die fehlerhafte Rechnungslegung aufweisen, welche jedoch von der DPR oder der BaFin nicht entdeckt wurden. Dies ist bei begrenzten Ressourcen von Enforcement-Instanzen für die Rechnungslegung zu erwarten.[345] Außerdem ist durch die Vorgabe jährlicher Prüfungsschwerpunkte durch die DPR eine Auswahlverzerrung in ihren Untersuchungen gegeben.[346] Somit ist eine saubere Trennung zwischen beiden Gruppen schwierig. Optimal wäre eine Übersicht über Unternehmen, deren Finanzberichterstattung von der DPR und der BaFin untersucht und als fehlerfrei eingestuft wurde. Leider werden diese Daten von der DPR (auch auf Anfrage) nicht zur Verfügung gestellt.

---

343 Vgl. Hotelling (1931); Asker/Farre-Mensa/Ljungqvist (2013), S. 9.

344 Einen Überblick über kritische Arbeiten zu Branchenklassifizierungen findet man bei Brickley/Zimmerman (2010), S. 242f., eine generelle Kritik eines Matching anhand von Branche und Größe bei Dechow/Ge/Schrand (2010), S. 372f.

345 Vgl. DeFond/Smith (1991), S. 144; Dechow/Ge/Schrand (2010), S. 352 und 372f.; DeFond (2010), S. 404f.

346 Siehe hierzu auch die Ergebnisse in Tabelle 5 über die gehäuft verletzten Rechnungslegungsstandards. Diese koinzidieren teilweise mit den Prüfungsschwerpunkten.

Eine komplette Replikation des Auswahlmechanismus von DPR und BaFin als denkbare Alternative ist nicht möglich, da z.B. auch anlassbezogene Prüfungen durchgeführt werden.[347] Deren genaues Prozedere wird nicht bekannt gemacht und kann ebenfalls zu Verzerrungen der Ergebnisse führen.[348]

Ein anderes und populäres Matching-Verfahren wurde bewusst nicht eingesetzt: das Propensity Score Matching.[349] Dieses hat in letzter Zeit einige Bedeutung in der Rechnungslegungsforschung und auch im Bereich zu Fehlerbekanntmachungen gewonnen.[350] Problematisch sind beispielsweise die Vorgabe einer Distanzmetrik, welche die Nähe zwischen zwei Beobachtungen festlegt, und einer Methode zur Berechnung des Propensity-Score-Werts. Variationen können zu unterschiedlichen Zuordnungen führen und bleiben der Willkür des Forschers überlassen.[351] Diese zeigt sich auch im Rahmen einer Sensitivitätsanalyse von Ernstberger/Hitz/Stich (2012), welche auf die Verzerrung des Propensity-Score-Werts bei binären Variablen wie der Branchenzugehörigkeit hinweisen.[352] Die strikten Voraussetzungen und Nebenbedingungen des Propensity Score Matching schränken den unbeschwerten Einsatz dieses Verfahrens insgesamt ein.[353]

8.5 Deskriptive Statistiken und univariate Analysen

Tabelle 8 zeigt die deskriptiven Statistiken sowie univariaten Analysen der Variablen des Modells aus Abschnitt 8.2 – ausgeschlossen die Dummy- und Interaktionsvariablen, für die diese Auswertungen keine Aussagekraft haben – für alle Firmenjahr-Beobachtungen bei den zu untersuchenden Unternehmen mit Rechnungslegungsverstößen im Vergleich zur Kontrollgruppe. Das bedeutet, dass in dieser Tabelle keine Eingrenzung auf das Jahr der fehlerhaften Rechnungslegung oder umliegende Jahre erfolgt, sondern eine Gesamtbetrachtung stattfindet.

---

347 Siehe hierzu die Ausführungen in Abschnitt 2.2.1.

348 Vgl. Ernstberger/Hitz/Stich (2012), S. 26.

349 Vgl. Angrist/Pischke (2009), S. 80–86; Imbens/Wooldridge (2009), S. 32–35; Guo/Fraser (2015), S. 129–157; Wooldridge (2010), S. 920–930; Greene (2012), S. 934–936.

350 Vgl. Armstrong/Jagolinzer/Larcker (2010), S. 239–246; Core (2010), S. 279–284; Peel/Makepeace (2012), S. 615–620; Armstrong et al. (2013), S. 336.

351 Vgl. Roberts/Whited (2013), S. 555. Siehe hierzu auch den Hinweis bei Ioannidou/Ongena (2010), S. 1858.

352 Vgl. Ernstberger/Hitz/Stich (2012), S. 28f.

353 Vgl. Tucker (2010), S. 37–40.

Dennoch finden sich interessante Differenzen zwischen beiden Gruppen. Die Unterschiede der Mittelwerte werden anhand von *t*-Tests,[354] die Unterschiede der Mediane anhand von Wilcoxon-Mann-Whitney-Tests[355] untersucht. Die resultierenden *t*- und *z*-Werte werden in der Tabelle angegeben; die zugehörigen zweiseitigen *p*-Werte jeweils darunter in Klammern.

Tabelle 8: Deskriptive Statistik des Einflusses fehlerhafter Rechnungslegung auf die Unternehmensfinanzierung über alle Jahre hinweg[356]

Variablen	Anzahl Beob.	Mittelwert	Standardabweichung	Minimum	10%-Perzentil	Median	90%-Perzentil	Maximum	Test auf Differenzen des Mittelwerts/Medians	
Cash										
Fehlergruppe	1.099	0,051	0,307	−0,443	−0,101	0,001	0,179	2,409	**0,350**	**−0,892**
Kontrollgruppe	4.477	0,055	0,340	−0,443	−0,125	0,000	0,174	2,409	**(0,726)**	**(0,372)**
CF_Investing										
Fehlergruppe	1.098	0,106	0,256	−0,364	−0,027	0,046	0,292	1,783	**1,068**	**2,827**
Kontrollgruppe	4.475	0,115	0,258	−0,364	−0,009	0,054	0,280	1,783	**(0,286)**	**(0,005)**
CF_Dividends										
Fehlergruppe	1.345	0,013	0,026	0,000	0,000	0,000	0,030	0,180	**1,321**	**−0,074**
Kontrollgruppe	5.790	0,014	0,028	0,000	0,000	0,000	0,037	0,180	**(0,187)**	**(0,941)**
CF_Financing										
Fehlergruppe	1.054	−0,138	0,558	−4,242	−0,366	0,000	0,101	0,431	**0,582**	**4,418**
Kontrollgruppe	4.267	−0,126	0,593	−4,242	−0,328	0,006	0,113	0,431	**(0,561)**	**(0,000)**
CF_Equity										
Fehlergruppe	587	−0,051	0,204	−2,194	−0,133	0,000	0,000	0,033	**−1,302**	**2,443**
Kontrollgruppe	2.486	−0,069	0,315	−2,325	−0,081	0,000	0,000	0,033	**(0,193)**	**(0,015)**
CF_LTDebt										
Fehlergruppe	604	−0,029	0,124	−0,638	−0,144	0,000	0,063	0,226	**2,920**	**3,091**

354 Vgl. hierzu beispielsweise Wooldridge (2013), S. 113–124.

355 Vgl. Wilcoxon (1945); Mann/Whitney (1947).

356 Quelle: Darstellung eigener Ergebnisse in Anlehnung an Dechow/Sloan/Sweeney (1996), S. 17. Für eine bessere Übersichtlichkeit werden in dieser und in den folgenden Tabellen und Ausführungen die Indizes der Variablen weggelassen. Die häufig identischen Werte der Minima und Maxima für die Beobachtungen der Fehler- und Kontrollgruppe resultieren aus der Winsorisierung aller Variablen, siehe Abschnitt 8.3.

Variablen	Anzahl Beob.	Mittelwert	Standardabweichung	Minimum	10%-Perzentil	Median	90%-Perzentil	Maximum	Test auf Differenzen des Mittelwerts/Medians	
Kontrollgruppe	2.414	−0,015	0,105	−0,638	−0,095	0,000	0,053	0,226	**(0,004)**	**(0,002)**
CF_STDebt										
Fehlergruppe	274	−0,005	0,058	−0,212	−0,061	0,000	0,036	0,163	**1,326**	**0,571**
Kontrollgruppe	1.321	−0,001	0,041	−0,212	−0,022	0,000	0,024	0,163	**(0,185)**	**(0,568)**
OCF										
Fehlergruppe	1.098	0,012	0,197	−0,868	−0,188	0,040	0,181	0,588	**3,169**	**4,781**
Kontrollgruppe	4.486	0,033	0,203	−0,868	−0,175	0,058	0,204	0,588	**(0,002)**	**(0,000)**
Leverage										
Fehlergruppe	1.380	0,281	0,235	0,000	0,001	0,242	0,643	0,897	**−10,346**	**−9,968**
Kontrollgruppe	5.734	0,215	0,211	0,000	0,000	0,165	0,522	0,897	**(0,000)**	**(0,000)**
Size										
Fehlergruppe	1.475	4,542	2,000	0,136	2,154	4,390	7,366	9,901	**1,187**	**1,219**
Kontrollgruppe	6.404	4,609	1,945	0,136	2,353	4,389	7,175	9,901	**(0,236)**	**(0,223)**
TobinsQ										
Fehlergruppe	1.227	1,347	1,395	0,275	0,498	0,909	2,578	8,071	**−0,373**	**1,796**
Kontrollgruppe	4.977	1,332	1,254	0,275	0,500	0,964	2,404	8,071	**(0,709)**	**(0,073)**

Die Mittelwertvergleiche zeigen für die Cash Flows aus langfristigen Fremdkapitaltransaktionen (*CF_LTDebt*) und einen Teil der Kontrollvariablen deutlich signifikante Unterschiede auf dem 1%-Niveau. So nehmen Unternehmen mit Rechnungslegungsverstößen insgesamt betrachtet mehr langfristiges Fremdkapital auf.[357]

Die signifikanten Ergebnisse der Mittelwertvergleiche für die Kontrollvariablen zeigen zu erwartende Abweichungen zur Kontrollgruppe: So steht Unternehmen mit fehlerhafter Rechnungslegung weniger Cash Flow aus betrieblicher Tätigkeit zur Verfügung (*OCF*) und sie sind höher verschuldet (*Leverage*). Da die untersuchten Variablen jedoch nicht normalverteilt sind, sind die aufgrund von *t*-Tests gezeigten signifikanten Unterschiede nur von begrenzter Aussagekraft.[358]

357 Es soll an die negative Skalierung der externen Finanzierungsvariablen erinnert werden, die in Abschnitt 8.2 erläutert wurde.

358 Hierzu wurden Skewness-Kurtosis-Tests durchgeführt, vgl. D'Agostino/Belanger/D'Agostino (1990).

Eine höhere Aussagekraft wird in diesem Fall durch den nicht-parametrischen Wilcoxon-Mann-Whitney-Test erreicht, welcher die Mediane beider Gruppen vergleicht. Dieser verstärkt das gewonnene Bild der Mittelwertvergleiche. So sind für die bereits genannten Variablen auch die Mediane signifikant auf dem 1%-Niveau verschieden, wobei dies aus den Parameterwerten der Variable *CF_LTDebt* von jeweils 0,000 nicht ersichtlich wird.

Daneben zeigen sich aber auch deutliche Unterschiede auf diesem Signifikanzniveau im Investitionsverhalten (*CF_Investing*) – Unternehmen mit Fehlern investieren insgesamt weniger – und in der externen Finanzierungstätigkeit (*CF_Financing*) – sie halten ihr Fremdkapital konstant, während die Unternehmen aus der Kontrollgruppe dieses reduzieren. Auf einem niedrigeren Signifikanzniveau von 5% finden sich Hinweise, dass die Eigenkapitaltransaktionen (*CF_Equity*) beider Gruppen unterschiedlich ausfallen, was jedoch durch die absoluten Werte der Mediane in der Tabelle nicht deutlich wird. Außerdem ist *TobinsQ* für die Unternehmen mit Fehlern auf dem Niveau von 10% niedriger; die Unternehmen aus der Kontrollgruppe scheinen somit eine positivere Einschätzung seitens des Aktienmarkts aufzuweisen.

Einen verfeinerten Blick auf die Unterschiede zwischen den Unternehmen mit Fehlern und der Kontrollgruppe erlangt man, indem man sich die Unterschiede der Variablen im Zeitraum um den Rechnungslegungsverstoß anschaut (zwei Jahre davor bis zu vier Jahre danach). Dies geschieht in den Tabellen 9 und 10, die einmal die abhängigen Variablen und einmal die erklärenden Variablen beinhalten. In beiden Tabellen werden signifikante Differenzen zwischen beiden Gruppen bei den Fehlerbeobachtungen angegeben. Für die Mittelwerte wurden wiederum *t*-Tests, für die Mediane Wilcoxon-Mann-Whitney-Tests durchgeführt.[359] Eine Besonderheit der Kontrollgruppe – die im vorhergehenden Abschnitt genannte Obergrenze von 429 Beobachtungen – wird in den Tabellen deutlich.

359 *** bedeutet signifikant auf dem 1%-Niveau, ** signifikant auf dem 5%-Niveau und * signifikant auf dem 10%-Niveau.

Tabelle 9: Deskriptive Statistik des Einflusses fehlerhafter Rechnungslegung auf die Unternehmensfinanzierung bezogen auf die abhängigen Variablen sortiert um die Jahre des Rechnungslegungsverstoßes[360]

Variablen		**2 Jahre davor**	**1 Jahr davor**	**Jahr 0**	**1 Jahr danach**	**2 Jahre danach**	**3 Jahre danach**	**4 Jahre danach**
Cash								
Fehlergruppe	Mittelwert	0,030	0,059	0,052	0,006	0,005	0,011	−0,001
	Median	−0,002	0,002	0,008*	0,003	0,000	0,002	−0,002
	# Beob.	89	94	94	88	79	66	54
Kontrollgruppe	Mittelwert	0,046	0,088	0,067	0,043	0,021	−0,016	0,011
	Median	0,001	0,002	0,000	0,000	0,002	−0,011	−0,001
	# Beob.	339	362	376	371	315	262	214
CF_Investing								
Fehlergruppe	Mittelwert	0,095	0,103	0,077	0,094	0,064	0,035**	0,035
	Median	0,044	0,044	0,041	0,041	0,032	0,035**	0,034
	# Beob.	89	94	94	88	79	66	54
Kontrollgruppe	Mittelwert	0,112	0,104	0,110	0,073	0,062	0,082	0,056
	Median	0,044	0,041	0,050	0,045	0,041	0,044	0,043
	# Beob.	338	361	376	371	315	262	213
CF_Dividends								
Fehlergruppe	Mittelwert	0,012	0,010	0,008	0,006*	0,006**	0,007**	0,009
	Median	0,000	0,000	0,000	0,000	0,000	0,000	0,002
	# Beob.	87	85	92	86	76	64	53
Kontrollgruppe	Mittelwert	0,011	0,011	0,012	0,011	0,014	0,017	0,014
	Median	0,000	0,000	0,000	0,000	0,000	0,000	0,000
	# Beob.	355	371	368	359	308	262	209
CF_Financing								
Fehlergruppe	Mittelwert	−0,017*	−0,151	−0,139	−0,087	−0,074	−0,033	−0,033
	Median	0,005	−0,001**	−0,025***	−0,034***	0,001*	0,010	0,010
	# Beob.	85	85	90	85	74	64	53
Kontrollgruppe	Mittelwert	−0,106	−0,128	−0,097	−0,069	−0,029	−0,013	−0,018
	Median	0,005	0,005	0,012	0,006	0,010	0,014	0,018
	# Beob.	327	343	344	339	293	249	203

360 Quelle: eigene Darstellung.

Variablen		2 Jahre davor	1 Jahr davor	Jahr 0	1 Jahr danach	2 Jahre danach	3 Jahre danach	4 Jahre danach
CF_Equity								
Fehlergruppe	Mittelwert	−0,022	−0,070	−0,035	−0,035	−0,037	−0,026	−0,004
	Median	0,000	−0,001	0,000*	0,000	0,000	0,000	0,000
	# Beob.	47	45	44	45	39	33	24
Kontrollgruppe	Mittelwert	−0,047	−0,113	−0,058	−0,032	−0,052	−0,048	−0,045
	Median	0,000	0,000	0,000	0,000	0,000	0,000	0,000
	# Beob.	180	176	179	171	147	131	100
CF_LTDebt								
Fehlergruppe	Mittelwert	0,017**	−0,058	−0,044**	−0,052***	−0,001	0,001	−0,024
	Median	0,000	0,000	−0,014***	−0,004***	0,002	0,004*	−0,008
	# Beob.	43	52	51	55	50	43	36
Kontrollgruppe	Mittelwert	−0,019	−0,024	−0,011	0,000	−0,006	−0,008	−0,008
	Median	0,003	0,000	0,001	0,000	0,000	0,000	0,000
	# Beob.	174	177	190	200	180	154	136
CF_STDebt								
Fehlergruppe	Mittelwert	−0,009*	−0,003	−0,008	0,002	0,004	−0,001	0,009
	Median	0,000	0,000	0,000	0,000	0,000	0,000	0,000
	# Beob.	21	22	24	20	16	17	13
Kontrollgruppe	Mittelwert	0,011	0,009	−0,007	0,000	0,001	−0,001	0,001
	Median	0,000	0,000	0,000	0,000	0,000	0,000	0,000
	# Beob.	96	105	110	101	88	76	67

Tabelle 10: Deskriptive Statistik des Einflusses fehlerhafter Rechnungslegung auf die Unternehmensfinanzierung bezogen auf die erklärenden Variablen sortiert um die Jahre des Rechnungslegungsverstoßes[361]

Variablen		2 Jahre davor	1 Jahr davor	Jahr 0	1 Jahr danach	2 Jahre danach	3 Jahre danach	4 Jahre danach
OCF								
Fehlergruppe	Mittelwert	0,037	0,008*	−0,017**	0,002	0,000	−0,009*	0,008
	Median	0,042	0,037**	0,024***	0,025**	0,036	0,022**	0,043
	# Beob.	89	94	94	89	78	66	54
Kontrollgruppe	Mittelwert	0,037	0,050	0,035	0,030	0,019	0,032	0,038
	Median	0,060	0,063	0,050	0,045	0,054	0,075	0,062
	# Beob.	340	363	377	372	315	262	214

361 Quelle: eigene Darstellung.

Variablen		2 Jahre davor	1 Jahr davor	Jahr 0	1 Jahr danach	2 Jahre danach	3 Jahre danach	4 Jahre danach
Leverage								
Fehlergruppe	Mittelwert	0,268	0,251	0,269*	0,279**	0,332***	0,354***	0,360***
	Median	0,201	0,193	0,209**	0,231***	0,304***	0,275***	0,329***
	# Beob.	87	92	93	94	88	73	60
Kontrollgruppe	Mittelwert	0,234	0,222	0,221	0,216	0,210	0,186	0,195
	Median	0,176	0,176	0,153	0,157	0,139	0,128	0,141
	# Beob.	367	381	400	414	370	302	236
Size								
Fehlergruppe	Mittelwert	4,392	4,433	4,577	4,715	4,874	4,931	5,232**
	Median	4,274	4,244	4,341	4,510	4,585	4,892	5,367**
	# Beob.	91	95	96	96	89	74	60
Kontrollgruppe	Mittelwert	4,350	4,421	4,432	4,515	4,690	4,617	4,542
	Median	4,188	4,076	4,258	4,298	4,350	4,289	4,279
	# Beob.	378	402	416	429	385	316	248
TobinsQ								
Fehlergruppe	Mittelwert	1,131	1,251	1,092*	1,130	1,105	1,189	1,150
	Median	0,881	0,894	0,880*	0,895*	0,863**	0,856	0,807
	# Beob.	77	81	84	92	86	72	60
Kontrollgruppe	Mittelwert	1,171	1,254	1,385	1,287	1,330	1,341	1,308
	Median	0,926	0,971	0,996	0,964	0,965	0,988	0,859
	# Beob.	313	331	354	368	351	291	229

Bei den abhängigen Variablen in Tabelle 9 fallen insbesondere die signifikanten Unterschiede der externen Finanzierungstätigkeit (*CF_Financing*) und der langfristigen Fremdkapitaltransaktionen (*CF_LTDebt*) auf. Bei Betrachtung der Mediane ist die externe Finanzierung bei den Unternehmen mit Fehlern im Jahr vor dem Rechnungslegungsverstoß sowie – gemäß dem erwarteten Verhalten – im Jahr 0 und im Folgejahr deutlich ausgeprägter. Disaggregiert zeigen sich die erwarteten Unterschiede für das Jahr der fehlerhaften Rechnungslegung und das Folgejahr auch bei den langfristigen Fremdkapitaltransaktionen, hier sowohl bei den Medianen als auch bei den Mittelwerten. Bei dieser Variable sind auch die divergierenden Mittelwerte zwei Jahre vor dem Verstoß auffällig.

Daneben werden signifikante Unterschiede hinsichtlich des Cash Flow für Investitionen (*CF_Investing*) und der Dividendenzahlungen (*CF_Dividends*) erkennbar. Die Investitionsauszahlungen sind im Jahr 3 nach dem Verstoß bei den Unternehmen mit Fehlern – entgegen der Erwartung – deutlich niedriger als bei den Unternehmen aus der Kontrollgruppe. Die bei Betrachtung der Mittelwerte vergleichsweise niedrigeren Dividendenzahlungen ab dem Jahr nach der fehlerhaften Rechnungslegung lassen sich erwarten, ihre Dauerhaftigkeit überrascht aber.

Alle signifikanten Unterschiede in dieser Tabelle im Jahr 3 sind interessant, da sie der Erwartung zuwiderlaufen, dass nach der Bekanntmachung des Rechnungslegungsverstoßes keine Unterschiede in der Unternehmensfinanzierung zwischen Unternehmen mit fehlerhafter Rechnungslegung und den Unternehmen aus der Kontrollgruppe vorzufinden sein sollten. Bei den geringen Fallzahlen müssen die Ergebnisse der univariaten Tests jedoch mit Vorsicht betrachtet werden.[362]

Bei den erklärenden Variablen in Tabelle 10 stechen am markantesten die Unterschiede in der Fremdkapitalquote (*Leverage*) ins Auge. So weisen die Unternehmen mit Fehlern ab dem Jahr 0 des Verstoßes – wobei zu beachten ist, dass die Messungen aller erklärenden Variablen zu Beginn der Jahre erfolgen – eine deutlich höhere Verschuldung auf. Das entspricht den Erwartungen der in Abschnitt 4.5 präsentierten Verschuldungsgradhypothese, welche hiermit einen erhöhten Anreiz zu Rechnungslegungsverstößen verknüpft, und stützt Hypothese 1b, die eine zunehmende Fremdkapitalaufnahme im Anschluss erwarten lässt.

Neben diesen erwarteten Resultaten zeigen sich auch deutliche Abweichungen im Cash Flow aus betrieblicher Tätigkeit (*OCF*), der mit gewissen Sprüngen ab dem Jahr vor dem Rechnungslegungsverstoß bei den betroffenen Unternehmen signifikant niedriger ist.[363] Das zeigt eine geringere Rentabilität auf und kann als Hinweis auf einen höheren externen Finanzierungsbedarf interpretiert werden.

Daneben weist *TobinsQ* für diese Unternehmen ab dem Jahr 0 niedrigere Werte auf, was beispielsweise eine schlechtere Markteinschätzung andeutet.

Interessant sind die unerwarteten Ergebnisse für die Unternehmensgröße (*Size*). Unternehmen mit fehlerhafter Rechnungslegung sind demnach vier Jahre danach deutlich größer – gemessen über die logarithmierte Bilanzsumme – als die Unternehmen aus der Kontrollgruppe. Tendenziell wäre eine umgekehrte Relation zu erwarten gewesen.

Die signifikanten Abweichungen der Kontrollvariablen bei den Unternehmen mit Rechnungslegungsverstößen gegenüber der Kontrollgruppe sind möglicherweise von Interesse für die DPR. Sie könnte diese für ihren Auswahlprozess

---

362 Vgl. Cohen et al. (2003), S. 50–53.

363 Die Abweichungen im Jahr vor dem Verstoß und zu Beginn dieses Jahres lassen sich als „Cash Flow Shock“ bezeichnen.

nutzen. Zu bedenken sind jedoch die geringen Fallzahlen pro Variable und Jahr in der Fehlergruppe.

In Tabelle 11 werden der Korrelationskoeffizient nach Pearson und der Rangkorrelationskoeffizient nach Spearman aller Variablen des Modells aus Abschnitt 8.2 wiedergegeben, auch der Dummy- und Interaktionsvariablen.[364] Speziell für die Interaktionsvariable *Post x Fehler* sind diese Werte interessant, da sie einen Anhaltspunkt auf die zu untersuchenden Hypothesen liefern.

Dabei zeigen die angegeben *p*-Werte bei Betrachtung des Pearson-Korrelationskoeffizienten einen signifikanten negativen Zusammenhang mit der Variable *CF_LTDebt* auf dem 1%-Niveau und mit der Variable *CF_Dividends* auf dem 5%-Niveau an. Der Rangkorrelationskoeffizienten nach Spearman liefert lediglich einen Hinweis auf einen negativen Zusammenhang mit dem Cash Flow aus der Finanzierungstätigkeit (*CF_Financing*) auf einem Signifikanzniveau von 10%.

Für die Diagnose einer potenziell negativen Multikollinearität der erklärenden Variablen, für welche Korrelationskoeffizienten z.T. zurate gezogen werden,[365] wird auf Abschnitt 8.6.2 verwiesen. Dort wird ein vorzuziehendes Verfahren genutzt, welches nicht nur paarweise, sondern mehrfache Abhängigkeiten zwischen den erklärenden Variablen erfasst.

364 Vgl. Pearson (1895); Spearman (1904). Tendenziell ist der Rangkorrelationskoeffizient nach Spearman dem Korrelationskoeffizient nach Pearson vorzuziehen, da er ein parameterfreies Verfahren ist und keine lineare Beziehung zwischen beiden Variablen unterstellt sowie deren Intervallskalierung nicht voraussetzt. Außerdem ist er robuster gegenüber Ausreißern, vgl. Hartung/Elpelt/Klösener (2009), S. 73–77 und 79f.

365 Die Korrelationskoeffizienten sollten z.B. kleiner als 0,8 oder 0,9 sein, vgl. Kennedy (2008), S. 196.

Tabelle 11: Korrelationsanalyse nach Pearson unterhalb der Diagonale und nach Spearman oberhalb der Diagonale[366]

	Cash	CF_ Investing	CF_ Dividends	CF_ Financing	CF_ Equity	CF_ LTDebt	CF_ STDebt	Fehler	Post	Post x Fehler	OCF	Leverage	Size	TobinsQ
Cash	1	–0,184	–0,028	–0,144	–0,208	0,021	0,014	0,052	–0,127	0,059	0,273	0,121	0,022	0,002
		0,001	0,606	0,007	0,000	0,699	0,791	0,333	0,017	0,272	0,000	0,024	0,678	0,974
CF_Investing	0,315	1	0,067	–0,405	–0,220	–0,314	–0,103	–0,081	0,011	–0,061	0,249	0,046	0,149	0,275
	0,000		0,208	0,000	0,000	0,000	0,054	0,130	0,843	0,255	0,000	0,392	0,005	0,000
CF_Dividends	0,017	–0,014	1	0,452	0,211	–0,021	–0,112	–0,028	0,054	–0,048	0,295	–0,062	0,314	–0,053
	0,216	0,292		0,000	0,000	0,698	0,036	0,601	0,317	0,369	0,000	0,250	0,000	0,325
CF_Financing	–0,748	–0,673	0,103	1	0,467	0,534	0,204	–0,087	0,048	–0,101	0,354	–0,120	–0,032	–0,197
	0,000	0,000	0,000		0,000	0,000	0,000	0,102	0,369	0,060	0,000	0,024	0,557	0,000
CF_Equity	–0,716	–0,492	0,067	0,866	1	–0,014	0,067	–0,080	0,093	–0,046	0,088	–0,142	–0,204	–0,243
	0,000	0,000	0,000	0,000		0,797	0,214	0,134	0,083	0,388	0,098	0,008	0,000	0,000
CF_LTDebt	–0,117	–0,507	–0,022	0,357	0,127	1	0,042	–0,026	–0,019	–0,087	0,139	0,072	–0,033	–0,162
	0,000	0,000	0,240	0,000	0,000		0,430	0,632	0,720	0,103	0,009	0,181	0,533	0,002
CF_STDebt	0,067	–0,132	–0,120	0,032	–0,135	0,015	1	–0,022	–0,097	0,018	0,064	0,111	–0,060	–0,046
	0,011	0,000	0,000	0,231	0,000	0,574		0,685	0,070	0,745	0,236	0,037	0,259	0,389

366 Quelle: eigene Darstellung. Unter jedem Eintrag befindet sich der zugehörige *p*-Wert.

	Cash	CF_ Investing	CF_ Dividends	CF_ Financing	CF_ Equity	CF_ LTDebt	CF_ STDebt	Fehler	Post	Post x Fehler	OCF	Leverage	Size	TobinsQ
Fehler	–0,005	–0,014	–0,016	–0,008	0,024	–0,053	–0,033	1	–0,047	0,674	–0,139	–0,004	–0,151	–0,157
	0,726	0,286	0,186	0,561	0,193	0,004	0,185		0,380	0,000	0,009	0,938	0,005	0,003
Post	–0,020	–0,032	0,000	0,022	0,053	0,034	–0,132	0,000	1	0,293	–0,090	–0,027	0,049	0,040
	0,407	0,173	0,987	0,358	0,113	0,303	0,003	1,000		0,000	0,093	0,620	0,360	0,454
Post x Fehler	–0,028	–0,017	–0,048	–0,010	0,028	–0,095	–0,037	0,671	0,317	1	–0,188	0,035	–0,106	–0,088
	0,242	0,469	0,043	0,687	0,401	0,003	0,409	0,000	0,000		0,000	0,516	0,048	0,100
OCF	–0,054	–0,017	0,206	0,395	0,332	0,050	0,038	–0,042	–0,038	–0,068	1	–0,015	0,096	0,058
	0,000	0,216	0,000	0,000	0,000	0,008	0,145	0,002	0,109	0,004		0,778	0,072	0,282
Leverage	–0,003	–0,060	–0,201	0,005	–0,018	–0,006	0,122	0,122	–0,011	0,061	–0,030	1	0,458	–0,215
	0,832	0,000	0,000	0,733	0,316	0,756	0,000	0,000	0,628	0,008	0,029		0,000	0,000
Size	–0,221	–0,160	–0,012	0,284	0,243	0,062	–0,033	–0,013	0,036	0,034	0,228	0,196	1	–0,006
	0,000	0,000	0,325	0,000	0,000	0,001	0,194	0,235	0,111	0,126	0,000	0,000		0,912
TobinsQ	0,059	0,225	0,102	–0,349	–0,467	–0,149	–0,010	0,005	0,037	–0,044	–0,255	–0,140	–0,206	1
	0,000	0,000	0,000	0,000	0,000	0,000	0,725	0,709	0,125	0,071	0,000	0,000	0,000	

Insgesamt können diese univariaten Analysen nur einem ersten Eindruck dienen. So zeigen sich bei Betrachtung von Tabelle 9 z.T. keine interessierenden Unterschiede in den abhängigen Variablen zwischen beiden Gruppen und bei Betrachtung von Tabelle 11 nur wenige signifikante Korrelationskoeffizienten des relevanten Interaktionsterms mit den abhängigen Variablen. Für die in Abschnitt 8.1 angeführten Hypothesen finden sich somit noch keine stichhaltigen Belege. Hierfür sind die folgenden multivariaten Analysen aufschlussreicher.

8.6 Schätzverfahren für die multivariaten Analysen

8.6.1 Fixed-Effects-Modelle

Der der Analyse zugrunde liegende Datensatz weist eine Panelstruktur auf, sodass eine Kontrolle sowohl individuen- als auch zeitspezifischer Effekte möglich ist. Sofern diese existieren, führt eine gepoolte Kleinste-Quadrate-Schätzung zu verzerrten Parameterwerten, außer diese Unterschiede würden durch Variablen im Modell vollständig erklärt werden.[367] Dies ist nicht realitätsgetreu und kann auch nicht von dem in Abschnitt 8.2 beschriebenen Modell erwartet werden. Dementsprechend bestünde das Problem einer Fehlspezifikation des Modells aufgrund vernachlässigter Variablen, die mit den erklärenden und den unabhängigen Variablen korrelieren („Omitted Variable Bias").

Schätzverfahren, welche die Panelstruktur beachten und die Erfassung von unbeobachteter Heterogenität der Unternehmen und der zeitlichen Einflüsse ermöglichen, sind insbesondere Fixed-Effects- und Random-Effects-Modelle.[368] Fixed-Effects-Modelle ermöglichen gewisse Probleme einer Fehlspezifikation aufgrund ausgelassener Variablen zu beheben. Darunter fallen Verzerrungen durch zeitlich konstante (daher die Bezeichnung „Fixed Effects") individuenspezifische Effekte sowie durch zeitliche Effekte, die identisch auf alle Unternehmen einwirken. Die individuenspezifischen Effekte werden durch die Fixed-Effects-Schätzung explizit berücksichtigt, während sich die zeitlichen Effekte durch Dummy-Variablen im Modell auffangen lassen.[369] Diese wurden auch im Modell in Abschnitt 8.2 eingeführt. Dementsprechend hat eine Fixed-Effects-Schätzung

---

367 Vgl. Greene (2012), S. 389f.; Wooldridge (2013), S. 444 und 476.

368 Einschränkend zur Kontrolle unbeobachteter Heterogenität bei Random-Effects-Modellen äußert sich Allison (2009), S. 22f.

369 Vgl. Baum (2006), S. 224; Nichols (2007), S. 514; Angrist/Pischke (2009), S. 221–227; Cameron/Trivedi (2010), S. 237f. und 257; Wooldridge (2010), S. 300–315; Greene (2012), S. 399f. und 403; Baltagi (2013), S. 14f. und 39f.; Wooldridge (2013), S. 466–469.

eine Erfassung unbeobachteter Heterogenität zur Folge, welche tendenziell die Erfassung beobachteter Heterogenität durch das Matching-Verfahren ergänzt.[370]

Ein weiterer Vorteil besteht darin, dass dieses Schätzverfahren robust bei einer unbalancierten Panelstruktur, d.h. einer nicht vollständigen Verfügbarkeit der Variablen für jede Beobachtung, ist.[371] Dies ist auch im vorliegenden Datensatz der Fall.

Eine Schwäche der Fixed-Effects-Schätzung ist, dass zur Bestimmung der Koeffizienten lediglich die Standardabweichung der erklärenden und der erklärten Variablen zwischen den Perioden innerhalb der Beobachtungen eines Unternehmens genutzt wird (Within-Standardabweichung oder auch Within-Schätzung), während die Variation zwischen den Unternehmen (Between-Standardabweichung oder auch Between-Schätzung) vernachlässigt wird. Das kann zu höheren p-Werten der geschätzten Koeffizienten führen.[372]

Random-Effects-Modelle erfassen beides und nutzen somit mehr Informationen für die Koeffizientenbestimmung, was prinzipiell zu effizienteren Schätzergebnissen führt. Sie haben jedoch die strenge Annahme, dass die individuenspezifischen Effekte mit keiner erklärenden Variable korrelieren. Dies ist als unrealistisch anzusehen, sodass dieses Schätzverfahren nicht weiter verfolgt wird.[373]

Eine Folge der Fixed-Effects-Schätzung ist, dass Koeffizienten zeitlich konstanter Regressoren nicht bestimmt werden können.[374] Dies betrifft im Modell die Dummy-Variable *Fehler*. Da jedoch v.a. die Interaktion mit der Variable *Post* interessiert, d.h. der Effekt eines Rechnungslegungsverstoßes im anschließenden Zeitraum, ist dies kein besonderes Problem.[375] Diese Dummy-Variable kann demzufolge aus dem Modell entfernt werden.

Bei der Schätzung der Fixed-Effects-Modelle werden nach Unternehmen geclusterte Standardfehler eingesetzt, um den Problemen der Heteroskedastizität

370 Siehe hierzu auch Imbens/Wooldridge (2009), S. 70, Wooldridge (2010), S. 968–975, und Baltagi (2013), S. 187–189 und 197f.

371 Vgl. Greene (2012), S. 388; Wooldridge (2013), S. 473f.

372 Vgl. Baum (2006), S. 221f.; Allison (2009), S. 3; Greene (2012), S. 397f.; Wooldridge (2013), S. 467.

373 Weitere Unterschiede zur Fixed-Effects-Schätzung finden sich bei Wooldridge (2010), S. 326–334, Greene (2012), S. 410–424, Baltagi (2013), S. 20–25 und 76–86, sowie Wooldridge (2013), S. 474–478, wo auch eine testbasierte Wahl zwischen beiden Verfahren kritisiert wird.

374 Vgl. Greene (2012), S. 400; Wooldridge (2013), S. 467. Sie gehen in den individuenspezifischen Effekt auf.

375 Vgl. Wooldridge (2013), S. 469.

sowie Autokorrelation der Residuen zu begegnen. Da anzunehmen ist, dass die Beobachtungen eines Unternehmens ähnlicher sind als die Beobachtungen verschiedener Unternehmen, resultiert regelmäßig eine Autokorrelation der Residuen eines Unternehmens über den Zeitablauf hinweg. Außerdem lässt sich erwarten, dass die Residuen zwischen den Unternehmen nicht identisch verteilt sind.[376]

8.6.2 Überprüfung der Modellannahmen

Vor der Schätzung des Fixed-Effects-Modells müssen einige Voraussetzungen erfüllt sein, deren Verstoß auch nicht durch die Clusterung der Standardfehler gemildert wird.[377]

Insbesondere eine der Annahmen neben der Homoskedastie und der fehlenden Autokorrelation lässt sich statistisch gut überprüfen. Damit die Fixed-Effects-Schätzung unverzerrte und konsistente Parameter liefert, dürfen die Regressoren nicht perfekt kollinear sein. Die Multikollinearität der erklärenden Variablen lässt sich z.B. über Hilfsregressionsschätzungen überprüfen, bei der jede erklärende Variable auf die übrigen regressiert wird. Anschließend lassen sich die Variance-Inflation-Factor (VIF)-Werte überprüfen. Werte über zehn werden als problematisch betrachtet.[378] Für die Regressoren des Modells aus Abschnitt 8.2 finden sich die VIF-Werte in Tabelle 12.

---

376 Vgl. Nichols (2007), S. 514; Angrist/Pischke (2009), S. 308–323; Petersen (2009); Cameron/Miller (2010), S. 2–9; Wooldridge (2010), S. 867f.; Greene (2012), S. 425–429; Wooldridge (2013), S. 691.

377 Siehe zu einer Auflistung der Annahmen einer Fixed-Effects-Schätzung insbesondere Wooldridge (2013), S. 689–691.

378 Vgl. Schneider (2009), S. 224f.; Greene (2012), S. 129–131; Wooldridge (2013), S. 94.

Tabelle 12: VIF-Werte der erklärenden Variablen zur Analyse des Einflusses fehlerhafter Rechnungslegung auf die Unternehmensfinanzierung[379]

Variablen	VIF-Werte
Fehler	2,09
Post	1,54
Post x Fehler	2,35
OCF	1,08
Leverage	1,18
Size	1,22
TobinsQ	1,12
Jahres-DV	1,84–9,42

Die Tabelle zeigt, dass nur die VIF-Werte für die Jahres-Dummy-Variablen auf einem hohen Niveau sind. Sie weisen eine Spanne von ca. 1,8 bis 9,5 auf. Eine hohe Korrelation dieser Werte, welche zeitliche Effekte erfassen, war zu erwarten. Die VIF-Werte der stetigen Regressoren sind deutlich unter zwei, diejenigen der Dummy-Variablen und ihrer Interaktion um den Wert zwei herum. Insbesondere perfekte Kollinearität kann somit ausgeschlossen werden, was die Durchführbarkeit von Fixed-Effects-Schätzungen erlaubt.[380]

8.6.3 Ergebnisse der Fixed-Effects-Schätzungen

Die Resultate der Schätzungen mithilfe des Fixed-Effects-Modells, welches in Abschnitt 8.2 vorgestellt wurde, finden sich in Tabelle 13.

Maßgeblich für die Analyse ist der Interaktionsterm *Post x Fehler*. Für die erste Gleichung, die die Veränderung der liquiden Mittel erfasst, zeigt sich kein signifikanter Einfluss. Das bedeutet, dass Unternehmen mit Rechnungslegungsverstößen im Zeitraum danach gegenüber der Kontrollgruppe keine Änderung ihres Finanzmittelfonds aufweisen. Diesbezüglich wurde auch keine Hypothese aus der bisherigen Literatur abgeleitet. Das legt den Schluss nahe, dass sich die Forschung hiermit zurecht nicht auseinandergesetzt hat.

379 Quelle: eigene Darstellung.

380 Zu den Konsequenzen imperfekter Multikollinearität siehe von Auer (2013), S. 528f.

Tabelle 13: Fixed-Effects-Schätzungen zur Analyse des Einflusses fehlerhafter Rechnungslegung auf die Unternehmensfinanzierung[381]

Variablen	**Cash**	**CF_Investing**	**CF_Dividends**	**CF_Financing**
Post	−0,016	0,004	0,005**	0,005
	(0,019)	(0,016)	(0,002)	(0,020)
Post x Fehler	0,016	0,028	−0,007***	−0,066**
	(0,014)	(0,022)	(0,003)	(0,032)
OCF	0,242***	0,302***	0,012	0,490***
	(0,058)	(0,083)	(0,008)	(0,119)
Leverage	0,141*	−0,353***	−0,022***	0,347***
	(0,072)	(0,056)	(0,007)	(0,077)
Size	−0,099***	−0,078***	0,001	0,144***
	(0,023)	(0,017)	(0,003)	(0,027)
TobinsQ	0,002	0,050***	0,000	−0,046***
	(0,016)	(0,012)	(0,001)	(0,016)
Jahres-DV	Ja	Ja	Ja	Ja
Anzahl Beobachtungen	1.545	1.545	1.486	1.483
Anzahl Gruppen	445	445	430	429
R^2 within	0,113	0,190	0,042	0,256
F-Test	0,000	0,000	0,066	0,000

Die zweite Gleichung, welche die Bestimmung der Investitionszahlungen betrachtet, dient der Untersuchung von Hypothese 2. Der Interaktionsterm *Post x Fehler* weist hier keinen signifikanten Wert auf. Somit liegt auch kein Hinweis vor, dass Unternehmen mit fehlerhafter Rechnungslegung ihre Investitionszahlungen im Vergleich zu den Unternehmen aus der Kontrollgruppe in diesem Zeitraum signifikant erhöhen. Die Erwartung aus Hypothese 2 kann somit nicht untermauert werden. Möglicherweise verhindern die niedrigen Cash Flows aus betrieblicher Tätigkeit, was die deskriptiven Statistiken in Abschnitt 8.5 zeigen, zusätzliche Investitionen.[382] Die dritte Gleichung untersucht Hypothese 3, ob Unternehmen mit

381 Quelle: eigene Darstellung. Dargestellt werden die Koeffizientenschätzungen und in Klammern die auf Unternehmensebene geclusterten Standardfehler (*** signifikant auf dem 1%-Niveau, ** signifikant auf dem 5%-Niveau und * signifikant auf dem 10%-Niveau).

382 Vgl. Stein (2003), S. 121.

Rechnungslegungsverstößen in der betrachteten Post-Periode ihre Dividendenzahlungen gegenüber den vergleichbaren Unternehmen aus der Kontrollgruppe kürzen. Der geschätzte Koeffizient des Interaktionsterms ist auf einem Niveau von 1% signifikant und hat das erwartete Vorzeichen. Dies stützt die Erwartung aus Hypothese 3. Auch Hypothese 1 kann durch die Analyse untermauert werden. Sie lässt erwarten, dass Unternehmen mit fehlerhafter Rechnungslegung im Zeitraum nach dem Verstoß ihre externe Finanzierung gegenüber der Kontrollgruppe erhöhen. Dies wird in der vierten Gleichung betrachtet. Der interessierende Interaktionsterm ist auf einem Niveau von 5% signifikant und zeigt die deutliche Erhöhung an.[383]

Der Koeffizient der Dummy-Variable *Post* gibt an, ob sich bei den Unternehmen aus der Kontrollgruppe die Unternehmensfinanzierung zwischen beiden Zeiträumen ändert. Offensichtlich ist das hinsichtlich der Dividendenzahlungen der Fall, die Ursachen können aber nicht weiter geklärt werden.[384]

Eine Betrachtung der Kontrollvariablen zeigt, welche Größen die verschiedenen Kapitalverwendungsmöglichkeiten beeinflussen. Der Cash Flow aus betrieblicher Tätigkeit (*OCF*) hat signifikante erhöhende Effekte auf den Finanzmittelfonds und auf den Cash Flow, der für Investitionen genutzt wird, sowie einen signifikant kürzenden Effekt auf den Cash Flow, der aus der Finanzierung stammt (jeweils auf dem 1%-Niveau). Die Besonderheit des verwendeten Mehrgleichungsmodells, das alle Kapitalverwendungsmöglichkeiten abdeckt, lässt sogar eine präzisere Interpretation zu. So wird die englisch bezeichnete „Cash Flow Identity" eingehalten. Damit ist gemeint, dass das grundlegende Prinzip, dass die Mittelherkunft der Mittelverwendung entspricht, erfüllt ist.[385] Das zeigt sich daran, dass sich die Koeffizienten dieser Variable über alle vier Gleichungen hinweg annähernd auf den Wert eins summieren (1,046). Wegen der Winsorisierung dieser Variable (*OCF*) – und Rundungen in der Tabelle – ist das nicht exakt möglich.[386] Die Interdependenz

383 Es soll an die negative Skalierung der externen Finanzierungsvariablen erinnert werden, die in Abschnitt 8.2 erläutert wurde.

384 Zur Interpretation der Koeffizienten der Dummy-Variablen und des Interaktionsterms siehe Allison (2009), S. 19–21, und Chen/Cheng/Lo (2013), S. 763.

385 Vgl. Coenenberg/Haller/Schultze (2014), S. 1086f.; Pellens et al. (2014), S. 182–189.

386 Vgl. Dasgupta/Noe/Wang (2011), S. 1265 und 1272. Die Koeffizienten der übrigen Kontrollvariablen sollten sich bei diesem Analysemodell über alle Gleichungen hinweg (annähernd) auf den Wert null addieren, da sie weder Mittelherkünfte noch Mittelverwendungen des aktuellen Geschäftsjahres aufzeigen, vgl. Gatchev/Pulvino/Tarhan (2010), S. 736; Dasgupta/Noe/Wang (2011), S. 1264f. Bis auf geringe Abweichungen trifft das zu.

zwischen den Gleichungen spiegelt sich darin wider. Somit kann man sagen, dass von jedem Euro des Cash Flow aus betrieblicher Tätigkeit 24,2 Cent in den Finanzmittelfonds fließen, 30,2 Cent für Investitionen genutzt werden und 49 Cent für die Reduzierung externer Finanzierung verwendet werden. Die Dividendenzahlungen werden jedoch nicht statistisch signifikant beeinflusst.

Steigt die Fremdkapitalquote (*Leverage*), führt das zu einer signifikanten Erhöhung des Finanzmittelfonds (auf dem 10%-Niveau) sowie zu einer signifikanten Reduzierung der Investitionstätigkeit, einer Kürzung der Dividendenzahlungen und einer Rückführung der externen Finanzierung (jeweils auf dem 1%-Niveau). Alle diese Resultate erscheinen plausibel. Insbesondere die Rückführung der externen Finanzierung, z.B. aufgrund von Covenant-Beschränkungen bei einer hohen Fremdkapitalquote, ist naheliegend; Covenants könnten auch die Ausschüttung von Dividenden einschränken.

Steigt die Unternehmensgröße, gemessen anhand der Variable *Size*, so werden deutlich die liquiden Mittel und die Investitionszahlungen gekürzt. Das frei gewordene Kapital wird für eine Reduzierung der externen Finanzierung genutzt (jeweils signifikant auf dem 1%-Niveau). Dies ist z.T. kontraintuitiv. Eine steigende Größe lässt eine Reduktion der Informationsasymmetrie hinsichtlich der Investitionsmöglichkeiten und des Kapitalmarkts erwarten, was eine Zunahme beider Merkmale wahrscheinlich macht.[387]

Steigt Tobin's Q, so erhöhen die betrachteten Unternehmen ihre externe Finanzierung und verwenden das Geld für Investitionstätigkeiten (jeweils signifikant auf dem 1%-Niveau). Beides sind erwartbare Zusammenhänge, da diese Kontrollvariable u.a. gute Investitionsmöglichkeiten und Finanzierungsumstände abbilden soll.

Zu beachten ist jedoch, dass in dieser Analyse Werte von Unternehmen mit Rechnungslegungsverstößen und von Kontrollunternehmen vermengt sind. Besonders interessant ist es, unterschiedliche Treiber für die Kapitalverwendung bei beiden Gruppen aufzudecken. Dementsprechend werden in Abschnitt 8.6.4 die hier vorgestellten Fixed-Effects-Schätzungen getrennt durchgeführt.

Neben den einzelnen Parameterwerten ist auch die Güte des Modells zu klären. Das Bestimmtheitsmaß R^2 within zeigt, wie viel zeitliche Variation der abhängigen Variable durch die zeitliche Variation der Regressoren bestimmt wird.[388] Bei einer Fixed-Effects-Schätzung ist dies allein aussagekräftig. Insbesondere die

387 Vgl. Dasgupta/Noe/Wang (2011), S. 1269.

388 Vgl. Baum (2006), S. 222 und 224; Allison (2009), S. 19; Cameron/Trivedi (2010), S. 264f.; Wooldridge (2013), S. 469.

Erklärungskraft für die Investitions- und die Finanzierungszahlungen ist als gut anzusehen. Bei den anderen beiden Gleichungen ist diese niedriger, was aber bei Fixed-Effects-Schätzungen aufgrund der nicht verwendeten Variation zwischen den Unternehmen, wie in Abschnitt 8.6.1 dargelegt, regelmäßig der Fall ist.

Der F-Test überprüft die Nullhypothese, ob separate Regressionsschätzungen für jedes Individuum, wie sie bei Fixed-Effects-Modellen durchgeführt werden, zu denselben Koeffizienten wie eine gepoolte Kleinste-Quadrate-Schätzung führen, d.h., dass die Konstanten über alle Unternehmen hinweg identisch sind. Anders gesagt, wird untersucht, ob eine Fixed-Effects-Schätzung notwendig ist oder ob eine gepoolte Kleinste-Quadrate-Schätzung ausreicht.[389] Bei drei von vier Gleichungen kann die Nullhypothese deutlich abgelehnt werden, da der jeweilige F-Test einen p-Wert kleiner als 0,05 aufweist. Der Einbau individuenspezifischer Effekte erhöht somit signifikant die Anpassungsgüte dieser Modelle. Für die Bestimmung der Dividendenzahlungen trifft diese Aussage lediglich auf einem Signifikanzniveau von 10% zu.[390]

Wenn der Cash Flow aus der Finanzierungstätigkeit in seine Bestandteile untergliedert wird, ergibt sich das Bild in Tabelle 14.

Sobald man das Finanzierungsverhalten genauer untergliedert, zeigen die Koeffizienten des Interaktionsterms *Post x Fehler*, dass die langfristige Fremdkapitalaufnahme bei der Untersuchungsgruppe im Zeitraum nach einem Rechnungslegungsverstoß gegenüber der Kontrollgruppe signifikant auf dem 10%-Niveau erhöht wird. Das Ergebnis stützt die Erwartung aus Hypothese 1b. Umgekehrt verhält es sich jedoch bei den kurzfristigen Fremdkapitaltransaktionen. Diese werden bei einem Signifikanzniveau von 5% gekürzt, was durch Hypothese 1b nicht erwartet wurde.

389 Vgl. Greene (2012), S. 409f.; Baltagi (2013), S. 15, 40f. und 63–67.

390 Ein Hinweis sei zu den angegebenen Gruppen in den Tabellen genannt, die vom verwendeten Statistikprogramm Stata ausgegeben werden: Da Beobachtungen aus der Kontrollgruppe mehrfach Beobachtungen aus der Fehlergruppe zugeordnet werden können, ist die Anzahl der Gruppen nicht mit der Anzahl der Unternehmen in den Schätzungen gleichzusetzen. Die Anzahl der Unternehmen liegt somit unter der Gruppenanzahl.

Tabelle 14: Fixed-Effects-Schätzungen zur Analyse des Einflusses fehlerhafter Rechnungslegung auf die externe Finanzierungstätigkeit[391]

Variablen	**CF_Equity**	**CF_LTDebt**	**CF_STDebt**
Post	0,017	0,020	–0,016*
	(0,015)	(0,014)	(0,009)
Post x Fehler	0,000	–0,036*	0,032**
	(0,012)	(0,019)	(0,013)
OCF	0,222**	0,055	0,049
	(0,086)	(0,081)	(0,035)
Leverage	–0,054	0,305***	0,091**
	(0,051)	(0,085)	(0,045)
Size	0,048***	0,037*	0,020*
	(0,017)	(0,020)	(0,010)
TobinsQ	–0,040	–0,014	0,005
	(0,027)	(0,010)	(0,005)
Jahres-DV	Ja	Ja	Ja
Anzahl Beobachtungen	827	852	438
Anzahl Gruppen	259	274	166
R^2 within	0,146	0,123	0,122
F-Test	0,024	0,000	–

Der aggregierte Effekt in Tabelle 13 hat eine Erhöhung der Fremdkapitalaufnahme gezeigt. Hier sieht man, dass dies durch die langfristigen Fremdkapitaltransaktionen getrieben wird, welche die gegenläufige Entwicklung der kurzfristigen Fremdkapitaltransaktionen überwiegen. Ein Grund für diesen entgegengesetzten Verlauf könnte sein, dass die Unternehmen mit Fehlern ihre externe Finanzierung umschichten und den langfristigen Anteil ausbauen. Sie nutzen hierfür die Gelegenheit, die sich durch die tendenziell zu positive Darstellung aufgrund der fehlerhaften Rechnungslegung bietet. Hypothese 1a, die sich auf ein abweichendes

391 Quelle: eigene Darstellung. Dargestellt werden die Koeffizientenschätzungen und in Klammern die auf Unternehmensebene geclusterten Standardfehler (*** signifikant auf dem 1%-Niveau, ** signifikant auf dem 5%-Niveau und * signifikant auf dem 10%-Niveau). Da es sich bei einer Fixed-Effects-Schätzung nicht um eine Gesamtschätzung aller Gleichungen handelt, müssen die Werte der übrigen Gleichungen, die in Tabelle 13 zu finden sind, nicht wiedergegeben werden. Sie bleiben unverändert durch diese Aufteilung.

Verhalten bei den Eigenkapitaltransaktionen bezieht, lässt sich nicht untermauern. Hier zeigen sich keine signifikanten Abweichungen zwischen beiden Gruppen im Zeitraum nach einem Rechnungslegungsverstoß.

Der Koeffizient der Dummy-Variable *Post* deutet auf einen Signifikanzniveau von 10% eine Erhöhung der kurzfristigen Fremdkapitaltransaktionen bei den Unternehmen aus der Kontrollgruppe zwischen beiden Zeiträumen an, wobei die Ursachen wiederum unklar bleiben.

Die Kontrollvariablen erreichen nicht die hohen Signifikanzniveaus der aggregierten Betrachtung der externen Finanzierung in Tabelle 13. Dazu trägt auch bei, dass für die separaten Gleichungen deutlich weniger Beobachtungen zur Verfügung stehen, wie sich aus den Angaben in beiden Tabellen ergibt. In kleinen Stichproben ist die Wahrscheinlichkeit für das Auffinden signifikanter Effekte bei gleicher Stärke der Effekte niedriger als in größeren Stichproben, da die Teststärke geringer ausfällt.[392]

Steigt der *OCF*, wird hiermit v.a. das Eigenkapital reduziert (signifikant auf dem 5%-Niveau). Die Cash Flows aus lang- und kurzfristigen Fremdkapitaltransaktionen ändern sich nicht signifikant. Dieses Ergebnis spricht dafür, dass möglicherweise Nachteile aus einer zu hohen Eigenkapitalfinanzierung drohen.[393] Eine Gefahr aus einer zu hohen Verschuldung oder ein Liquiditätsrisiko, welche eine Anpassung des lang- bzw. kurzfristigen Fremdkapitals erwarten ließen, scheinen jedoch nicht vorzuliegen.[394]

Interessant sind daneben die Einflüsse der Fremdkapitalquote (*Leverage*). Bei deren Zunahme werden sowohl die lang- als auch die kurzfristigen Fremdkapitaltransaktionen deutlich reduziert (signifikant auf dem 1%- bzw. 5%-Niveau). Dieses Ergebnis steht im Einklang mit den Ausführungen in Abschnitt 4.5, die z.B. eine abschreckende Wirkung von Covenants in Kreditverträgen nahelegen.

Bei zunehmender Unternehmensgröße (*Size*) werden die Cash Flows aus Eigen- sowie lang- und kurzfristigen Fremdkapitaltransaktionen reduziert (signifikant auf dem 1%- bzw. 10%-Niveau). Dies ist wie beim aggregierten Effekt kontraintuitiv, da bei anwachsender Unternehmensgröße eine Reduktion der Informationsasymmetrie hinsichtlich des Eigen- und Fremdkapitalmarkts erwartet werden kann, wodurch eine Zunahme wahrscheinlich wird.

---

392 Vgl. Cohen et al. (2003), S. 50–53.

393 Vgl. z.B. Myers (1984); Myers/Majluf (1984).

394 Vgl. Myers (1977); Diamond (1991a); Dasgupta/Noe/Wang (2011), S. 1284.

Steigende Werte von Tobin's Q führen bei dieser disaggregierten Analyse der externen Finanzierung zu keinen signifikanten Reaktionen.

Hinzuweisen ist noch auf den *F*-Test bei der Bestimmung der kurzfristigen Fremdkapitaltransaktionen. Dieser kann aufgrund fehlender Freiheitsgrade nicht berechnet werden.[395] Für die Aussagen der Schätzung ist das aber weitgehend unproblematisch.

8.6.4 Einflussfaktoren auf die Unternehmensfinanzierung

Indirekt mit den im vorherigen Abschnitt untersuchten Hypothesen sind auch die Fragen verbunden, welche Einflussfaktoren auf die betrachteten Unternehmensfinanzierungsmaßnahmen wirken und ob diese für die Unternehmen mit Rechnungslegungsverstößen und die Unternehmen aus der Kontrollgruppe abweichen. Dementsprechend wurden die Fixed-Effects-Schätzungen auch für beide Gruppen getrennt durchgeführt. Zuerst wird auf das Modell mit den vier Gleichungen eingegangen. Die Ergebnisse finden sich in den Tabellen 15 und 16 auf den beiden Folgeseiten. Der Interaktionsterm *Post x Fehler* wird nicht wiedergegeben, da er bei dieser getrennten Berechnung keine Aussagekraft hat.

Bei der Auswertung liegt nun das Hauptaugenmerk auf den Kontrollvariablen. Für die Beobachtungen fehlerhafter Rechnungslegung resultieren vergleichsweise wenige signifikante Einflüsse, was möglicherweise aufgrund der geringen Fallzahl resultiert. Es zeigt sich aber, dass der *OCF* insbesondere in den Finanzmittelfonds fließt und für Investitionen genutzt wird (signifikant auf dem 1%- bzw. 10%-Niveau).

395 Vgl. Baltagi (2013), S. 15.

Tabelle 15: Fixed-Effects-Schätzungen zur Analyse der Treiber der Unternehmensfinanzierung bei fehlerhafter Rechnungslegung[396]

Variablen	Cash	CF_Investing	CF_Dividends	CF_Financing
Post	−0,024	−0,015	−0,002	−0,006
	(0,029)	(0,042)	(0,005)	(0,060)
OCF	0,230***	0,440*	0,021	0,487
	(0,086)	(0,247)	(0,015)	(0,361)
Leverage	−0,008	−0,378***	−0,032*	0,476**
	(0,096)	(0,104)	(0,018)	(0,201)
Size	−0,051*	−0,060**	−0,004	0,104**
	(0,029)	(0,029)	(0,006)	(0,049)
TobinsQ	0,022	0,040**	−0,001	−0,041
	(0,031)	(0,018)	(0,002)	(0,035)
Jahres-DV	Ja	Ja	Ja	Ja
Anzahl Beobachtungen	322	322	310	310
Anzahl Gruppen	93	93	90	90
R^2 within	0,163	0,247	0,133	0,263
F-Test	0,000	0,000	0,678	0,000

Ein Anstieg der Fremdkapitalquote (*Leverage*) führt bei diesen Unternehmen zu einer erwartbaren Reduktion der externen Finanzierung (auf dem 5%-Niveau). Außerdem werden die Investitionen und die Dividendenzahlungen gekürzt (auf dem 1%- bzw. 10%-Niveau). Letzteres ist möglicherweise ein Hinweis auf Covenants, die Dividendenzahlungen begrenzen.

Ein Anstieg der Unternehmensgröße (*Size*) führt bei Unternehmen mit Rechnungslegungsverstößen zu einem Abbau des Finanzmittelfonds (auf dem Signifikanzniveau von 10%) sowie zu Kürzungen der Investitionen und der externen Finanzierung (jeweils auf dem 5%-Niveau), wobei diese Reaktionen (weiterhin) nicht einfach erklärbar sind.

396 Quelle: eigene Darstellung. Dargestellt werden die Koeffizientenschätzungen und in Klammern die auf Unternehmensebene geclusterten Standardfehler (*** signifikant auf dem 1%-Niveau, ** signifikant auf dem 5%-Niveau und * signifikant auf dem 10%-Niveau).

Auf die Investitionen hat auch die Variable Tobin's Q, welche die Investitionsmöglichkeiten messen soll, erwartungsgemäß einen positiven Einfluss auf dem Signifikanzniveau von 5%.

Auffällig ist, dass der *F*-Test bei der Bestimmung der Dividendenzahlungen mit einem *p*-Wert von 0,678 keine Vorteile einer Fixed-Effects-Schätzung gegenüber einer gepoolten Kleinste-Quadrate-Schätzung anzeigt.

Tabelle 16: Fixed-Effects-Schätzungen zur Analyse der Treiber der Unternehmensfinanzierung in der Kontrollgruppe[397]

Variablen	**Cash**	**CF_Investing**	**CF_Dividends**	**CF_Financing**
Post	−0,012	0,016	0,005**	−0,003
	(0,020)	(0,018)	(0,002)	(0,021)
OCF	0,273***	0,251***	0,007	0,462***
	(0,071)	(0,068)	(0,009)	(0,079)
Leverage	0,220**	−0,369***	−0,016**	0,287***
	(0,092)	(0,069)	(0,007)	(0,086)
Size	−0,125***	−0,091***	0,004**	0,171***
	(0,030)	(0,022)	(0,002)	(0,027)
TobinsQ	−0,009	0,055***	0,000	−0,047***
	(0,014)	(0,015)	(0,001)	(0,017)
Jahres-DV	Ja	Ja	Ja	Ja
Anzahl Beobachtungen	1.223	1.223	1.176	1.173
Anzahl Gruppen	352	352	340	339
R^2 within	0,126	0,186	0,041	0,278
F-Test	0,000	0,000	0,056	0,000

Wie Tabelle 16 zeigt, werden die Dividendenzahlungen bei den Unternehmen aus der Kontrollgruppe signifikant auf dem 5%-Niveau bei einer ansteigenden Fremdkapitalquote (*Leverage*) gemindert, während diese Assoziation bei den Unternehmen mit Fehlern auf dem 10%-Niveau statistisch geringer war. Die Fremdkapitalquote weist bei beiden Gruppen einen erwartbaren Zusammenhang mit

397 Quelle: eigene Darstellung. Dargestellt werden die Koeffizientenschätzungen und in Klammern die auf Unternehmensebene geclusterten Standardfehler (*** signifikant auf dem 1%-Niveau, ** signifikant auf dem 5%-Niveau und * signifikant auf dem 10%-Niveau).

den Investitionen und der externen Finanzierung auf. Bei Betrachtung der Höhen der Koeffizienten zeigen sich deutlichere Kürzungen der Dividendenzahlungen und der externen Finanzierung bei den Unternehmen mit Fehlern im Vergleich zu den Unternehmen aus der Kontrollgruppe. Sie scheinen diesbezüglich sensibler auf Veränderungen der Fremdkapitalquote zu reagieren. Dagegen finden sich nur bei den Unternehmen aus der Kontrollgruppe Hinweise auf eine ökonomisch wie statistisch signifikante Erhöhung des Finanzmittelfonds bei ansteigender Fremdkapitalquote.

Interessant ist daneben die abweichende Verwendung der Cash Flows aus betrieblicher Tätigkeit (*OCF*). Die Unternehmen aus der Kontrollgruppe nutzen zum einen einen etwas größeren Teil dieser Mittel für den Finanzmittelfonds. Zum anderen kürzen sie mithilfe des *OCF* die externe Finanzierung signifikant. Diese wird bei den Unternehmen mit Fehlern durch einen Anstieg des *OCF* nicht signifikant beeinflusst. Außerdem erhöhen die Unternehmen aus der Kontrollgruppe zwar ihre Investitionen mit steigendem *OCF*, aber absolut betrachtet bei weitem nicht so stark wie die Unternehmen mit Rechnungslegungsverstößen (Koeffizient von 0,251 gegenüber 0,440). Aufgrund der „Cash Flow Identity“ ist dieser absolute Vergleich möglich. Bei den Unternehmen mit Fehlern scheint somit der *OCF* eine bedeutendere Rolle hinsichtlich der Investitionen zu spielen.

Die Unternehmensgröße (*Size*) weist statistisch sowie ökonomisch – betreffend die Höhen der Koeffizienten – stärkere Einflüsse bei den Unternehmen aus der Kontrollgruppe als bei denjenigen mit fehlerhafter Rechnungslegung auf. So führt ein Anstieg zu ausgeprägteren Reduzierungen des Finanzmittelfonds und der Investitionen. Ferner wird das dadurch frei werdende Kapital in höherem Maße für eine Reduzierung des Cash Flow aus der Finanzierungstätigkeit genutzt. Darüber hinaus werden die Dividendenzahlungen erhöht, was bei den Unternehmen mit Rechnungslegungsverstößen nicht erkennbar ist.

Eine Zunahme von Tobin's Q hat bei beiden Gruppen eine Erhöhung der Investitionen zur Folge, wobei diese bei den Unternehmen aus der Kontrollgruppe etwas deutlicher ausfällt. Nur bei letzteren kommt es auch zu einer signifikanten Erhöhung der externen Finanzierung in dieser Situation. Möglicherweise ist die externe Finanzierung bei den Unternehmen mit Fehlern weniger abhängig von der Markteinschätzung, die sich in Tobin's Q widerspiegelt.

Die Variable *Post* ist bei der Kontrollgruppe in der Gleichung, welche die Dividendenzahlungen erklärt, signifikant. Jedoch lassen sich die gemessenen zeitlichen Veränderungen schwierig interpretieren.

Wird der Cash Flow aus der Finanzierungstätigkeit in seine drei Bestandteile untergliedert, ergeben sich für beide Gruppen die Bilder der Tabellen 17 und 18.

Tabelle 17: Fixed-Effects-Schätzungen zur Analyse der Treiber der externen Finanzierungstätigkeit bei fehlerhafter Rechnungslegung[398]

Variablen	CF_Equity	CF_LTDebt	CF_STDebt
Post	0,042	0,043	0,023
	(0,025)	(0,034)	(0,018)
OCF	0,259*	0,078	0,051
	(0,145)	(0,159)	(0,055)
Leverage	0,016	0,571***	0,170***
	(0,045)	(0,109)	(0,053)
Size	0,027	−0,004	0,066**
	(0,023)	(0,032)	(0,025)
TobinsQ	−0,023	−0,006	0,010
	(0,015)	(0,020)	(0,013)
Jahres-DV	Ja	Ja	Ja
Anzahl Beobachtungen	175	187	78
Anzahl Gruppen	54	59	35
R^2 within	0,173	0,358	0,465
F-Test	0,072	–	–

398 Quelle: eigene Darstellung. Dargestellt werden die Koeffizientenschätzungen und in Klammern die auf Unternehmensebene geclusterten Standardfehler (*** signifikant auf dem 1%-Niveau, ** signifikant auf dem 5%-Niveau und * signifikant auf dem 10%-Niveau). Da es sich bei einer Fixed-Effects-Schätzung nicht um eine Gesamtschätzung aller Gleichungen handelt, müssen die Werte der übrigen Gleichungen, die in Tabelle 15 zu finden sind, nicht wiedergegeben werden. Sie bleiben unverändert durch diese Aufteilung.

Tabelle 18: Fixed-Effects-Schätzungen zur Analyse der Treiber der externen Finanzierungstätigkeit in der Kontrollgruppe[399]

Variablen	**CF_Equity**	**CF_LTDebt**	**CF_STDebt**
Post	0,014	−0,001	−0,017*
	(0,017)	(0,015)	(0,010)
OCF	0,172*	0,049	0,056
	(0,088)	(0,094)	(0,041)
Leverage	−0,110	0,142	0,081
	(0,074)	(0,102)	(0,056)
Size	0,057**	0,060***	0,005
	(0,022)	(0,022)	(0,010)
TobinsQ	−0,052	−0,006	0,004
	(0,038)	(0,009)	(0,005)
Jahres-DV	Ja	Ja	Ja
Anzahl Beobachtungen	652	665	360
Anzahl Gruppen	205	215	131
R^2 within	0,180	0,095	0,104
F-Test	0,056	0,039	–

Hier hat ein Anstieg des *OCF* in beiden Gruppen einen Einfluss auf die Reduzierung der Eigenkapitalfinanzierung, wobei diese jeweils nur schwach signifikant auf einem Niveau von 10% ist. Dies spricht tendenziell dafür, dass die Nachteile der Eigenkapitalfinanzierung diejenigen der Fremdkapitalfinanzierung überwiegen, da letztere in beiden Gruppen nicht signifikant beeinflusst wird.

Während die lang- und kurzfristigen Fremdkapitaltransaktionen bei einem Anstieg der Fremdkapitalquote (*Leverage*) bei den Unternehmen mit Fehlern

399 Quelle: eigene Darstellung. Dargestellt werden die Koeffizientenschätzungen und in Klammern die auf Unternehmensebene geclusterten Standardfehler (*** signifikant auf dem 1%-Niveau, ** signifikant auf dem 5%-Niveau und * signifikant auf dem 10%-Niveau). Da es sich bei einer Fixed-Effects-Schätzung nicht um eine Gesamtschätzung aller Gleichungen handelt, müssen die Werte der übrigen Gleichungen, die in Tabelle 16 zu finden sind, nicht wiedergegeben werden. Sie bleiben unverändert durch diese Aufteilung.

sehr stark reduziert werden, zeigen sich bei den Unternehmen aus der Kontrollgruppe keinerlei signifikante Einflüsse dieser Variable. Nur auf der aggregierten Ebene der externen Finanzierung finden sich somit für diese Unternehmen Hinweise auf eine zu erwartende Kürzung.

Ein komplementäres Bild zeigt sich bei Betrachtung der Unternehmensgröße (*Size*). Eine Erhöhung führt nur bei den Unternehmen mit Fehlern zu einer Rückführung des kurzfristigen Fremdkapitals, während eine derartige Reaktion bei den Eigen- und langfristigen Fremdkapitaltransaktionen lediglich bei den Unternehmen aus der Kontrollgruppe zu verzeichnen ist. Da eine zunehmende Unternehmensgröße eher eine Erhöhung dieser Zielgrößen erwarten lässt, sind diese Ergebnisse kontraintuitiv. Möglicherweise führt eine zunehmende Unternehmensgröße auch zu einem erleichterten Abbau externer Finanzierung, was mit den Resultaten in Einklang stünde. Unternehmen mit Rechnungslegungsverstößen verzichten dann bevorzugt auf kurzfristiges Fremdkapital.

Demgegenüber ergeben sich bei einer Zunahme von Tobin's Q in keiner der beiden Gruppen signifikante Einflüsse auf die drei Bestandteile der externen Finanzierung.

Die Tabellen 17 und 18 zeigen, dass mehrere *F*-Tests nicht durchgeführt werden konnten, was jedoch nicht von großer Tragweite für die Gesamtaussagen der Schätzungen ist. Die durchgeführten *F*-Tests liefern z.T. lediglich auf einem Niveau von 10% signifikante Hinweise auf eine Vorteilhaftigkeit von Fixed-Effects-Schätzungen.

8.6.5 Sensitivitätsanalysen

8.6.5.1 Notwendigkeit

Im Rahmen einer empirischen Studie gilt es, die Robustheit der Ergebnisse zu überprüfen. Damit wird sichergestellt, dass sie nicht nur durch die anfänglich gewählte Vorgehensweise zustande kommen. Für die vorliegende Analyse werden mehrere Einflussfaktoren berücksichtigt:

1) der Analysezeitraum,
2) die Schätzmethodik,
3) die Stichprobenabgrenzung,
4) die Variablenmessungen.

Die Ergebnisse werden in den folgenden Abschnitten dargestellt. Hierbei werden nicht mehr alle Resultate der Untersuchungen diskutiert. Das Hauptaugenmerk liegt auf den Koeffizienten des Interaktionsterms *Post x Fehler*. Auf Besonderheiten der übrigen Variablen wird ebenfalls genauer eingegangen.

8.6.5.2 *Variation des Analysezeitraums*

Die Schätzung wurde auch ohne die Periode 0 – das Geschäftsjahr des Rechnungslegungsverstoßes – durchgeführt. Das bedeutet, dass die Dummy-Variable *Post* die zwei Jahre vor dem Rechnungslegungsverstoß gegenüber den beiden Jahren danach abgrenzt (Jahre –2 und –1 gegenüber den Jahren +1 und +2). Die Resultate, die sich in den Tabellen 19 und 20 im Anhang finden, ändern sich nur unwesentlich im Vergleich zur Hauptanalyse.

So zeigt sich insbesondere, dass der Interaktionsterm *Post x Fehler* in den Gleichungen zur Bestimmung der Investitionen und den Dividendenzahlungen ähnliche Ausmaße und – bezüglich den Dividendenzahlungen – dasselbe Signifikanzniveau von 1% behält. Beim Cash Flow aus der Finanzierungstätigkeit fällt die Erhöhung etwas schwächer aus über den veränderten Zeitraum, da der Koeffizient einen Wert von –0,046 statt wie in der Hauptanalyse von –0,066 aufweist. Ferner ist dieser Koeffizient nur auf einem Niveau von 10% signifikant. Zuvor waren es 5%.

Interessant sind insbesondere die divergierenden Resultate bei der Untergliederung der externen Finanzierung. Während zuvor keine Veränderung der Eigenkapitaltransaktionen bei den Unternehmen mit Fehlern im Zeitraum nach einem Rechnungslegungsverstoß identifiziert werden konnte, finden sich nun Hinweise auf eine signifikante Reduzierung im Vergleich zu den Unternehmen aus der Kontrollgruppe auf dem 10%-Niveau. Dieses Ergebnis widerspricht der Erwartung aus Hypothese 1a, die eine Erhöhung vermuten ließ. Die deskriptiven Statistiken in Abschnitt 8.5 zeigen zwar für die Unternehmen mit Fehlern im Zeitraum nach einem Rechnungslegungsverstoß eine Erhöhung der Cash Flows aus Eigenkapitaltransaktionen, diese fällt aber geringer aus als diejenige der Unternehmen aus der Kontrollgruppe. Das führt zu diesem unerwarteten Resultat hinsichtlich des Vorzeichens des Koeffizienten, wobei die Ursachen für die Abweichungen zwischen beiden Gruppen unklar bleiben.

Während in der Hauptanalyse sowohl eine signifikante Erhöhung der langfristigen als auch eine signifikante Reduktion der kurzfristigen Fremdkapitaltransaktionen festgestellt wurden (auf dem 10%- bzw. 5%-Niveau), sind die entsprechenden Koeffizienten in dieser Sensitivitätsanalyse zwar nur leicht verändert hinsichtlich ihrer Ausmaße, aber nicht mehr signifikant.

Bei den Kontrollvariablen zeigen sich über beide Tabellen hinweg z.T. Unterschiede zur vorherigen Abgrenzung der Dummy-Variable *Post*. Der Einfluss des Cash Flow aus betrieblicher Tätigkeit (*OCF*) auf den Finanzmittelfonds und auf die externe Finanzierung wird nun deutlicher, während seine Rolle für die Investitionen zurücktritt. Daneben übt die Unternehmensgröße (*Size*) bei der Untergliederung der externen Finanzierung weniger signifikante Einflüsse aus.

Sofern man den anschließenden Zeitraum betrachtet und feststellen möchte, ob auch im dritten und vierten Jahr nach dem Rechnungslegungsverstoß Unterschiede beider Gruppen in der Unternehmensfinanzierung zutage treten (Jahre −2 und −1 gegenüber den Jahren +3 und +4), finden sich aufschlussreiche Ergebnisse in den Tabellen 21 und 22 im Anhang.

Vor dem Hintergrund, dass nach der Auswertung in Abschnitt 6.1 im Durchschnitt 16,1 Monate nach Veröffentlichung der fehlerhaften Rechnungslegung eine Fehlermeldung erfolgt, sollten sich keine Abweichungen zu den Unternehmen aus der Kontrollgruppe mehr vorfinden lassen, sofern man annimmt, dass Abweichungen auf Rechnungslegungsverstöße zurückzuführen sind. Allein die Aufmerksamkeit der DPR könnte eine „Normalisierung“ des Unternehmensfinanzierungsverhaltens bewirken. Außerdem ist die Öffentlichkeit, somit auch die Investoren, nun über den Verstoß informiert.[400] Demzufolge sollte der Interaktionsterm *Post x Fehler* nicht mehr signifikant sein.

Interessanterweise ist der Interaktionsterm bei den Dividendenzahlungen signifikant auf dem 10%-Niveau. Das bedeutet, dass Unternehmen mit Fehlern auch in diesem Zeitraum gegenüber den Unternehmen aus der Kontrollgruppe die Dividendenzahlungen kürzen. Bei der genaueren Untergliederung der externen Finanzierung finden sich aber keine signifikanten Effekte des Interaktionsterms mehr. Das Resultat bezüglich der Dividendenzahlungen widerspricht, wenn auch nur auf einem Signifikanzniveau von 10%, der Erwartung aus Hypothese 3, da diese Dauerhaftigkeit im abweichenden Verhalten bei den Unternehmen mit fehlerhafter Rechnungslegung nicht vermutet wurde. Möglicherweise führt ein dauerhaftes internes Finanzierungsproblem zu diesem Resultat.

Bei den Kontrollvariablen treten die Bedeutungen der Fremdkapitalquote (*Leverage*) und der Unternehmensgröße (*Size*) bei der Untergliederung der externen Finanzierung im Vergleich zur Hauptanalyse deutlich zurück, während Tobin's Q nun einen signifikanten Einfluss auf die kurzfristigen Fremdkapitaltransaktionen nimmt.

8.6.5.3 SUR-Schätzung

Zur Überprüfung der Robustheit der Ergebnisse der Fixed-Effects-Schätzungen, mithin einer Triangulation, bietet sich der Einsatz eines Mehrgleichungsmodells

400 Siehe hierzu auch Höhn/Strohmenger (2013), S. 13.

an, was eine gleichzeitige Erfassung von Interdependenzen zwischen den verwendeten linearen Gleichungen des Modells aus Abschnitt 8.2, welche die verschiedenen Kapitalverwendungsmöglichkeiten bestimmen, erlaubt. Im Rahmen einer derartigen Analyse ist die Berücksichtigung von gegenseitigen Abhängigkeiten zwischen diesen Unternehmensfinanzierungstätigkeiten angebracht.[401]

Im einfachsten Fall von Mehrgleichungsmodellen werden kontemporäre Korrelationen der Störterme mehrerer linearer Gleichungen erfasst. Jedoch wird nicht zugelassen, dass die endogene Variable einer Gleichung in einer anderen Gleichung eine erklärende Variable darstellt. Für ein derartiges Modell ist die Bezeichnung „Seemingly Unrelated Regression"-Modell, kurz SUR-Modell, verbreitet. Das SUR-Modell wird über eine Generalized-Least-Squares-(GLS-)Regression geschätzt, deren Ergebnisse im Rahmen dieses Verfahrens auch als SUR-Schätzer bezeichnet werden. Bislang haben SUR-Modelle noch wenig Verbreitung in der Rechnungswesenforschung gefunden.

Ein Vorteil dieses Verfahrens gegenüber getrennten Fixed-Effects-Schätzungen ist, dass es effizientere Parameterwerte liefert, sofern kontemporäre Korrelationen der Störterme vorliegen. Dies ist aufgrund der gleichzeitigen Schätzung des gesamten Mehrgleichungsmodells möglich. Ein weitere Vorteil besteht bei einer Fehlspezifikation aufgrund ausgelassener Variablen („Omitted Variable Bias"), was als plausibles Problem empirischer Analysen angesehen werden kann. Hier sind geschätzte Parameterwerte von getrennten Kleinste-Quadrate-Schätzungen, auf denen Fixed-Effects-Schätzungen basieren, regelmäßig verzerrt. Mithilfe der Erfassung von Informationen über die Korrelation der Störterme im SUR-Modell wird diese Verzerrung tendenziell reduziert. Ein Nachteil dieses Verfahrens ist, dass Homoskedastizität und Unkorreliertheit der Residuen unterstellt wird und Verstöße dagegen nicht einfach – wie in Fixed-Effects-Modellen – behoben werden können.[402] Als Alternative wird in der Literatur ein Bootstrap-Verfahren vorgeschlagen.[403]

---

401 Vgl. Gatchev/Pulvino/Tarhan (2010), S. 725f.

402 Vgl. Zellner (1962); Baum (2006), S. 236–242; Schlichthorst (2009), S. 349–357; Cameron/Trivedi (2010), S. 162–169; Wooldridge (2010), S. 161–191; Greene (2012), S. 332–345; Baltagi (2013), S. 123–125. Sofern keine kontemporäre Korrelation der Störterme vorliegt, erzielt der SUR-Schätzer dieselben Ergebnisse wie separate Kleinste-Quadrate-Schätzungen.

403 Vgl. Cameron/Trivedi (2010), S. 166. Umfassend wird dieses Verfahren bei Efron (1979), Efron/Tibshirani (1986), Angrist/Pischke (2009), S. 300–308, und Wooldridge (2010), S. 438–442, vorgestellt.

Für das in Abschnitt 8.2 beschriebene Modell liefert eine SUR-Schätzung die Resultate der Tabellen 23 und 24 im Anhang. Zu beachten ist, dass die Dummy-Variable *Post* wie in der Hauptanalyse wieder die zwei Jahre vor dem Rechnungslegungsverstoß vom Jahr des Verstoßes und dem anschließenden Jahr abgrenzt (Jahre −2 und −1 gegenüber den Jahren 0 und +1). Um unternehmensspezifische Effekte wie bei einer Fixed-Effects-Schätzung aufzufangen, werden bei allen Variablen des Modells ihre Mittelwerte auf Unternehmensebene subtrahiert („Demeaning"). Dies entspricht faktisch der Vorgehensweise einer Fixed-Effects-Schätzung, um konstante Effekte auf Unternehmensebene zu erfassen.[404] Das Bootstrap-Verfahren folgt der Empfehlung von Cameron und Trivedi, sodass 400 Stichproben gezogen werden.[405]

Da die Parameter in diesem Mehrgleichungsmodell simultan bestimmt werden und die Standardfehler einem Bootstrap-Verfahren unterzogen werden, können die Schätzungen nicht direkt mit denen der Fixed-Effects-Schätzung verglichen werden. Insbesondere ist keine Wertidentität zu erwarten. Interessant ist aber, ob die signifikanten Einflüsse des Interaktionsterms *Post x Fehler* bestehen bleiben. Das ist durchgehend der Fall. Bei den Dividendenzahlungen zeigt sich weiterhin eine signifikante Kürzung (nun auf dem 5%- statt auf dem 1%-Niveau) und bei den Cash Flows aus der Finanzierungstätigkeit eine signifikante Erhöhung (konstant auf dem 5%-Niveau). Im Modell mit einer Untergliederung der externen Finanzierung tritt die Erhöhung des langfristigen Fremdkapitals deutlicher zutage (Signifikanzniveau von 1% gegenüber 10% in der Hauptanalyse). Die Kürzung der kurzfristigen Fremdkapitaltransaktionen bleibt konstant signifikant auf dem 5%-Niveau.[406]

---

404 Vgl. Dasgupta/Noe/Wang (2011), S. 1265. Dementsprechend entfällt wiederum die zeitlich konstante Dummy-Variable *Fehler*. Eine falsche Vorgehensweise wählen Balakrishnan/Core/Verdi (2014), S. 19, da sie nur einen Teil ihrer Variablen um den Mittelwert kürzen. Dadurch wird die Aussagekraft ihrer Ergebnisse eingeschränkt. Weiterhin werden in der vorliegenden Untersuchung alle stetigen Variablen winsorisiert, wie in Abschnitt 8.3 beschrieben.

405 Vgl. Cameron/Trivedi (2010), S. 166.

406 Beim Modell in Tabelle 24, welches die externe Finanzierung unterteilt, ergeben sich für den Finanzmittelfonds, die Investitionen und die Dividendenzahlungen nicht dieselben Koeffizienten wie in Tabelle 23, welche die aggregierte Betrachtung wiedergibt. Dies resultiert aus der Gesamtschätzung aller Parameter. Im untergliederten Modell ist der Interaktionsterm *Post x Fehler* bei den Dividendenzahlungen nicht mehr signifikant (*p*-Wert: 0,228). Die übrigen Schätzungen bleiben aber qualitativ identisch, weshalb sie nicht berichtet werden.

Bei den Kontrollvariablen ergeben sich, insbesondere bei der Untergliederung der externen Finanzierung, abweichende Einflüsse und Signifikanzniveaus gegenüber der Hauptanalyse, wodurch jedoch die Aussagekraft dieser Sensitivitätsanalyse nicht geschmälert wird. Der Chi^2-Test am Ende der Tabellen überprüft die gemeinsame Signifikanz aller erklärenden Variablen, welche in allen Gleichungen gegeben ist.[407]

8.6.5.4 Variation der untersuchten Beobachtungen

Bislang basierten alle Untersuchungen auf 108 Firmenjahr-Beobachtungen mit Rechnungslegungsverstößen (siehe Abschnitt 8.4). Im Zuge des Selektionsprozesses wurden Fehlermeldungen ausgeschlossen, die 1. mangelhaft sind, 2. von ausländischen oder von nach US-GAAP bilanzierenden Unternehmen stammen, 3. nicht in Worldscope hinterlegt sind, 4. von Banken und Versicherungen veröffentlicht wurden oder 5. keine Kontrollbeobachtungen aufweisen.

Dies wird für die folgenden Auswertungen beibehalten. Darüber hinaus ermöglicht aber die in Kapitel 6 vorgestellte Auswertung der Fehlerbekanntmachungen der DPR bis zum 31. Dezember 2013 eine weitergehende Untergliederung für mehrere Sensitivitätsanalysen, was im Folgenden genauer erläutert wird.

Da sich die Analyse auf den Zeitraum vor und nach einem Rechnungslegungsverstoß bezieht, entstehen möglicherweise Schwierigkeiten hinsichtlich der Abgrenzung dieses Zeitraums bei Unternehmen mit mehreren Fehlermeldungen. Im vorliegenden Datensatz gibt es – nach dem beschriebenen Selektionsprozess – zwölf Unternehmen mit zweiten Fehlermeldungen, die spätere Rechnungslegungspublikationen betreffen. Da bei mehreren dieser Fälle die Fehlermeldungen weiter als 1–2 Jahre voneinander entfernt liegen, wird es als legitim angesehen, in der Hauptanalyse keinen entsprechenden Ausschluss umzusetzen.

Es lässt sich aber die Robustheit der Fixed-Effects-Schätzungen überprüfen, wenn nur das früheste Firmenjahr mit fehlerhafter Rechnungslegung berücksichtigt wird.[408] Dies führt zu einer Verwendbarkeit von 96 Firmenjahr-Beobachtungen mit Rechnungslegungsverstößen. Die Ergebnisse finden sich in den Tabellen 25 und 26 im Anhang.

---

407 Vgl. Cameron/Trivedi (2010), S. 165.

408 Diese Vorgehensweise wählen auch Ernstberger/Hitz/Stich (2012), S. 19. US-amerikanische Untersuchungen zu Rechnungslegungsverstößen sprechen das Problem mehrfacher Fehlermeldungen regelmäßig nicht an.

Für die Auswertung stehen nun weniger Beobachtungen zur Verfügung, was bezogen auf die bisher getroffenen Aussagen zu den Effekten des Interaktionsterms *Post x Fehler* zu zwei Änderungen führt. Dessen Koeffizienten weisen ähnliche Ausmaße im Vergleich zur Hauptanalyse auf, jedoch fällt das Signifikanzniveau bei der externen Finanzierung und bei den kurzfristigen Fremdkapitaltransaktionen von 5% auf 10%. Außerdem lässt sich nun kein signifikanter Effekt auf die langfristigen Fremdkapitaltransaktionen mehr feststellen. Für die Kontrollvariablen resultieren, abgesehen von z.T. nicht mehr signifikanten Einflüssen bei der Unterteilung der externen Finanzierung, keine nennenswerten Abweichungen.

Die Auswertung der Fehlermeldungen in Kapitel 6 hat auch zutage gefördert, welche Rechnungslegungspublikation sowie welche Rechnungslegungsstandards und Gesetze als fehlerhaft eingestuft wurden. Bisher wurden Fehlermeldungen berücksichtigt, die zum einen fehlerhafte Halbjahresberichte betrafen, zum anderen Verstöße gegen IFRS-Vorschriften sowie rechtliche Vorgaben des HGB und anderer Gesetze umfassten. Letzteres betrifft insbesondere Fehlermeldungen, die nur auf den Jahresabschluss oder den Lagebericht bezogen sind.[409] Bei diesen monierten Rechnungslegungsinformationen – sowohl Halbjahresberichten als auch Veröffentlichungen nach deutschen Gesetzen – ist potenziell problematisch, dass die Daten für die vorliegende Analyse aus der Datenbank Worldscope stammen. Wie in Abschnitt 8.3 erwähnt, nutzt sie vorwiegend Rechnungslegungsinformationen von Konzernabschlüssen nach IFRS.

Es lässt sich fragen, ob bei einer Konzentration auf fehlerhafte IFRS-Abschlüsse zum Geschäftsjahresende – im vorliegenden Datensatz allesamt Konzernabschlüsse – die bisherigen Resultate stabil bleiben.[410] Die Ergebnisse für die 87 bestehenden fehlerhaften Firmenjahr-Beobachtungen finden sich in den Tabellen 27 und 28 im Anhang.

Die Auswirkungen dieses Selektionsprozesses bleiben relativ gering. Der Interaktionsterm *Post x Fehler* behält seine Einflüsse aus der Hauptanalyse, z.T.

---

409 Fehler in Jahresabschlüssen können nach Hitz/Ernstberger/Stich (2012), S. 262, als gravierender als Fehler in Konzernabschlüssen angesehen werden, da sich aus ersteren z.B. Dividenden- und Steuerzahlungen ergeben, während letztere lediglich der Information dienen.

410 Diese Vorgehensweise wählen auch Ernstberger/Hitz/Stich (2012), S. 19. US-amerikanische Untersuchungen zu Rechnungslegungsverstößen sprechen das Problem von Fehlern in Halbjahresberichten oder Zwischenberichten im Allgemeinen regelmäßig nicht an. Das Problem unterschiedlicher Rechnungslegungsstandards oder Gesetze stellt sich dort nur selten.

auf veränderten Signifikanzniveaus. Ökonomisch führt das zu keinen anderen Schlussfolgerungen. Das ist auch bei den Kontrollvariablen der Fall.

Als weitere Sensitivitätsanalyse, welche die Auswertung aller Fehlermeldungen in Kapitel 6 ermöglicht, ist ein Fokus auf diejenigen Fehlermeldungen interessant, die Bilanzierungs- oder Bewertungsfehler enthalten.[411] Für diese lässt sich – möglicherweise im Gegensatz zu Fehlermeldungen, die ausschließlich den Anhang betreffen – eine besondere Schwere des Verstoßes vermuten. Zwar haben die Einzelfalldarstellungen in Kapitel 7 gezeigt, dass es schwierig zu entscheiden ist, einzelne Fehlermeldungen als besonders gewichtig anzusehen und andere außer Acht zu lassen, dennoch lässt sich bei Bilanzierungs- und Bewertungsfehlern tendenziell von einer herausgehobenen Rolle ausgehen. Bei dieser Argumentation ist aber die Zielsetzung der DPR zu bedenken, welche vorrangig Konzernabschlüsse und -lageberichte prüft, die der Information des Kapitalmarkts dienen. Hierbei kann nicht grundsätzlich von einer Vorrangigkeit von Bilanzierungs- und Bewertungsfehlern gegenüber sonstigen Fehlern im Hinblick auf die Vermittlung entscheidungsrelevanter Informationen ausgegangen werden.[412]

Dennoch werden für die folgende Sensitivitätsanalyse nur Fehlermeldungen, die Bilanzierungs- oder Bewertungsfehler enthalten, betrachtet. Grundlage der Ergebnisse in den Tabellen 29 und 30 im Anhang sind 90 Firmenjahr-Beobachtungen mit fehlerhafter Rechnungslegung.

In dieser Konstellation ist der Interaktionsterm *Post x Fehler* für die Cash Flows, die aus langfristigen Fremdkapitaltransaktionen stammen, nicht mehr signifikant im Vergleich zur Hauptanalyse. Auf aggregierter Ebene wird die externe Finanzierung von Unternehmen mit Rechnungslegungsverstößen im Vergleich zur Kontrollgruppe im Zeitraum nach dem Verstoß weiterhin deutlich erhöht, das Signifikanzniveau fällt aber von 5% auf 10%. Die übrigen Effekte bleiben konstant. Hinsichtlich der Kontrollvariablen gibt es erneut keine besonderen Abweichungen.

8.6.5.5 Variation der Variablenmessungen

Als weiterer Treiber der Ergebnisse sind die Variablenmessungen denkbar. Die bisherigen Analysen verwendeten für die abhängigen Variablen Daten aus Kapitalflussrechnungen. Die Bestimmung der Veränderung des Finanzmittel-

411 In manchen US-amerikanischen Studien zu fehlerhafter Rechnungslegung werden z.B. Fehlermeldungen der SEC ausgeschlossen, die sich nur auf den Anhang beziehen, vgl. z.B. Dechow et al. (2011), S. 28.

412 Vgl. Scheffler/Zempel (2012), Rn. 165.

fonds und der externen Finanzierungsvariablen ist daneben grundsätzlich mithilfe von Bilanzdaten möglich.[413] Die Berechnung folgt den Vorgehensweisen bei Gatchev/Spindt/Tarhan (2009) und Dasgupta/Noe/Wang (2011), welche die Differenzen der entsprechenden Bilanzgrößen zwischen zwei Bilanzstichtagen messen.[414] Zur Erfassung von Heterogenität aufgrund unterschiedlicher Firmengröße werden diese Variablen – wie zuvor diejenigen basierend auf der Kapitalflussrechnung – durch die Bilanzsumme zu Beginn des Geschäftsjahres geteilt.[415] Die Resultate finden sich in den Tabellen 31 und 32 im Anhang.

Interessant an diesen Ergebnissen ist, dass sich nun keine Hinweise auf eine Veränderung der externen Finanzierung finden – der Interaktionsterm *Post x Fehler* ist in dieser Gleichung nicht mehr signifikant. In der Hauptanalyse, die auf Daten aus Kapitalflussrechnungen aufbaute, war er das noch auf einem Niveau von 5%. Sofern man die externe Finanzierung genauer untergliedert, sind nun weder die Erhöhung des langfristigen noch die Reduktion des kurzfristigen Fremdkapitals signifikant, wohingegen sie das in der Hauptanalyse noch waren – auf Signifikanzniveaus von 10% bzw. 5%.

Hinsichtlich der Einflüsse der Kontrollvariablen gibt es auch in dieser Sensitivitätsanalyse keine bemerkenswerten Änderungen. Da die entsprechenden Variablen identisch zur Hauptanalyse sind, sind alle Koeffizientenschätzungen in den Gleichungen zur Bestimmung des Cash Flow, der für Investitionen verwendet wird, und zur Bestimmung der Dividendenzahlungen erwartungsgemäß unverändert.

Insgesamt zeigt sich, dass die Berechnung der abhängigen Variablen Einfluss auf die Ergebnisse nimmt. Da jedoch die Verwendung von Kapitalflussrechnungsdaten für Maßnahmen der Unternehmensfinanzierung tendenziell präziser und in der Literatur weiter verbreitet ist, wird deren Ergebnisse eine höhere Vertrauenswürdigkeit beigemessen.

---

413 Für die Investitions- und Dividendenzahlungen ist dies nicht umsetzbar. Zu beachten ist, dass Variablen, die auf Bilanzdaten basieren, z.B. keine Kredittilgung und -neuaufnahme innerhalb eines Jahres berücksichtigen können.

414 Vgl. Gatchev/Spindt/Tarhan (2009), S. 193; Dasgupta/Noe/Wang (2011), S. 1271. In beiden Artikeln wird weitgehend dieselbe Vorgehensweise bei der Berechnung der Bilanzvariablen gewählt. Ausnahme ist die Veränderung des Eigenkapitals. Da die Berechnung von Dasgupta/Noe/Wang sehr umständlich und aufgrund geringer Datenverfügbarkeit nicht umsetzbar ist, wird hier Gatchev/Spindt/Tarhan gefolgt.

415 Vgl. Gatchev/Spindt/Tarhan (2009), S. 183. Weiterhin werden alle stetigen Variablen winsorisiert, wie in Abschnitt 8.3 beschrieben.

Da es gängige Praxis ist, stetige Variablen zu winsorisieren, wurde dies für die Hauptanalyse umgesetzt (auf dem 1%- und 99%-Niveau). Dennoch wurde überprüft, ob die Ergebnisse robust gegenüber dem Einfluss von Ausreißern sind. Die Ergebnisse finden sich in den Tabellen 33 und 34 im Anhang.

Wenn die stetigen Variablen nicht winsorisiert werden, bleiben die Erkenntnisse hinsichtlich des Einflusses des Interaktionsterms *Post x Fehler* weitgehend bestehen. Der Koeffizient in der Beziehung zu den langfristigen Fremdkapitaltransaktionen weist zwar im Vergleich zur Hauptanalyse ein ähnliches Ausmaß auf, ist aber nicht mehr signifikant. Ausreißer nehmen somit einen geringen Einfluss auf die Schlussfolgerungen der Analyse. Bei den Kontrollvariablen sind die Änderungen nicht bedeutsam.

8.6.6 Grenzen der Untersuchung

8.6.6.1 Endogenität

Empirische Untersuchungen stehen vor grundsätzlichen Problemen, wie einer z.T. mangelhaften theoretischen Untermauerung und Schwierigkeiten, aus empirischen Ergebnissen Konsequenzen für zukünftiges Handeln abzuleiten, worauf hier aber nicht näher eingegangen wird.[416] Im Folgenden werden spezielle Probleme der vorliegenden Studie beleuchtet.

Ein empirisches Problem dieser Untersuchung ist insbesondere eine mögliche Endogenität. Das bedeutet, dass die erklärenden Variablen und die Fehlerterme eines statistischen Modells korrelieren. Als Folge führen Kleinste-Quadrate-Schätzungen, die auch den Kern der durchgeführten Fixed-Effects-Schätzungen darstellen, zu verzerrten Parameterwerten. Dieses Endogenitätsproblem kann auf zahlreiche Quellen zurückgeführt werden. Diese lassen sich insbesondere in drei Gruppen einteilen: 1. eine Fehlspezifikation aufgrund ausgelassener Variablen („Omitted Variable Bias“), 2. eine Simultanität und 3. Fehler bei den Variablenmessungen.[417] Auf letztere wird nicht weiter eingegangen, da sie bei der vorliegenden archivdatenbasierten Analyse mit Rechnungslegungsdaten weniger bedeutsam sein dürften als die übrigen Problemfelder. Vorab soll aber festgehalten werden, dass sich ein Endogenitätsproblem nie vollständig lösen lässt.

Das Problem einer Fehlspezifikation aufgrund ausgelassener Variablen resultiert aus der Auslassung von Variablen in den linearen Gleichungen, die einen

---

416 Vgl. z.B. Chmielewicz (1994), S. 142–149; Popper (2005), S. 3–6.

417 Vgl. Wooldridge (2010), S. 53–55; Wooldridge (2013), S. 82f. Einen guten Überblick über mögliche Ursachen mit Beispielen liefert Greene (2012), S. 259–262.

Einfluss auf die abhängigen Variablen haben und gleichzeitig mit einem oder mehreren Regressoren des Modells korrelieren. Die für die meisten multivariaten Analysen in dieser Arbeit verwendete Fixed-Effects-Schätzung, welche die zugrunde liegende Paneldatenstruktur ausnutzt, mildert dieses Problem auf gewisse Weise, da sie zumindest alle zeitlich konstanten unbeobachteten Einflüsse eliminiert. Dies wurde in Abschnitt 8.6.1 genauer dargestellt. Zeitlich variable Einflussfaktoren, die im Modell nicht berücksichtigt wurden, lassen sich nicht problemlos mithilfe eines statistischen Verfahrens aufdecken oder beseitigen. Stattdessen werden v.a. theoretische Überlegungen, ob weitere Einflussfaktoren vorliegen, relevant. Da das verwendete Modell, welches in Abschnitt 8.2 vorgestellt wurde, etablierte Regressoren aus der entsprechenden Forschung enthält, scheint dieses Problem von geringer Bedeutung zu sein.[418]

Eine Fehlspezifikation aufgrund ausgelassener Variablen ist ein sehr weitreichendes empirisches Hindernis und kann sich auch auf Selektionsprozesse beziehen. Eine mit solchen Prozessen verbundene Auswahlverzerrung gleicht statistisch einer Fehlspezifikation aufgrund ausgelassener Variablen.[419] Im deutschen Enforcement-Verfahren für die Rechnungslegung besteht eine Auswahlverzerrung, deren Faktoren nicht vollständig beobachtbar sind. Diese resultiert aus zwei Einflüssen: Zum einen ist es aufgrund ihrer begrenzten Ressourcen unwahrscheinlich, dass die DPR alle Unternehmen aufspürt, die fehlerhafte Rechnungslegung aufweisen. Zum anderen führt die Vorgabe jährlicher Prüfungsschwerpunkte zu einer Auswahlverzerrung in ihren Untersuchungen.[420]

Eine Möglichkeit zur Berücksichtigung dieser Probleme wäre es, ein zweistufiges Heckman-Verfahren zu nutzen.[421] Aufgrund von bestimmten Schwierigkeiten, die kurz genannt werden, wird dieses Verfahrens jedoch nicht eingesetzt. So kann die Forderung, dass sich die Selektionsvariablen auf der ersten Stufe von den auf der zweiten Stufe analysierten Variablen unterscheiden sollten, als hinderlich angesehen werden. Diese Voraussetzung ist nicht zwingend, eine problemlose Abweichung ist aber an bestimmte Eigenschaften der „Inverse Mills Ratio“ (des Korrekturterms für die Selektionsverzerrung) gebunden. Folglich

---

418 Siehe hierzu auch Fn. 434.

419 Vgl. Heckman (1979). Anschauliche Darstellungen, wann eine Auswahlverzerrung vorliegt, finden sich bei Vella (1998), S. 128f., und Tucker (2010), S. 34–36.

420 Siehe zu diesen Hindernissen auch die Ausführungen in den Abschnitten 4.7 und 8.4.

421 Siehe hierzu grundlegend Heckman (1976) und Heckman (1979) sowie ergänzend die tiefgehenden Diskussionen bei Heckman (2000), Heckman (2001) und Heckman (2008). Eine vorbildliche Anwendung dieses Verfahrens im Rahmen einer Studie zu US-amerikanischen Rechnungslegungsverstößen findet sich bei Files (2012), S. 366f.

sollten die erklärenden Variablen beider Stufen nicht vollkommen deckungsgleich sein, wobei es oft schwierig zu begründen ist, warum bestimmte Variablen Einfluss auf den Selektionsprozess nehmen, jedoch auf der zweiten Stufe keine Rolle spielen.[422] Eine angemessene Durchführung eines Heckman-Verfahrens für die untersuchten Fehlermeldungen steht auch vor dem Problem, dass nicht öffentlich bekannt ist, welche Unternehmen von der DPR ausgewählt wurden, aber keinen Fehler aufwiesen. Im Rahmen eines Selektionsmodells, welches die Faktoren für eine Auswahl durch die DPR zu beschreiben versucht, kann man somit nur auf die Unternehmen zurückgreifen, die anschließend auch eine Fehlermeldung publizieren. Es kann somit keine saubere Trennung der Behandlungsgruppe von der Kontrollgruppe sichergestellt werden. Das Ausmaß dieser Verzerrung kann nicht überprüft werden. Vor diesem Problem steht auch das eingesetzte Matching-Verfahren.[423]

Diesen Argumenten folgend, wird in der Literatur eine Verwendung des Heckman-Verfahrens zunehmend als kritisch angesehen. Stattdessen wird eine genauere Darstellung verlangt, warum ausgelassene Variablen ein bedeutendes Selektionsproblem zur Folge haben könnten.[424] Zu beachten ist daneben auch, dass die durchgeführten Fixed-Effects-Schätzungen ein mögliches Selektionsproblem, das aus unbeobachteten Faktoren resultiert, die über die Zeit hinweg invariant sind, eliminieren.[425]

Eine andere Form der Endogenität resultiert aus dem Problem der Simultanität bzw. umgekehrten Kausalität, d.h. einer gegenseitigen Abhängigkeit der erklärenden und der erklärten Variablen.[426] Die von mir gewählte methodische Vorgehensweise versucht dem entgegenzuwirken. Das in Abschnitt 8.2 vorgestellte Modell hat als Regressoren zum einen stetige Variablen, die als Kontrollvariablen dienen.

---

422 Vgl. Puhani (2000), S. 57f.; Dow/Norton (2003), S. 9; Madden (2008), S. 302; Tucker (2010), S. 47; Lennox/Francis/Wang (2012), S. 592f. und 612; Peel/Makepeace (2012), S. 610f. In zahlreichen Studien wird diese Forderung nicht eingehalten, wie Lennox/Francis/Wang (2012), S. 593–597, zeigen. Chen/Cheng/Lo (2013), S. 763, wenden in einem zur vorliegenden Studie ähnlichen Untersuchungskontext zur Unternehmensfinanzierung bei Restatements das von Heckman vorgeschlagene Verfahren an. Ein Fehler in dieser Studie ist, dass das Selektionsmodell auf der ersten Stufe dieselben erklärenden Variablen aufweist wie das Modell auf der zweiten Stufe. Damit wird die Auswahlverzerrung regelmäßig nicht beseitigt.

423 Diese Schwierigkeit wurde auch in den Abschnitten 4.7 und 8.4 erörtert.

424 Vgl. Larcker/Rusticus (2007), S. 212–214; Ernstberger/Hitz/Stich (2012), S. 30; Lennox/Francis/Wang (2012), S. 609–611.

425 Vgl. Lennox/Francis/Wang (2012), S. 611f.

426 Im Zusammenhang mit Enforcement siehe hierzu auch Jackson/Roe (2009), S. 233f.

Diese werden zu Beginn des Geschäftsjahres gemessen, sodass hier keine simultane Festlegung der Unternehmensfinanzierung, die am Jahresende gemessen wird, vorliegen kann. Zum anderen weist das Modell Dummy- bzw. Interaktionsvariablen auf, die fehlerhafte Rechnungslegung und den zeitlichen Verlauf messen. Für diese lässt sich eine umgekehrte Kausalität, in Form eines Einflusses der Unternehmensfinanzierung auf die Durchführung von Rechnungslegungsverstößen, nicht statistisch ausschließen. Sie erscheint jedoch aus theoretischer Sicht von geringerer Wahrscheinlichkeit als die unterstellte Wirkungsrichtung des Zusammenhangs. Demzufolge wird das Problem einer simultanen Beziehung als gering angesehen.

8.6.6.2 Datenbasis und weitere Einflussfaktoren

Daneben sei noch mal auf mögliche Probleme der Aussagekraft der publizierten Rechnungslegungsverstöße hingewiesen. Zum einen ist, wie auch in den Abschnitten 4.7 und 8.4 aufgeführt, keine strenge Trennung zwischen der Untersuchungs- und der Kontrollgruppe möglich. Man kann nicht wissen, ob Unternehmen von der DPR untersucht und ihre Rechnungslegung als fehlerfrei eingestuft wurde oder ob Unternehmen eine mangelhafte Rechnungslegung aufweisen, jedoch nicht von der DPR zur Prüfung ausgewählt wurden. Dieses Problem lässt sich nicht beheben. Zum anderen ist nicht bei jeder Fehlermeldung klar, ob die enthaltenen Einzelfehler als wesentlich anzusehen sind – und aus wessen Perspektive dies beantwortet werden sollte – und welche Ursachen zu ihnen geführt haben.[427] So lässt sich insbesondere aus dem Text einer Fehlermeldung nicht problemlos ableiten, dass ein maßgeblicher Zusammenhang mit der Unternehmensfinanzierung besteht. Dieses Hindernis ist dem vorliegenden Forschungskontext immanent. Eine Vielzahl weiterer Einflüsse auf Rechnungslegungsverstöße ist hier denkbar und oft nicht einfach verlässlich bestimmbar, man denke an die Eigentümerstruktur,[428] die Durchführung von Fusionen und Übernahmen, die Dauer der Überprüfung durch denselben Abschlussprüfer und die weiteren Einflussfaktoren, die in Kapitel 4 dargelegt wurden.

Auch auf der Unternehmensebene gibt es gewisse Effekte, die die Ergebnisse beeinflussen können. Zum einen sind zeitliche Effekte denkbar, insbesondere Lerneffekte bei den von der DPR überwachten Unternehmen. Damit ist gemeint, dass diese Unternehmen ihr Verhalten an die neue Enforcement-Instanz anpassen oder die IFRS eine Zeit des Einübens erfordern. Mögliche Verzerrungen daraus

---

427 Vgl. Ballwieser (2008b), S. 56–62.
428 Vgl. hierzu insbesondere Coffee (2005).

sind schwierig herauszufiltern. Der Rückgang der Fehlermeldungen in den letzten Jahren nach der Analyse in Abschnitt 6.1 liefert hierfür gewisse Hinweise. Dass die Finanz- und Wirtschaftskrise – als ein Effekt auf Makroebene –einen besonderen Einfluss hatte, kann nicht gänzlich ausgeschlossen werden, auch wenn dieser sich aus der Auswertung in Abschnitt 6.1 nicht ableiten lässt. Zum anderen können auf Unternehmensebene Persönlichkeitsmerkmale der Manager auf die untersuchte Assoziation zwischen Rechnungslegungsverstößen und Unternehmensfinanzierungsmaßnahmen einwirken. Alle diese möglichen Einflüsse auf die Resultate können deren interne Validität begrenzen.[429]

Die Analyse basiert auf Fehlermeldungen der DPR, die alle Unternehmen überwacht, die Wertpapiere in einem regulierten Marktsegment einer deutschen Börse emittiert haben. Inwieweit die Erkenntnisse dieser Untersuchung auf Unternehmen übertragen werden können, die nicht der Aufsicht dieser Enforcement-Einrichtung unterstellt sind, kann nicht gesagt werden. Die vorgefundenen Zusammenhänge von fehlerhafter Rechnungslegung und Unternehmensfinanzierung lassen sich für diese Unternehmen nur als Tendenz vermuten. Auch bezogen auf die Übertragbarkeit der Resultate auf die übrigen überwachten Unternehmen kann es Einschränkungen durch die in der Datenbank Worldscope hinterlegten Unternehmen mit Fehlermeldungen geben. Nicht alle Unternehmen mit Fehlermeldungen konnten hier vorgefunden werden,[430] was zu Verzerrungen führen kann. Eine Betrachtung dieser Unternehmen lässt aber keine eindeutige Systematik hinsichtlich einer Branchen- oder Größenselektivität oder einer sonstigen Verzerrung erkennen. Diese Umstände können die externe Validität der Ergebnisse einschränken.[431]

Da sich die Analyse auf den Zeitraum vor und nach einem Rechnungslegungsverstoß konzentriert, wäre es wünschenswert gewesen, neben den genutzten Jahresdaten auch Quartalsdaten zu berücksichtigen. Leider liegen diese in Worldscope nicht in großer Zahl vor. Insbesondere vor dem Hintergrund, dass es nur wenige Unternehmen mit Fehlermeldungen gibt, die analysiert werden können, hätte deren Verwendung eine statistische Auswertung aufgrund der weiteren Eingrenzung vor große Probleme gestellt. Bei der Festlegung des Analysezeitraums ist auch zu bedenken, dass der Stichtag für den Rechnungslegungsverstoß

---

429 Vgl. Bortz/Döring (2006), S. 53 und 502f.

430 Siehe Abschnitt 8.3.

431 Vgl. Bortz/Döring (2006), S. 53 und 504. Da die gesamte Population, für die die Erkenntnisse gelten sollen, d.h. alle Unternehmen mit Rechnungslegungsverstößen, erwartungsgemäß nicht allzu groß ist, lässt sich das Problem der externen Validität ein wenig entkräften.

derjenige ist, der von der DPR festgestellt wurde. Es ist denkbar, dass die Unternehmen schon davor fehlerhafte Rechnungslegung aufweisen, was von der DPR nicht entdeckt oder nicht untersucht wurde. Jedoch gibt es keine andere Quelle, die einen früheren Rechnungslegungsverstoß verlässlich aufzeigen könnte. Somit ist auch die zeitliche Abgrenzung mit Vorsicht zu betrachten.[432]

8.6.6.3 Schätzmethodik

Schließlich lässt sich die Güte der für die meisten multivariaten Analysen in dieser Arbeit verwendeten Fixed-Effects-Schätzung hinterfragen. Diese hat die Vorteile, dass sie für unbeobachtete Variablen, die zeitlich konstant bleiben, kontrolliert und dass die zeitlich konstanten individuenspezifischen Effekte mit den erklärenden Variablen korrelieren können, was als realitätsnah angesehen wird. Ein Nachteil ist aber, wie bereits in Abschnitt 8.6.1 genannt, dass sie nur die Within-Standardabweichung, d.h. die Variation zwischen den Perioden innerhalb der Beobachtungen eines Unternehmens, zur Parameterschätzung nutzt.

So stellt sich die Frage, ob die fehlende Nutzung der Between-Standardabweichung, d.h. der Variation zwischen den Unternehmen, problematisch ist, da hier Informationen verloren gehen. Eine Überprüfung des genutzten Modells zeigt aber, dass beim Großteil der Variablen die Within- größer als die Between-Standardabweichung ist.[433] Somit scheint von dieser Seite kein Nachteil des Verfahrens zu drohen. Die Vorteile gegenüber anderen Panelschätzungen überwiegen insgesamt deutlich.

8.6.7 Fazit

Die empirische Untersuchung diente der Aufdeckung eines Zusammenhangs von fehlerhafter Rechnungslegung und Unternehmensfinanzierung. Dabei wurde vermutet, dass Unternehmen mit Rechnungslegungsverstößen im Zeitraum nach diesem Verstoß ihr Unternehmensfinanzierungsverhalten im Vergleich zur Entwicklung einer Kontrollgruppe ändern. Als Hypothesen wurden eine Erhöhung der externen Finanzierung, welche sich in Eigen- und Fremdkapitaltransaktionen untergliedern lässt, eine Erhöhung der Investitionen sowie eine Kürzung der Dividendenzahlungen erwartet.

Die Analyse nutzt Daten von Unternehmen, bei denen die DPR fehlerhafte Rechnungslegung festgestellt hat, und von Unternehmen ohne Fehlermeldungen,

432 Vgl. Caskey/Hanlon (2013), S. 847.
433 Vgl. Cameron/Trivedi (2010), S. 244f.

die vergleichbare Kontrollbeobachtungen aufweisen. Grundlage sind 108 Firmenjahr-Beobachtungen mit fehlerhafter Rechnungslegung im Zeitraum von 2004 bis 2011. Zwar sind die Beobachtungen fehlerhafter Rechnungslegung für eine empirische Untersuchung nicht umfangreich, wodurch die Aufdeckung bestehender Relationen erschwert wird. Durch das verwendete Matching-Verfahren wurde aber die Teststärke tendenziell erhöht, da den Beobachtungen mit fehlerhafter Rechnungslegung 429 Kontrollbeobachtungen gegenüberstehen.

In der Gesamtschau liefern die durchgeführten Fixed-Effects-Schätzungen ein weitgehend konsistentes Bild. Insbesondere zeigt sich, dass Unternehmen mit Rechnungslegungsverstößen im anschließenden Zeitraum im Vergleich zur Entwicklung der Kontrollgruppe ihre Dividendenzahlungen kürzen (Hypothese 3) und ihre externe Finanzierung erhöhen (Hypothese 1), wobei v.a. die langfristigen Fremdkapitaltransaktionen betroffen sind. Letzteres stützt Hypothese 1b. Gegenteilig entwickeln sich jedoch die kurzfristigen Fremdkapitaltransaktionen, da sich für diese Hinweise auf eine unerwartete Kürzung finden. Weder eine Zunahme der Investitionsauszahlungen (Hypothese 2) noch eine Erhöhung der Eigenkapitaltransaktionen (Hypothese 1a) zeichnen sich ab.[434] Das stellt eine Abweichung zu den Resultaten US-amerikanischer Untersuchungen dar.[435]

Die Resultate lassen aber insgesamt die Schlussfolgerung zu, dass die Unternehmensfinanzierung durch fehlerhafte Rechnungslegung beeinflusst wird, wenn auch auf andere Weise, als dies in den USA der Fall zu sein scheint. Für die fehlende Erhöhung der Eigenkapitaltransaktionen könnten institutionelle Faktoren maßgeblich sein, während die ausbleibende Erhöhung der Investitionsauszahlungen zum einen von einer abweichenden statistischen Methodik gegenüber der

434 Sobald der Zinsdeckungsgrad als ein Maß für das Ausfallrisiko, welcher potenziell Einfluss auf die Gleichungen des Modells nimmt, vgl. z.B. Hadlock/James (2002), aufgenommen wird, zeigt sich ein signifikanter Effekt des maßgeblichen Interaktionsterms auf die Investitionszahlungen auf dem 5%-Niveau. Jedoch weisen die Koeffizienten des Zinsdeckungsgrads in jeder Analyse den Wert null auf, weshalb er in der vorliegenden Auswertung nicht ökonomisch relevant ist und somit ausgeschlossen wird.

435 Hinsichtlich der Eigenkapitaltransaktionen siehe Dechow/Sloan/Sweeney (1996), S. 19f. und 23f.; Dechow et al. (2011), S. 43–54. Ein Mangel dieser Studien, der bereits in Abschnitt 4.4 genannt wurde, ist, dass Finanzierungsmaßnahmen lediglich über Dummy-Variablen gemessen werden – das Ausmaß der Aktivitäten also nicht betrachtet wird. Hinsichtlich der Investitionszahlungen siehe McNichols/Stubben (2008), S. 1573–1595.

US-amerikanischen Forschung bestimmt sein kann,[436] zum anderen potenziell von den niedrigen Cash Flows aus laufender Geschäftstätigkeit bei Unternehmen mit fehlerhafter Rechnungslegung beeinflusst wird.[437] Die Reduzierung der kurzfristigen Fremdkapitaltransaktionen ist möglicherweise auf eine Umschichtung in der externen Finanzierung bei Unternehmen mit Rechnungslegungsverstößen zurückzuführen. Es ist denkbar, dass sie eine durch die fehlerhafte Rechnungslegung zu positiv dargestellte Unternehmenslage gebrauchen, um eine tendenziell vorteilhafte langfristige Finanzierung sicherzustellen.

Durch Sensitivitätsanalysen konnte gezeigt werden, dass die Ergebnisse größtenteils robust gegenüber einer Änderung des Analysezeitraums, der Schätzmethodik, der Stichprobenselektion und der Variablenmessung sind. Teilweise sind bei einer abweichenden Variablenmessung – fußend auf Bilanzdaten – manche Einflüsse fehlerhafter Rechnungslegung nicht mehr ersichtlich. Dagegen finden sich bei einer veränderten Abgrenzung des Analysezeitraums (leicht) signifikante Hinweise auf eine unerwartete Kürzung der Eigenkapitaltransaktionen, was Hypothese 1a betrifft.[438] In Summe betrachtet weisen die Relationen aber lediglich unwesentliche Änderungen auf, was die Stabilität der Resultate unterstreicht. Die Sensitivitätsanalysen haben interessanterweise auch gezeigt, dass die Kürzung der Dividendenzahlungen langfristig ist. Eine erwartete Anpassung dieser Transaktionen im Vergleich zur Kontrollgruppe lässt sich auch bei einer zeitlich weitergehenden Betrachtung nicht feststellen.

Bei dieser Auswertung bestehen Grenzen in der Interpretation der Ergebnisse. Es lässt sich z.B. nicht mit Gewissheit sagen, ob Rechnungslegungsverstöße begangen werden, um anschließend unter Vortäuschung einer zu positiven Unternehmenslage die externe Finanzierung ausbauen zu können. Eine absichtliche

---

436 Die einschlägige Studie von McNichols/Stubben (2008) nutzt, wie in Abschnitt 4.4 erläutert, ein Maß, welches ein Überinvestitionsverhalten bestimmen soll. Dieses lässt sich hinterfragen.

437 Vgl. Stein (2003), S. 121.

438 Bei dieser Sensitivitätsanalyse werden die zwei Jahre nach dem Rechnungslegungsverstoß den zwei Jahren davor gegenübergestellt. Somit dürften hier erste Fälle enthalten sein, bei denen Fehler bekannt gemacht wurden. Da dies die Verlässlichkeit der Finanzberichterstattung eines Unternehmens infrage stellt, werden Informationsasymmetrien bei der Wahl zwischen verschiedenen Kapitalgebern relevant: Die Informationsasymmetrie von Eigenkapitalgebern ist höher als die von Fremdkapitalgebern, vgl. Grossman/Hart (1982); Myers (1984); Myers/Majluf (1984); Jensen (1986); Chen/Cheng/Lo (2013), S. 754f. Jedoch ist in dieser Situation auch umgekehrt eine Bevorzugung von Eigenkapital möglich, vgl. Boot/Thakor (1993); Fama/French (2002); Inderst/Mueller (2006); Gatchev/Spindt/Tarhan (2009), S. 179.

Herbeiführung fehlerhafter Rechnungslegung kann nicht bewiesen werden. Die gegenüber den Unternehmen aus der Kontrollgruppe hohe Fremdkapitalquote ab dem Jahr des Verstoßes, was die deskriptiven Statistiken zeigen, legt diese Vermutung jedoch zumindest nahe. Sofern Fremdkapitalgeber in derartigen Situationen die Rechnungslegungsinformationen genau überprüfen, um festlegen zu können, ob weiteres Fremdkapital bewilligt wird, wird eine Beschönigung dieser Informationen durch ihre Manipulation angeregt. Diese Interpretation wird auch durch die im Vergleich zur Kontrollgruppe niedrigen Cash Flows aus betrieblicher Tätigkeit vor dem Rechnungslegungsverstoß untermauert, was eine niedrige Rentabilität aufzeigt und tendenziell ein erhöhtes Maß an externen Finanzierungsquellen notwendig macht.

Die Erhöhung der externen Finanzierung ist weitgehend durch langfristiges Fremdkapital getrieben. Mithilfe der vorliegenden Daten ist aber keine detailliertere Untergliederung möglich, die eine Schlussfolgerung erlaubt, ob z.B. insbesondere Kapital bei Banken oder über den Anleihemarkt akquiriert wird. Die Kürzung der Dividendenzahlungen ist naheliegend, da dadurch weniger Kapitalaufnahme notwendig wird. Möglicherweise steht die Kürzung der Dividendenzahlungen im Zusammenhang mit der – abgesehen von einer Sensitivitätsanalyse – fehlenden Änderung der Eigenkapitaltransaktionen. Diese Kürzung ist tendenziell einfacher als die Akquirierung neuen Eigenkapitals über den Kapitalmarkt.[439] Die Erhöhung des Fremdkapitals legt insgesamt dessen Bevorzugung vor Eigenkapital nahe oder kann als Hinweis auf eine leichtere „Täuschungsfähigkeit" der Fremdkapitalgeber durch fehlerhafte Rechnungslegung interpretiert werden.[440] Institutionelle Rahmenbedingungen für verschiedene Arten der Kapitalerhöhung spielen hier sicherlich eine Rolle, sie können jedoch nur schwer untersucht werden. Dies betrifft auch die unerwartete Kürzung der kurzfristigen Fremdkapitaltransaktionen. Möglicherweise wird sie auch, wie bereits angeführt, durch eine Umschichtung hin zu langfristigem Fremdkapital getrieben.

---

439 Dennoch sind mit Dividendenkürzungen negative Reaktionen der Investoren verbunden, z.B. Aktienkursrückgänge, vgl. Li/Lie (2006).

440 Siehe hierzu auch die in Fn. 438 genannten Quellen.

9 Thesenförmige Zusammenfassung

1. Zahlreiche Bilanzskandale zu Beginn dieses Jahrhunderts und die Ausbreitung der IFRS ab dem Jahr 2005 haben zu Zweifeln an der Fähigkeit der bestehenden Enforcement-Einrichtungen für die Rechnungslegung wie internen Aufsichtsgremien und den Abschlussprüfern geführt, ob diese eine fehlerfreie Rechnungslegung und eine konsistente Umsetzung des neuen Regelwerks gewährleisten können. Daraufhin wurden in der Europäischen Union mehrere Reformen umgesetzt, wobei in Deutschland auch ein zweistufiges Enforcement-Verfahren für die Rechnungslegung etabliert wurde. Dieses ist seit dem 1. Juli 2005 aktiv. Auf der ersten Stufe ist die privatrechtlich organisierte DPR tätig, welche auf die Kooperationsbereitschaft der überwachten Unternehmen angewiesen ist und einen Großteil der Kontrolle verantwortet. Auf der zweiten Stufe schreitet die BaFin mit hoheitlichen Sanktionsrechten ein. Die Tätigkeit der DPR und der BaFin soll die Veröffentlichung fehlerhafter Rechnungslegung verhindern und somit das Vertrauen der Anleger in den Kapitalmarkt stärken.
2. Das deutsche Enforcement-Verfahren für die Rechnungslegung steht zwischen den beiden Polen der britischen und der US-amerikanischen Enforcement-Einrichtungen. Das britische FRRP muss sich v.a. auf die Kooperationswilligkeit der überwachten Unternehmen verlassen und publiziert lediglich Fälle einvernehmlicher Lösungen mit Unternehmen mit fehlerhafter Rechnungslegung. Sie kann jedoch die Finanzmarktaufsichtsbehörden einbinden, welche gewichtige Sanktionen verhängen können. Die SEC in den USA dagegen hat eine vergleichsweise hohe Mitarbeiterzahl für das Enforcement der Rechnungslegung sowie umfassende Hoheitsrechte, welche ihr zahlreiche Strafmaßnahmen erlauben. Neben Fehlermeldungen drohen z.B. Handelsausschlüsse, hohe Bußgelder und Berufsverbote. Empirische Studien machen die z.T. drastischen Konsequenzen dieser Sanktionen deutlich und erklären die Angst vor der SEC.
3. Die DPR überwacht alle Unternehmen, die Wertpapiere in einem regulierten Marktsegment einer deutschen Börse emittiert haben. Deren Auswahl erfolgt zum einen reaktiv, weil konkrete Anhaltspunkte für Rechnungslegungsverstöße vorliegen oder die BaFin eine Untersuchung verlangt, zum anderen basierend auf einem Stichprobenverfahren, welches u.a. Risikoaspekte wie eine negative Branchenentwicklung und die Börsensegmentierung berücksichtigt. Die anschließende Untersuchung der DPR konzentriert sich insbesondere auf

den Konzernabschluss und den zugehörigen Lagebericht, wobei eine Schwerpunktsetzung auf bestimmte Bereiche und keine vollständige Prüfung erfolgt. Jährlich schließt die DPR mehr als 100 Untersuchungen ab.

4. Die Sanktionierung durch das Enforcement der DPR besteht insbesondere in der öffentlichen Bekanntmachung der fehlerhaften Rechnungslegung und der darauffolgenden Rufschädigung sowie den nachteiligen Reaktionen am Kapitalmarkt. Weitere negative rechtliche Konsequenzen von Fehlermeldungen drohen durch andere Normen und Instanzen, wobei die DPR grundsätzlich nicht mehr involviert ist. Die Spannweite der Folgen reicht von Korrekturen der aktuellen Rechnungslegung über die Nichtigkeit von Jahresabschlüssen und die Berichtigung von Gewinnausschüttungen bis hin zu Freiheits- oder Geldstrafen. Je weitreichender die Sanktion, desto schwieriger ist jedoch in praxi der Nachweis ihrer Voraussetzungen. Daneben kann gegen den Abschlussprüfer ein Berufsaufsichtsverfahren eingeleitet werden.
5. Bis zum 31. Dezember 2013 wurden 200 Fehlermeldungen in Deutschland publiziert. Im europäischen Vergleich zeichnen sie sich durch eine einfache Verfügbarkeit und eine hohe Verständlichkeit aus. Eine genauere Betrachtung der Fehlermeldungen in Deutschland zeigt, dass die meisten im Jahr 2009 bekannt gemacht wurden, sich die meisten festgestellten Rechnungslegungsverstöße jedoch auf Abschlüsse des Jahres 2005 beziehen. Letztere beinhalten auch die meisten Fehler. Da über die folgenden Jahre die Anzahl sowohl der Fehlermeldungen als auch der einzelnen, in den Fehlermeldungen enthaltenen Fehler abnahm, scheinen gewisse Lerneffekte bei der Gruppe der überwachten Unternehmen vorzuliegen. Die Fehlermeldungen erfolgen durchschnittlich 16,1 Monate nach Veröffentlichung der fehlerhaften Finanzberichterstattung. Bei einer tiefergehenden Untersuchung der verletzten Vorschriften finden sich viele Bilanzierungs- und Bewertungsfehler bei komplexen IFRS-Vorschriften, z.B. zu Unternehmenszusammenschlüssen und zu Finanzinstrumenten. Daneben sind insbesondere Anhangangaben sowie Ausführungen im (Konzern-)Lagebericht oftmals fehlerhaft.
6. Für ein wirkungsvolles Enforcement ist die Kenntnis der Einflussfaktoren auf Rechnungslegungsverstöße von großer Hilfe. Die Nutzung von Fehlerbekanntmachungen für eine Untersuchung dieser Einflussfaktoren weist Vor- und Nachteile auf. Als positiv ist insbesondere anzusehen, dass diese Feststellungen von einer externen Kontrollinstanz stammen und dass sie konkrete Verletzungen der Rechnungslegungsvorschriften deutlich machen. Sie genießen somit ein hohes Maß an Glaubwürdigkeit und Relevanz. Negativ ist jedoch v.a., dass die Absichtlichkeit der Fehler nicht belegt werden kann und dass eine Enforcement-Einrichtung wie die DPR Schwerpunkte in

ihrer Auswahl und Prüfung setzt, weshalb nicht sämtliche Fälle fehlerhafter Rechnungslegung aufgedeckt und in einer empirischen Untersuchung genutzt werden können.

7. Wesentliche Einflussfaktoren auf fehlerhafte Rechnungslegung erschließen sich insbesondere aus der Literatur zur Agency-Theorie. Diese nimmt an, dass das Management grundsätzlich an einer hohen Vergütung interessiert ist. Sofern diese von ihm beeinflusst werden kann, besteht die Gefahr, dass es Maßnahmen ergreift, welche nicht im Sinne des gesamten Unternehmens und seiner Eigentümer sind. Bei einer Vergütung, die auf den bilanziellen Gewinn des Unternehmens und auf Renditekennzahlen abstellt oder teilweise in Form von Aktien erfolgt, werden möglicherweise Rechnungslegungsverstöße begangen, um die Entlohnung zu maximieren. Empirische Resultate, die insbesondere aus den USA stammen, lassen jedoch keine eindeutigen Zusammenhänge erkennen.
8. Das Management, im Speziellen der Vorstand und der Aufsichtsrat, ist besser über die aktuelle Situation des Unternehmens informiert als außenstehende Investoren. Sofern es über Aktien des Unternehmens verfügt, kann es seinen Wissensvorsprung für vorteilhafte Handelsaktivitäten nutzen. Unter der Annahme, dass sich Fehlermeldungen negativ auf den Aktienkurs auswirken, hat das Management grundsätzlich einen Anreiz, im Zeitraum nach einem Rechnungslegungsverstoß seine Aktien zu überhöhten Preisen zu verkaufen, bevor die fehlerhafte Rechnungslegung den übrigen Aktionären bekannt wird. Wiederum zeigen empirische Studien, dass entsprechende Schlussfolgerungen nicht einfach gezogen werden können. Auch ist es schwierig, alle Beweggründe eines Managers für Handelsaktivitäten zu berücksichtigen.
9. Einzelfallbetrachtungen des Zusammenhangs von fehlerhafter Rechnungslegung und Managemententlohnung bzw. Aktienhandel von Vorstand und Aufsichtsrat machen sowohl den individuellen Charakter der Fehlermeldungen und der in ihnen enthaltenen Einzelfehler als auch die Variabilität der Entlohnungsstrukturen und der Handelsaktivitäten deutlich. Dabei zeigt sich, dass der erwartete Zusammenhang oftmals nicht gegeben ist. Auch wenn die betrachtete Auswahl verzerrt ist, scheint eine empirische Auswertung hierzu in Deutschland z.T. nicht sinnvoll und insbesondere kaum praktisch umsetzbar zu sein.
10. Neben Einflussfaktoren auf Rechnungslegungsverstöße, die im Zusammenhang mit der Entlohnung des Managements und seinen Aktienhandelsaktivitäten stehen, resultieren diese auch aus der Unternehmensfinanzierung. Eine Finanzierung durch Fremdkapital ist mit einem Ausfallrisiko verbunden. Aufgrund der mit dieser Situation verbundenen Kosten ist das Management

motiviert, einen Ausfall zu verhindern. Der Verschuldungsgrad ist ein Indikator für das Ausfallrisiko, welcher in vielen Kreditverträgen als Klausel enthalten ist. Dementsprechend ist bei einem hohen Verschuldungsgrad mit der Durchführung von Rechnungslegungsverstößen zu rechnen, damit Grenzwerte in Kreditverträgen nicht überschritten werden. Empirische Untersuchungen kommen weitgehend eindeutig zu dem Schluss, dass diese Erwartung sowohl in den USA als auch in Deutschland zutrifft. Außerdem zeigt sich, dass Unternehmen im Anschluss an einen Rechnungslegungsverstoß oft insolvent werden.

11. Möchte ein Unternehmen Kapital aufnehmen, hat es einen Anreiz, gegenüber Investoren besonders positiv zu erscheinen. Um zu vorteilhaften Konditionen Kapital akquirieren zu können, wird möglicherweise fehlerhafte Rechnungslegung in Kauf genommen. Empirische Studien zu diesem Thema können diesen Zusammenhang jedoch nicht eindeutig aufklären. Im Zeitraum nach einem Rechnungslegungsverstoß tätigt ein Unternehmen außerdem potenziell viele Investitionen, um z.B. eine schlechte Unternehmenslage wenden zu können. Zusätzlich kürzt es möglicherweise die Dividendenzahlungen, da eine fehlerhafte Rechnungslegung z.B. zu Umkehreffekten in der Zukunft führt, welche eine Revision der bisherigen Ausschüttungspolitik notwendig machen. Empirische Analysen zu diesen beiden Punkten sind bislang spärlich.
12. Insbesondere dieser Zusammenhang von fehlerhafter Rechnungslegung und Unternehmensfinanzierung wurde in der Forschung bislang nicht umfassend bedacht. Eine simultane Betrachtung aller Kapitalverwendungsmöglichkeiten ist hier zu favorisieren, welche weder von der US-amerikanischen noch von der deutschen Literatur berücksichtigt wurde. Stattdessen wurden bestimmte Aspekte bei Unternehmen mit Rechnungslegungsverstößen, z.B. ihre Investitionen und ihre Dividendenzahlungen, separat untersucht. Darüber hinaus haben sich Studien, welche von der DPR veranlasste Fehlermeldungen analysieren, bislang vorrangig mit der Wirkung ihrer Einführung am Aktienmarkt und der Gewinnqualität von betroffenen Unternehmen beschäftigt, weniger mit Einflussfaktoren auf fehlerhafte Rechnungslegung, zu denen die Unternehmensfinanzierung zu zählen ist.
13. Auf diese Lücke konzentriert sich die vorliegende Arbeit und untersucht empirisch drei Hypothesen hinsichtlich des Zusammenhangs von fehlerhafter Rechnungslegung und Unternehmensfinanzierung: 1. Unternehmen mit Fehlermeldung haben signifikant höhere Cash Flows aus Finanzierungstätigkeit im Zeitraum nach dem Rechnungslegungsverstoß als vergleichbare Unternehmen ohne Fehlermeldung. Separat wird diese Erwartung auch für

die Cash Flows aus Eigen- bzw. Fremdkapitaltransaktionen untersucht. 2. Unternehmen mit Fehlermeldung haben signifikant höhere Cash Flows, die für Investitionen genutzt werden, im Zeitraum nach dem Rechnungslegungsverstoß als vergleichbare Unternehmen ohne Fehlermeldung. 3. Unternehmen mit Fehlermeldung haben signifikant niedrigere Dividendenzahlungen im Zeitraum nach dem Rechnungslegungsverstoß als vergleichbare Unternehmen ohne Fehlermeldung.

14. Die Analyse des Zusammenhangs von fehlerhafter Rechnungslegung und Unternehmensfinanzierung basiert auf einem Modell, welches die Kapitalverwendungsmöglichkeiten (Veränderung des Finanzmittelfonds, Investitionstätigkeit, Dividendenzahlungen und externe Finanzierung) in Abhängigkeit von (bekannt gemachten) Rechnungslegungsverstößen, dem Zeitraum um diesen Verstoß herum, einem Interaktionseffekt, etablierten Kontrollvariablen aus der Finanzierungsforschung sowie den Jahren der Untersuchung zu erklären versucht. Die Analyse nutzt 108 Firmenjahr-Beobachtungen mit fehlerhafter Rechnungslegung sowie 429 Beobachtungen von vergleichbaren Unternehmen, die keine Fehlermeldung aufweisen. Der Untersuchungszeitraum reicht vom Jahr 2004 bis zum Jahr 2011. Insbesondere Banken und Versicherungen werden aufgrund von Problemen der Vergleichbarkeit ausgeschlossen.
15. Deskriptive Statistiken machen deutlich, dass Unternehmen mit Rechnungslegungsverstößen tendenziell weniger Cash Flow aus betrieblicher Tätigkeit zur Verfügung steht, sie eine höhere Fremdkapitalquote und geringere Werte von Tobin's Q aufweisen sowie kleiner sind gegenüber der eingesetzten Kontrollgruppe. Dies sind zu erwartende Relationen. Hinsichtlich der Zielgrößen der Unternehmensfinanzierung finden sich v.a. Hinweise auf signifikante Erhöhungen der externen Finanzierung, insbesondere der langfristigen Fremdkapitaltransaktionen, sowie z.T. auch auf eine Kürzung der Dividendenzahlungen ab dem Zeitpunkt des Rechnungslegungsverstoßes im Vergleich zur Kontrollgruppe.
16. Die Ergebnisse der multivariaten Analysen, welche Fixed-Effects-Schätzungen mit nach Unternehmen geclusterten Standardfehlern einsetzen, untermauern diese Hinweise und zeigen sowohl signifikante Kürzungen der Dividendenzahlungen als auch signifikante Erhöhungen der externen Finanzierung im Zeitraum nach einem Rechnungslegungsverstoß gegenüber der Entwicklung der Kontrollgruppe. Letzteres wird insbesondere durch eine Erhöhung der langfristigen Fremdkapitaltransaktionen getrieben. Dagegen werden die kurzfristigen Fremdkapitaltransaktionen gekürzt, was nicht erwartet wurde und möglicherweise durch eine Umschichtung in der Finanzierung mit Fremdkapital motiviert wird. Die Untersuchungen zeigen aber keine Veränderungen

hinsichtlich der Eigenkapitaltransaktionen und der Investitionstätigkeit auf. Getrennte Untersuchungen für die Unternehmen mit Fehlern und für die Kontrollgruppe legen dar, dass die Einflussfaktoren auf die Unternehmensfinanzierung wie der Cash Flow aus betrieblicher Tätigkeit und die Fremdkapitalquote oft unterschiedlich stark wirken.

17. Sensitivitätsanalysen variieren den Analysezeitraum, die Schätzmethodik, die Stichprobenabgrenzung sowie die Variablenmessung. In deren Rahmen bleiben die Erkenntnisse hinsichtlich des Zusammenhangs von fehlerhafter Rechnungslegung und Unternehmensfinanzierung weitgehend robust. Größere Abweichungen finden sich nur bei Verwendung von Bilanzdaten für die Messung bestimmter Variablen. Eine dieser Untersuchungen, die den Analysezeitraum anders abgrenzt, liefert auch (leicht) signifikante Hinweise auf eine unerwartete Reduktion der Eigenkapitaltransaktionen nach einem Rechnungslegungsverstoß im Vergleich zur Kontrollgruppe. Eine weitere Sensitivitätsanalyse macht die Dauerhaftigkeit der gekürzten Dividendenzahlungen deutlich.
18. Die vorliegende Arbeit verschafft einen Überblick über Einflussfaktoren auf Rechnungslegungsverstöße und liefert eine erstmalige Untersuchung des Zusammenhangs von fehlerhafter Rechnungslegung und Unternehmensfinanzierung, welche simultan alle Kapitalverwendungsmöglichkeiten abdeckt. Sie ergänzt somit die Literatur zu Bilanzmanipulationen insbesondere sowohl um ein tieferes Verständnis ihrer Verbindung zur Unternehmensfinanzierung als auch um ein methodisch angemessenes Modell, welches bislang weder in der deutschen noch in der US-amerikanischen Forschung zu finden war. Die Kenntnis der Einflussfaktoren könnte von der DPR zur Optimierung ihrer Tätigkeit genutzt werden, indem sie diese bei der Auswahl zu betrachtender Fälle berücksichtigt. Trotz Einschränkungen der empirischen Untersuchung, die z.B. aufgrund einer möglichen Endogenität und der Aussagekraft der Datenbasis resultieren, profitieren daneben Kapitalgeber von einem besseren Verständnis des Zusammenhangs von fehlerhafter Rechnungslegung und Unternehmensfinanzierung, da potenziell Investitionen in betroffene Unternehmen vermieden werden können.

Anhang

Tabelle 19: Fixed-Effects-Schätzungen zur Analyse des Einflusses fehlerhafter Rechnungslegung auf die Unternehmensfinanzierung bei verändertem Analysezeitraum[441]

Variablen	**Cash**	**CF_Investing**	**CF_Dividends**	**CF_Financing**
Post	−0,011	0,013	0,000	−0,001
	(0,021)	(0,025)	(0,002)	(0,026)
Post x Fehler	−0,007	0,036	−0,007***	−0,046*
	(0,016)	(0,022)	(0,003)	(0,028)
OCF	0,419***	0,184*	0,017	0,549***
	(0,085)	(0,099)	(0,011)	(0,117)
Leverage	0,132*	−0,306***	−0,017**	0,263***
	(0,079)	(0,062)	(0,008)	(0,069)
Size	−0,076***	−0,077***	−0,002	0,124***
	(0,021)	(0,024)	(0,003)	(0,032)
TobinsQ	0,000	0,033**	0,001	−0,029**
	(0,014)	(0,014)	(0,001)	(0,014)
Jahres-DV	Ja	Ja	Ja	Ja
Anzahl Beobachtungen	1.509	1.509	1.446	1.443
Anzahl Gruppen	467	467	453	453
R^2 within	0,152	0,149	0,056	0,277
F-Test	0,000	0,000	0,039	0,000

441 Quelle: eigene Darstellung. Dargestellt werden die Koeffizientenschätzungen und in Klammern die auf Unternehmensebene geclusterten Standardfehler (*** signifikant auf dem 1%-Niveau, ** signifikant auf dem 5%-Niveau und * signifikant auf dem 10%-Niveau).

Tabelle 20: Fixed-Effects-Schätzungen zur Analyse des Einflusses fehlerhafter Rechnungslegung auf die externe Finanzierungstätigkeit bei verändertem Analysezeitraum[442]

Variablen	**CF_Equity**	**CF_LTDebt**	**CF_STDebt**
Post	0,016	0,004	–0,002
	(0,015)	(0,018)	(0,009)
Post x Fehler	0,023*	–0,033	0,036
	(0,012)	(0,022)	(0,024)
OCF	0,263**	–0,054	0,014
	(0,121)	(0,106)	(0,032)
Leverage	–0,099***	0,272***	0,082**
	(0,036)	(0,073)	(0,038)
Size	0,056***	0,023	0,006
	(0,017)	(0,015)	(0,009)
TobinsQ	0,001	–0,011	0,007*
	(0,010)	(0,008)	(0,004)
Jahres-DV	Ja	Ja	Ja
Anzahl Beobachtungen	789	850	413
Anzahl Gruppen	270	297	175
R^2 within	0,168	0,156	0,138
F-Test	0,046	0,000	0,038

442 Quelle: eigene Darstellung. Dargestellt werden die Koeffizientenschätzungen und in Klammern die auf Unternehmensebene geclusterten Standardfehler (*** signifikant auf dem 1%-Niveau, ** signifikant auf dem 5%-Niveau und * signifikant auf dem 10%-Niveau). Da es sich bei einer Fixed-Effects-Schätzung nicht um eine Gesamtschätzung aller Gleichungen handelt, müssen die Werte der übrigen Gleichungen, die in Tabelle 19 zu finden sind, nicht wiedergegeben werden. Sie bleiben unverändert durch diese Aufteilung.

Tabelle 21: Fixed-Effects-Schätzungen zur Analyse des Einflusses fehlerhafter Rechnungslegung auf die Unternehmensfinanzierung bei langfristiger Perspektive[443]

Variablen	Cash	CF_Investing	CF_Dividends	CF_Financing
Post	–0,045	0,056	0,005	0,029
	(0,047)	(0,046)	(0,005)	(0,056)
Post x Fehler	0,019	0,014	–0,007*	–0,038
	(0,020)	(0,023)	(0,004)	(0,027)
OCF	0,189**	0,253**	–0,001	0,554***
	(0,085)	(0,101)	(0,007)	(0,114)
Leverage	0,122	–0,312***	–0,014***	0,295***
	(0,082)	(0,066)	(0,005)	(0,076)
Size	–0,075***	–0,032*	0,001	0,065***
	(0,023)	(0,017)	(0,002)	(0,023)
TobinsQ	0,036	0,034**	0,002	–0,079***
	(0,024)	(0,013)	(0,001)	(0,026)
Jahres-DV	Ja	Ja	Ja	Ja
Anzahl Beobachtungen	1.295	1.294	1.255	1.254
Anzahl Gruppen	460	459	450	450
R^2 within	0,102	0,128	0,056	0,242
F-Test	0,000	0,000	0,006	0,000

443 Quelle: eigene Darstellung. Dargestellt werden die Koeffizientenschätzungen und in Klammern die auf Unternehmensebene geclusterten Standardfehler (*** signifikant auf dem 1%-Niveau, ** signifikant auf dem 5%-Niveau und * signifikant auf dem 10%-Niveau).

Tabelle 22: Fixed-Effects-Schätzungen zur Analyse des Einflusses fehlerhafter Rechnungslegung auf die externe Finanzierungstätigkeit bei langfristiger Perspektive[444]

Variablen	CF_Equity	CF_LTDebt	CF_STDebt
Post	0,075*	0,072*	–0,005
	(0,041)	(0,040)	(0,018)
Post x Fehler	0,007	–0,016	0,023
	(0,016)	(0,024)	(0,020)
OCF	0,326**	0,052	0,072
	(0,145)	(0,105)	(0,052)
Leverage	0,051	0,097	0,058
	(0,063)	(0,080)	(0,037)
Size	0,025	0,013	0,010
	(0,018)	(0,015)	(0,009)
TobinsQ	–0,056	–0,012	0,009**
	(0,039)	(0,013)	(0,004)
Jahres-DV	Ja	Ja	Ja
Anzahl Beobachtungen	679	742	360
Anzahl Gruppen	266	295	159
R^2 within	0,181	0,059	0,147
F-Test	0,010	0,050	0,000

444 Quelle: eigene Darstellung. Dargestellt werden die Koeffizientenschätzungen und in Klammern die auf Unternehmensebene geclusterten Standardfehler (*** signifikant auf dem 1%-Niveau, ** signifikant auf dem 5%-Niveau und * signifikant auf dem 10%-Niveau). Da es sich bei einer Fixed-Effects-Schätzung nicht um eine Gesamtschätzung aller Gleichungen handelt, müssen die Werte der übrigen Gleichungen, die in Tabelle 21 zu finden sind, nicht wiedergegeben werden. Sie bleiben unverändert durch diese Aufteilung.

Tabelle 23: SUR-Schätzung zur Analyse des Einflusses fehlerhafter Rechnungslegung auf die Unternehmensfinanzierung[445]

Variablen	**Cash**	**CF_Investing**	**CF_Dividends**	**CF_Financing**
Post	–0,021	–0,014	0,003**	0,051**
	(0,019)	(0,013)	(0,001)	(0,021)
Post x Fehler	0,019	0,004	–0,005**	–0,119**
	(0,045)	(0,031)	(0,002)	(0,054)
OCF	0,471***	0,111	0,017***	0,333*
	(0,181)	(0,103)	(0,005)	(0,186)
Leverage	0,209***	–0,187***	–0,027***	–0,024
	(0,077)	(0,058)	(0,005)	(0,106)
Size	–0,091***	–0,027*	0,002**	0,129***
	(0,017)	(0,015)	(0,001)	(0,026)
TobinsQ	–0,005	0,051***	0,004***	–0,041
	(0,025)	(0,012)	(0,001)	(0,032)
Jahres-DV	Ja	Ja	Ja	Ja
Anzahl Beobachtungen	1.483	1.483	1.483	1.483
R^2	0,161	0,119	0,103	0,187
Chi^2-Test	0,000	0,000	0,000	0,000

445 Quelle: eigene Darstellung. Dargestellt werden die Koeffizientenschätzungen und in Klammern die einem Bootstrap-Verfahren unterzogenen Standardfehler (*** signifikant auf dem 1%-Niveau, ** signifikant auf dem 5%-Niveau und * signifikant auf dem 10%-Niveau).

Tabelle 24: SUR-Schätzung zur Analyse des Einflusses fehlerhafter Rechnungslegung auf die externe Finanzierungstätigkeit[446]

Variablen	CF_Equity	CF_LTDebt	CF_STDebt
Post	0,036	0,040***	−0,005
	(0,039)	(0,010)	(0,005)
Post x Fehler	−0,060	−0,083***	0,029**
	(0,055)	(0,031)	(0,014)
OCF	−0,013	0,198**	0,083*
	(0,193)	(0,080)	(0,050)
Leverage	−0,184	0,070	0,010
	(0,133)	(0,052)	(0,026)
Size	0,092**	0,006	0,007
	(0,038)	(0,010)	(0,005)
TobinsQ	−0,074**	−0,010	0,006
	(0,031)	(0,009)	(0,005)
Jahres-DV	Ja	Ja	Ja
Anzahl Beobachtungen	351	351	351
R^2	0,174	0,152	0,089
Chi^2-Test	0,000	0,000	0,008

446 Quelle: eigene Darstellung. Dargestellt werden die Koeffizientenschätzungen und in Klammern die einem Bootstrap-Verfahren unterzogenen Standardfehler (*** signifikant auf dem 1%-Niveau, ** signifikant auf dem 5%-Niveau und * signifikant auf dem 10%-Niveau).

Tabelle 25: Fixed-Effects-Schätzungen zur Analyse des Einflusses fehlerhafter Rechnungslegung auf die Unternehmensfinanzierung bei ersten Rechnungslegungsverstößen[447]

Variablen	**Cash**	**CF_Investing**	**CF_Dividends**	**CF_Financing**
Post	−0,011	−0,002	0,006**	0,010
	(0,020)	(0,017)	(0,002)	(0,022)
Post x Fehler	0,019	0,018	−0,007***	−0,056*
	(0,014)	(0,023)	(0,002)	(0,033)
OCF	0,264***	0,312***	0,012	0,476***
	(0,065)	(0,094)	(0,008)	(0,133)
Leverage	0,141**	−0,344***	−0,020***	0,325***
	(0,068)	(0,053)	(0,007)	(0,071)
Size	−0,086***	−0,081***	0,001	0,131***
	(0,024)	(0,018)	(0,003)	(0,027)
TobinsQ	0,008	0,048***	0,001	−0,051***
	(0,015)	(0,012)	(0,001)	(0,015)
Jahres-DV	Ja	Ja	Ja	Ja
Anzahl Beobachtungen	1.415	1.415	1.359	1.356
Anzahl Gruppen	404	404	391	390
R^2 within	0,110	0,181	0,044	0,239
F-Test	0,000	0,000	0,107	0,000

447 Quelle: eigene Darstellung. Dargestellt werden die Koeffizientenschätzungen und in Klammern die auf Unternehmensebene geclusterten Standardfehler (*** signifikant auf dem 1%-Niveau, ** signifikant auf dem 5%-Niveau und * signifikant auf dem 10%-Niveau).

Tabelle 26: Fixed-Effects-Schätzungen zur Analyse des Einflusses fehlerhafter Rechnungslegung auf die externe Finanzierungstätigkeit bei ersten Rechnungslegungsverstößen[448]

Variablen	CF_Equity	CF_LTDebt	CF_STDebt
Post	0,007	0,023	–0,005
	(0,015)	(0,014)	(0,009)
Post x Fehler	0,004	–0,026	0,023*
	(0,012)	(0,019)	(0,013)
OCF	0,215**	0,104	0,049
	(0,088)	(0,089)	(0,039)
Leverage	–0,061	0,238***	0,046
	(0,051)	(0,077)	(0,032)
Size	0,039**	0,031	0,018
	(0,016)	(0,020)	(0,011)
TobinsQ	–0,039	–0,024**	0,003
	(0,029)	(0,011)	(0,004)
Jahres-DV	Ja	Ja	Ja
Anzahl Beobachtungen	764	771	398
Anzahl Gruppen	233	247	149
R^2 within	0,139	0,103	0,097
F-Test	0,076	0,001	-

448 Quelle: eigene Darstellung. Dargestellt werden die Koeffizientenschätzungen und in Klammern die auf Unternehmensebene geclusterten Standardfehler (*** signifikant auf dem 1%-Niveau, ** signifikant auf dem 5%-Niveau und * signifikant auf dem 10%-Niveau). Da es sich bei einer Fixed-Effects-Schätzung nicht um eine Gesamtschätzung aller Gleichungen handelt, müssen die Werte der übrigen Gleichungen, die in Tabelle 25 zu finden sind, nicht wiedergegeben werden. Sie bleiben unverändert durch diese Aufteilung.

Tabelle 27: Fixed-Effects-Schätzungen zur Analyse des Einflusses fehlerhafter Rechnungslegung auf die Unternehmensfinanzierung bei Konzernabschlüssen nach IFRS[449]

Variablen	**Cash**	**CF_Investing**	**CF_Dividends**	**CF_Financing**
Post	–0,019	0,001	0,007***	0,011
	(0,020)	(0,019)	(0,003)	(0,023)
Post x Fehler	0,015	0,032	–0,008***	–0,069*
	(0,016)	(0,029)	(0,003)	(0,038)
OCF	0,270***	0,374***	0,004	0,377***
	(0,065)	(0,108)	(0,007)	(0,135)
Leverage	0,147*	–0,418***	–0,017**	0,408***
	(0,076)	(0,062)	(0,007)	(0,081)
Size	–0,088***	–0,088***	0,004***	0,145***
	(0,025)	(0,019)	(0,002)	(0,027)
TobinsQ	0,002	0,046***	0,000	–0,042**
	(0,015)	(0,012)	(0,001)	(0,017)
Jahres-DV	Ja	Ja	Ja	Ja
Anzahl Beobachtungen	1.293	1.293	1.243	1.240
Anzahl Gruppen	369	369	357	356
R^2 within	0,113	0,208	0,049	0,249
F-Test	0,000	0,000	0,074	0,000

449 Quelle: eigene Darstellung. Dargestellt werden die Koeffizientenschätzungen und in Klammern die auf Unternehmensebene geclusterten Standardfehler (*** signifikant auf dem 1%-Niveau, ** signifikant auf dem 5%-Niveau und * signifikant auf dem 10%-Niveau).

Tabelle 28: Fixed-Effects-Schätzungen zur Analyse des Einflusses fehlerhafter Rechnungslegung auf die externe Finanzierungstätigkeit bei Konzernabschlüssen nach IFRS[450]

Variablen	**CF_Equity**	**CF_LTDebt**	**CF_STDebt**
Post	0,014	0,024	–0,009
	(0,012)	(0,015)	(0,009)
Post x Fehler	–0,002	–0,040*	0,030**
	(0,013)	(0,022)	(0,014)
OCF	0,208**	–0,003	0,042
	(0,090)	(0,090)	(0,037)
Leverage	–0,032	0,295***	0,082*
	(0,047)	(0,088)	(0,046)
Size	0,029**	0,041**	0,015
	(0,013)	(0,021)	(0,011)
TobinsQ	–0,043	–0,015	0,007
	(0,029)	(0,010)	(0,005)
Jahres-DV	Ja	Ja	Ja
Anzahl Beobachtungen	708	715	380
Anzahl Gruppen	219	231	139
R^2 within	0,149	0,143	0,112
F-Test	0,138	0,000	–

450 Quelle: eigene Darstellung. Dargestellt werden die Koeffizientenschätzungen und in Klammern die auf Unternehmensebene geclusterten Standardfehler (*** signifikant auf dem 1%-Niveau, ** signifikant auf dem 5%-Niveau und * signifikant auf dem 10%-Niveau). Da es sich bei einer Fixed-Effects-Schätzung nicht um eine Gesamtschätzung aller Gleichungen handelt, müssen die Werte der übrigen Gleichungen, die in Tabelle 27 zu finden sind, nicht wiedergegeben werden. Sie bleiben unverändert durch diese Aufteilung.

Tabelle 29: Fixed-Effects-Schätzungen zur Analyse des Einflusses fehlerhafter Rechnungslegung auf die Unternehmensfinanzierung bei Bilanzierungs- und Bewertungsfehlern[451]

Variablen	**Cash**	**CF_Investing**	**CF_Dividends**	**CF_Financing**
Post	–0,009	–0,007	0,007***	0,015
	(0,023)	(0,019)	(0,003)	(0,024)
Post x Fehler	0,022	0,031	–0,008***	–0,070*
	(0,016)	(0,029)	(0,003)	(0,039)
OCF	0,240***	0,319***	0,003	0,468***
	(0,062)	(0,103)	(0,006)	(0,134)
Leverage	0,141*	–0,358***	–0,020**	0,327***
	(0,075)	(0,068)	(0,008)	(0,094)
Size	–0,091***	–0,093***	0,005***	0,168***
	(0,024)	(0,021)	(0,002)	(0,029)
TobinsQ	0,006	0,039***	0,000	–0,038**
	(0,014)	(0,012)	(0,001)	(0,016)
Jahres-DV	Ja	Ja	Ja	Ja
Anzahl Beobachtungen	1.281	1.281	1.223	1.220
Anzahl Gruppen	373	373	358	357
R^2 within	0,099	0,184	0,051	0,274
F-Test	0,000	0,000	0,081	0,000

451 Quelle: eigene Darstellung. Dargestellt werden die Koeffizientenschätzungen und in Klammern die auf Unternehmensebene geclusterten Standardfehler (*** signifikant auf dem 1%-Niveau, ** signifikant auf dem 5%-Niveau und * signifikant auf dem 10%-Niveau).

Tabelle 30: Fixed-Effects-Schätzungen zur Analyse des Einflusses fehlerhafter Rechnungslegung auf die externe Finanzierungstätigkeit bei Bilanzierungs- und Bewertungsfehlern[452]

Variablen	**CF_Equity**	**CF_LTDebt**	**CF_STDebt**
Post	0,014	0,029*	–0,012
	(0,018)	(0,016)	(0,010)
Post x Fehler	0,004	–0,029	0,025**
	(0,014)	(0,021)	(0,011)
OCF	0,232**	0,062	0,050
	(0,100)	(0,096)	(0,041)
Leverage	–0,084	0,300***	0,118**
	(0,063)	(0,102)	(0,052)
Size	0,051**	0,043*	0,009
	(0,020)	(0,022)	(0,010)
TobinsQ	–0,039	–0,009	0,006
	(0,031)	(0,009)	(0,005)
Jahres-DV	Ja	Ja	Ja
Anzahl Beobachtungen	673	698	368
Anzahl Gruppen	214	230	137
R^2 within	0,153	0,142	0,114
F-Test	0,044	0,000	–

452 Quelle: eigene Darstellung. Dargestellt werden die Koeffizientenschätzungen und in Klammern die auf Unternehmensebene geclusterten Standardfehler (*** signifikant auf dem 1%-Niveau, ** signifikant auf dem 5%-Niveau und * signifikant auf dem 10%-Niveau). Da es sich bei einer Fixed-Effects-Schätzung nicht um eine Gesamtschätzung aller Gleichungen handelt, müssen die Werte der übrigen Gleichungen, die in Tabelle 29 zu finden sind, nicht wiedergegeben werden. Sie bleiben unverändert durch diese Aufteilung.

Tabelle 31: Fixed-Effects-Schätzungen zur Analyse des Einflusses fehlerhafter Rechnungslegung auf die Unternehmensfinanzierung bei alternativer Variablenmessung[453]

Variablen	**Cash**	**CF_Investing**	**CF_Dividends**	**CF_Financing**
Post	−0,018	0,004	0,005**	−0,049
	(0,020)	(0,016)	(0,002)	(0,043)
Post x Fehler	0,013	0,028	−0,007***	0,046
	(0,016)	(0,022)	(0,003)	(0,074)
OCF	0,186**	0,302***	0,012	0,263
	(0,072)	(0,083)	(0,008)	(0,265)
Leverage	0,003	−0,353***	−0,022***	0,569**
	(0,070)	(0,056)	(0,007)	(0,254)
Size	−0,117***	−0,078***	0,001	0,457***
	(0,028)	(0,017)	(0,003)	(0,102)
TobinsQ	0,013	0,050***	0,000	−0,070**
	(0,014)	(0,012)	(0,001)	(0,034)
Jahres-DV	Ja	Ja	Ja	Ja
Anzahl Beobachtungen	1.546	1.545	1.486	1.525
Anzahl Gruppen	445	445	430	442
R^2 within	0,108	0,190	0,042	0,197
F-Test	0,000	0,000	0,066	0,000

453 Quelle: eigene Darstellung. Dargestellt werden die Koeffizientenschätzungen und in Klammern die auf Unternehmensebene geclusterten Standardfehler (*** signifikant auf dem 1%-Niveau, ** signifikant auf dem 5%-Niveau und * signifikant auf dem 10%-Niveau).

Tabelle 32: Fixed-Effects-Schätzungen zur Analyse des Einflusses fehlerhafter Rechnungslegung auf die externe Finanzierungstätigkeit bei alternativer Variablenmessung[454]

Variablen	**CF_Equity**	**CF_LTDebt**	**CF_STDebt**
Post	–0,032	0,005	–0,001
	(0,037)	(0,014)	(0,014)
Post x Fehler	0,092	–0,026	–0,018
	(0,063)	(0,021)	(0,012)
OCF	0,427*	–0,023	0,085*
	(0,221)	(0,048)	(0,047)
Leverage	–0,195	0,362***	0,386***
	(0,231)	(0,067)	(0,049)
Size	0,318***	0,047***	0,039***
	(0,101)	(0,016)	(0,014)
TobinsQ	–0,062**	–0,008	–0,011*
	(0,028)	(0,007)	(0,007)
Jahres-DV	Ja	Ja	Ja
Anzahl Beobachtungen	1.541	1.548	1.536
Anzahl Gruppen	445	446	443
R^2 within	0,155	0,115	0,156
F-Test	0,002	0,000	0,000

454 Quelle: eigene Darstellung. Dargestellt werden die Koeffizientenschätzungen und in Klammern die auf Unternehmensebene geclusterten Standardfehler (*** signifikant auf dem 1%-Niveau, ** signifikant auf dem 5%-Niveau und * signifikant auf dem 10%-Niveau). Da es sich bei einer Fixed-Effects-Schätzung nicht um eine Gesamtschätzung aller Gleichungen handelt, müssen die Werte der übrigen Gleichungen, die in Tabelle 31 zu finden sind, nicht wiedergegeben werden. Sie bleiben unverändert durch diese Aufteilung.

Tabelle 33: Fixed-Effects-Schätzungen zur Analyse des Einflusses fehlerhafter Rechnungslegung auf die Unternehmensfinanzierung bei nicht winsorisierten Daten[455]

Variablen	Cash	CF_Investing	CF_Dividends	CF_Financing
Post	−0,017	0,019	0,010*	0,012
	(0,019)	(0,019)	(0,005)	(0,023)
Post x Fehler	0,020	0,038	−0,012***	−0,073**
	(0,014)	(0,031)	(0,004)	(0,033)
OCF	0,197***	0,323***	0,015	0,479***
	(0,057)	(0,116)	(0,015)	(0,117)
Leverage	0,135**	−0,493***	−0,035**	0,322***
	(0,067)	(0,092)	(0,016)	(0,076)
Size	−0,098***	−0,054**	0,005	0,149***
	(0,022)	(0,026)	(0,006)	(0,026)
TobinsQ	0,003	0,045***	−0,003	−0,052***
	(0,015)	(0,013)	(0,002)	(0,014)
Jahres-DV	Ja	Ja	Ja	Ja
Anzahl Beobachtungen	1.545	1.545	1.486	1.483
Anzahl Gruppen	445	445	430	429
R^2 within	0,111	0,165	0,027	0,258
F-Test	0,000	0,000	0,224	0,000

455 Quelle: eigene Darstellung. Dargestellt werden die Koeffizientenschätzungen und in Klammern die auf Unternehmensebene geclusterten Standardfehler (*** signifikant auf dem 1%-Niveau, ** signifikant auf dem 5%-Niveau und * signifikant auf dem 10%-Niveau).

Tabelle 34: Fixed-Effects-Schätzungen zur Analyse des Einflusses fehlerhafter Rechnungslegung auf die externe Finanzierungstätigkeit bei nicht winsorisierten Daten[456]

Variablen	**CF_Equity**	**CF_LTDebt**	**CF_STDebt**
Post	0,020	0,010	–0,016
	(0,015)	(0,017)	(0,010)
Post x Fehler	0,000	–0,032	0,039***
	(0,012)	(0,020)	(0,014)
OCF	0,190***	0,019	0,041
	(0,073)	(0,099)	(0,035)
Leverage	–0,059	0,459***	0,094**
	(0,051)	(0,101)	(0,047)
Size	0,050***	0,056**	0,023**
	(0,017)	(0,023)	(0,011)
TobinsQ	–0,042	–0,010	0,005
	(0,028)	(0,010)	(0,004)
Jahres-DV	Ja	Ja	Ja
Anzahl Beobachtungen	827	852	438
Anzahl Gruppen	259	274	166
R^2 within	0,141	0,164	0,119
F-Test	0,045	0,000	–

456 Quelle: eigene Darstellung. Dargestellt werden die Koeffizientenschätzungen und in Klammern die auf Unternehmensebene geclusterten Standardfehler (*** signifikant auf dem 1%-Niveau, ** signifikant auf dem 5%-Niveau und * signifikant auf dem 10%-Niveau). Da es sich bei einer Fixed-Effects-Schätzung nicht um eine Gesamtschätzung aller Gleichungen handelt, müssen die Werte der übrigen Gleichungen, die in Tabelle 33 zu finden sind, nicht wiedergegeben werden. Sie bleiben unverändert durch diese Aufteilung.

Literaturverzeichnis

Abadie, Alberto/Imbens, Guido W. (2007): Bias Corrected Matching Estimators for Average Treatment Effects, im Internet unter: http://www.hks.harvard.edu/fs/aabadie/bcm.pdf (Stand: 08.04.2015).

Aboody, David/Kasznik, Ron (2009): Executive Compensation and Financial Accounting, in: FTA, Vol. 4, S. 113–198.

Agrawal, Anup/Jaffe, Jeffrey F./Karpoff, Jonathan M. (1999): Management Turnover and Corporate Governance Changes following the Revelation of Fraud, in: JLE, Vol. 42, S. 309–342.

Alchian, Armen A./Demsetz, Harold (1972): Production, Information Costs, and Economic Organization, in: AER, Vol. 62, S. 777–795.

Allen, Franklin/Michaely, Roni (2003): Payout policy, in: Constantinides, George M./Harris, Milton/Stulz, René M. (Hrsg.): Handbook of the Economics of Finance, Volume 1, Part A, Amsterdam, S. 337–429.

Allison, Paul D. (2009): Fixed Effects Regression Models, Thousand Oaks (California).

Amel-Zadeh, Amir/Yuan, Zhang (2015): The Economic Consequences of Financial Restatements: Evidence from the Market for Corporate Control, in: TAR, Vol. 90, S. 1–29.

Angrist, Joshua D./Pischke, Jörn-Steffen (2009): Mostly Harmless Econometrics - An Empiricist's Companion, Princeton (New Jersey).

APAK (2014): Tätigkeitsbericht der Abschlussprüferaufsichtskommission - 2013, im Internet unter: http://www.apak-aoc.de/images/pdf/APAK-AOC--Taetigkeitsbericht_2013.pdf (Stand: 08.04.2015).

Armstrong, Christopher S./Guay, Wayne R./Weber, Joseph P. (2010): The role of information and financial reporting in corporate governance and debt contracting, in: JAE, Vol. 50, S. 179–234.

Armstrong, Christopher S./Jagolinzer, Alan D./Larcker, David F. (2010): Chief Executive Officer Equity Incentives and Accounting Irregularities, in: JAR, Vol. 48, S. 225–271.

Armstrong, Christopher S./Larcker, David F./Ormazabal, Gaizka/Taylor, Daniel J. (2013): The relation between equity incentives and misreporting: The role of risk-taking incentives, in: JFE, Vol. 109, S. 327–350.

Asker, John/Farre-Mensa, Joan/Ljungqvist, Alexander (2013): Corporate Investment and Stock Market Listing: A Puzzle?, im Internet unter: http://papers.ssrn.com/sol3/papers.cfm?abstract_id=1972117 (Stand: 08.04.2015).

Atkins, Paul S./Bondi, Bradley J. (2008): Evaluating the Mission: A Critical Review of the History and Evolution of the SEC Enforcement Program, in: FJCFL, Vol. 13, S. 367–417.

Badertscher, Brad A. (2011): Overvaluation and the Choice of Alternative Earnings Management Mechanisms, in: TAR, Vol. 86, S. 1491–1518.

Badertscher, Brad A./Hribar, S. Paul/Jenkins, Nicole T. (2011): Informed Trading and the Market Reaction to Accounting Restatements, in: TAR, Vol. 86, S. 1519–1547.

Baetge, Jörg/Ballwieser, Wolfgang (1978): Probleme einer rationalen Bilanzpolitik, in: BFuP, 30. Jg., S. 511–530.

Baetge, Jörg/Ballwieser, Wolfgang (1977): Zum bilanzpolitischen Spielraum der Unternehmensleitung, in: BFuP, 29. Jg., S. 199–215.

Baetge, Jörg/Kirsch, Hans-Jürgen/Thiele, Stefan (2004): Bilanzanalyse, 2. Aufl., Düsseldorf.

BaFin (2014): Jahresbericht der Bundesanstalt für Finanzdienstleistungsaufsicht 2013, im Internet unter: http://www.bafin.de/SharedDocs/Downloads/DE/Jahresbericht/dl_jb_2013.pdf?__blob=publicationFile&v=8 (Stand: 08.04.2015).

Baker, Terry/Collins, Denton/Reitenga, Austin (2003): Stock Option Compensation and Earnings Management Incentives, in: JAAF, Vol. 18, S. 557–582.

Balakrishnan, Karthik/Core, John E./Verdi, Rodrigo S. (2014): The Relation Between Reporting Quality and Financing and Investment: Evidence from Changes in Financing Capacity, in: JAR, Vol. 52, S. 1–36.

Baldwin, Robert/Cave, Martin/Lodge, Martin (2012): Understanding Regulation – Theory, Strategy, and Practice, 2. Aufl., Oxford.

Ball, Ray (2009): Market and Political/Regulatory Perspectives on the Recent Accounting Scandals, in: JAR, Vol. 47, S. 277–323.

Ballwieser, Wolfgang (2014): Die ökonomischen Wirkungen des Enforcement der Rechnungslegung, in: Kaal, Wulf A./Schmidt, Matthias/Schwartze, Andreas (Hrsg.): Festschrift zu Ehren von Christian Kirchner – Recht im ökonomischen Kontext, Tübingen, S. 625–644.

Ballwieser, Wolfgang (2013): IFRS-Rechnungslegung – Konzept, Regeln und Wirkungen, 3. Aufl., München.

Ballwieser, Wolfgang (2010): Was hat die Umstellung auf IFRS ökonomisch bewirkt?, in: Küting, Karlheinz/Pfitzer, Norbert/Weber, Claus-Peter (Hrsg.): IFRS und BilMoG – Herausforderungen für das Bilanz- und Prüfungswesen, Stuttgart, S. 139–155.

Ballwieser, Wolfgang (2008a): Empirische Wirkungen einer Rechnungslegung nach IFRS, in: Wagner, Franz W./Schildbach, Thomas/Schneider, Dieter

(Hrsg.): Private und öffentliche Rechnungslegung – Festschrift für Hannes Streim, Wiesbaden, S. 1–21.

Ballwieser, Wolfgang (2008b): Fehler in der Bilanzierung und daraus entstehende Konsequenzen, in: Küting, Karlheinz/Pfitzer, Norbert/Weber, Claus-Peter (Hrsg.): Bilanz als Informations- und Kontrollinstrument – Kapitalmarktorientierte Rechnungslegung und integrierte Unternehmenssteuerung, Stuttgart, S. 51–66.

Ballwieser, Wolfgang (1993): Die Entwicklung der Theorie der Rechnungslegung in den USA, in: Wagner, Franz W. (Hrsg.): Ökonomische Analyse des Bilanzrechts – Entwicklungslinien und Perspektiven (zfbf-Sonderheft 32), Düsseldorf, Frankfurt am Main, S. 107–138.

Ballwieser, Wolfgang (1987): Die Analyse von Jahresabschlüssen nach neuem Recht, in: WPg, 40. Jg., S. 57–68.

Ballwieser, Wolfgang (1985): Informationsökonomie, Rechnungslegungstheorie und Bilanzrichtlinie-Gesetz, in: zfbf, 37. Jg., S. 47–66.

Ballwieser, Wolfgang (1976): Insiderrecht und positive Aktienkurstheorie, in: zfbf, 28. Jg., S. 231–253.

Ballwieser, Wolfgang/Dobler, Michael (2003): Bilanzdelikte: Konsequenzen, Ursachen und Massnahmen zu ihrer Vermeidung, in: DU, 57. Jg., S. 449–469.

Ballwieser, Wolfgang/Schmidt, Reinhard H. (1981): Unternehmensverfassung, Unternehmensziele und Finanztheorie, in: Bohr, Kurt et al. (Hrsg.): Unternehmungsverfassung als Problem der Betriebswirtschaftslehre, Berlin et al., S. 645–682.

Baltagi, Badi H. (2013): Econometric Analysis of Panel Data, 5. Aufl., Chichester.

Bar-Gill, Oren/Bebchuk, Lucian A. (2002): Misreporting Corporate Performance, im Internet unter: http://papers.ssrn.com/sol3/papers.cfm?abstract_id=354141 (Stand: 08.04.2015).

Baum, Christopher F. (2006): An Introduction to Modern Econometrics Using Stata, College Station (Texas).

Beatty, Anne/Weber, Joseph (2003): The Effects of Debt Contracting on Voluntary Accounting Method Changes, in: TAR, Vol. 78, S. 119.

Beaver, William H./Correia, Maria/McNichols, Maureen F. (2010): Financial Statement Analysis and the Prediction of Financial Distress, in: FTA, Vol. 5, S. 99–173.

Becker, Gary S. (1993): Nobel Lecture: The Economic Way of Looking at Behavior, in: JPE, Vol. 101, S. 385–409.

Becker, Gary S./Stigler, George J. (1974): Law Enforcement, Malfeasance, and Compensation of Enforcers, in: JLS, Vol. 3, S. 1–18.

Begley, Joy/Ming, Jin/Watts, Susan (1996): Bankruptcy Classification Errors in the 1980s: An Empirical Analysis of Altman's and Ohlson's Models, in: RAST, Vol. 1, S. 267–284.

Bénabou, Roland/Tirole, Jean (2002): Self-Confidence and Personal Motivation, in: QJE, Vol. 117, S. 871–915.

Beneish, Messod D. (1999): Incentives and Penalties Related to Earnings Overstatements that Violate GAAP, in: TAR, Vol. 74, S. 425–457.

Beneish, Messod D./Press, Eric/Vargus, Mark E. (2012): Insider Trading and Earnings Management in Distressed Firms, in: CAR, Vol. 29, S. 191–220.

Beneish, Messod D./Vargus, Mark E. (2002): Insider Trading, Earnings Quality, and Accrual Mispricing, in: TAR, Vol. 77, S. 755–791.

Berger, Axel (2010): The Development and Status of Enforcement in the European Union, in: AiE, Vol. 7, S. 15–35.

Berger, Axel (2009): Zur Entwicklung und zum Stand des Enforcements in der Europäischen Union, in: BFuP, 61. Jg., S. 599–620.

Berger, Axel (2008): Die IFRS als prinzipienbasiertes Normenwerk – Wie viel Prinzipienorientierung ist aus Sicht einer Enforcementeinrichtung verträglich?, in: Bruns, Hans-Georg et al. (Hrsg.): Globale Finanzberichterstattung/Global Financial Reporting – Entwicklung, Anwendung und Durchsetzung von IFRS/Development, application and enforcement of IFRS, Festschrift für Liesel Knorr, Stuttgart, S. 489–514.

Berger, Axel/Pasch, Lilia (2013): Die kapitalmarktorientierten Unternehmen in Deutschland – Eine Analyse der Veränderungen seit Einführung des Enforcement, in: CFB, 4. Jg., S. 384–388.

Bergstresser, Daniel/Philippon, Thomas (2006): CEO incentives and earnings management, in: JFE, Vol. 80, S. 511–529.

Berle, Adolf A./Means, Gardiner C. (1932): The Modern Corporation and Private Property, New Brunswick (New Jersey).

Beyhs, Oliver/Kühne, Erhard/Zülch, Henning (2012): Abschlussprüfung und DPR-Verfahren – Darstellung und Würdigung der Verfahrensunterschiede, in: WPg, 65. Jg., S. 650–660.

Bharath, Sreedhar T./Sunder, Jayanthi/Sunder, Shyam V. (2008): Accounting Quality and Debt Contracting, in: TAR, Vol. 83, S. 1–28.

Biddle, Gary C./Hilary, Gilles (2006): Accounting Quality and Firm-Level Capital Investment, in: TAR, Vol. 81, S. 963–982.

Biddle, Gary C./Hilary, Gilles/Verdi, Rodrigo S. (2009): How does financial reporting quality relate to investment efficiency?, in: JAE, Vol. 48, S. 112–131.

Bieg, Hartmut/Kußmaul, Heinz (2009): Finanzierung, 2. Aufl., München.

Bischof, Stefan/Hettich, Natalie (2011): Prüfungsschwerpunkte der DPR für das Jahr 2012, in: DB, 64. Jg., S. 2557–2559.

Bischof, Stefan/Oser, Peter (2012): Frankfurt locuta, causa finita – Enforcement der Angabe der Vorstandsbezüge bei einem Alleinvorstand, in: BB, 67. Jg., S. 2615–2619.

Böckem, Hanne (2000): Die Durchsetzung von Rechnungslegungsstandards – Eine kapitalmarktorientierte Untersuchung, Frankfurt am Main.

Böcking, Hans-Joachim (2008): Regulierung und Deregulierung in den Bereichen der Rechnungslegung und Abschlussprüfung – Ein Wechselspiel der Gefühle?, in: Ballwieser, Wolfgang/Grewe, Wolfgang (Hrsg.): Wirtschaftsprüfung im Wandel – Herausforderungen an Wirtschaftsprüfung, Steuerberatung, Consulting und Corporate Finance, München, S. 75–96.

Böcking, Hans-Joachim (2007): Enforcementsysteme, in: Freidank, Carl-Christian/Lachnit, Laurenz/Tesch, Jörg (Hrsg.): Vahlens Großes Auditing Lexikon, München, S. 390–392.

Böcking, Hans-Joachim/Gros, Marius/Worret, Daniel (2015): Enforcement of accounting standards: how effective is the German two-tier system in detecting earnings management?, in: RMS, Vol. 9, S. 431–485.

Böcking, Hans-Joachim/Stein, Thomas (2007): Prüfung des Konzernlageberichts durch Abschlussprüfer, Aufsichtsräte und Deutsche Prüfstelle für Rechnungslegung – Neue Anforderungsprofile für Vorstände, Aufsichtsräte und Abschlussprüfer i.S. einer gesetzlichen Konkretisierung der Corporate Governance, in: DK, 5. Jg., S. 43–54.

Bockmann, Roland (2012): Internationale Koordinierung nationaler Enforcement-Aktivitäten – Eine kritische Analyse unter besonderer Berücksichtigung der Deutschen Prüfstelle für Rechnungslegung, Wiesbaden.

Bonner, Sarah E./Palmrose, Zoe-Vonna/Young, Susan M. (1998): Fraud type and auditor litigation: An analysis of SEC accounting and auditing enforcement releases, in: TAR, Vol. 73, S. 503–532.

Boot, Arnoud W. A./Thakor, Anjan V. (1993): Security Design, in: JF, Vol. 48, S. 1349–1378.

Bortz, Jürgen/Döring, Nicola (2006): Forschungsmethoden und Evaluation für Human- und Sozialwissenschaftler, 4. Aufl., Heidelberg.

Bowen, Robert M./Rajgopal, Shivaram/Venkatachalam, Mohan (2008): Accounting Discretion, Corporate Governance, and Firm Performance, in: CAR, Vol. 25, S. 310–405.

Box, George E. P. (1976): Science and Statistics, in: JASA, Vol. 71, S. 791–799.

Brainard, William C./Tobin, James (1968): Pitfalls in Financial Model Building, in: AER, Vol. 58, S. 99–122.

Bräutigam, Benedikt/Heyer, Jan-Peter (2006): Das Prüfverfahren durch die Deutsche Prüfstelle für Rechnungslegung, in: AG, 51. Jg., S. 188–195.

Brav, Alon/Graham, John R./Harvey, Campbell R./Michaely, Roni (2005): Payout policy in the 21st century, in: JFE, Vol. 77, S. 483–527.

Brazel, Joseph F./Jones, Keith L./Zimbelman, Mark F. (2009): Using Nonfinancial Measures to Assess Fraud Risk, in: JAR, Vol. 47, S. 1135–1166.

Brickley, James A./Zimmerman, Jerold L. (2010): Corporate governance myths: Comments on Armstrong, Guay, and Weber, in: JAE, Vol. 50, S. 235–245.

Brinkmann, Markus (2007): Bilanzmanipulation – Erscheinungsformen, Warnsignale und Schutzmechanismen, in: ZRFG, 2. Jg., Heft 4, S. 156–161.

Brooks, Robert/Chance, Don M./Cline, Brandon (2012): Private Information and the Exercise of Executive Stock Options, in: FM, Vol. 41, S. 733–764.

Brown, Philip/Preiato, John/Tarca, Ann (2014): Measuring Country Differences in Enforcement of Accounting Standards: An Audit and Enforcement Proxy, in: JBFA, Vol. 41, S. 1–52.

Brown, Philip/Tarca, Ann (2005): A Commentary on Issues Relating to the Enforcement of International Financial Reporting Standards in the EU, in: EAR, Vol. 14, S. 181–212.

Brown, Timothy J. (2014): Advantageous Comparison and Rationalization of Earnings Management, in: JAR, Vol. 52, S. 849–876.

Burgstahler, David C./Hail, Luzi/Leuz, Christian (2006): The Importance of Reporting Incentives: Earnings Management in European Private and Public Firms, in: TAR, Vol. 81, S. 983–1016.

Burns, Natasha/Kedia, Simi (2006): The impact of performance-based compensation on misreporting, in: JFE, Vol. 79, S. 35–67.

Bushman, Robert M./Smith, Abbie J. (2001): Financial accounting information and corporate governance, in: JAE, Vol. 32, S. 237–333.

Call, Andrew C./Martin, Gerald S./Sharp, Nathan Y./Wilde, Jaron H. (2014): The Impact of Whistleblowers on Financial Misrepresentation Enforcement Actions, im Internet unter: http://papers.ssrn.com/sol3/papers.cfm?abstract_id=2506418 (Stand: 08.04.2015).

Cameron, A. Colin/Miller, Douglas L. (2010): Robust Inference with Clustered Data, in: Ullah, Aman/Giles, David E. A. (Hrsg.): Handbook of Empirical Economics and Finance, Boca Raton (Florida), S. 1–28.

Cameron, A. Colin/Trivedi, Pravin K. (2010): Microeconometrics Using Stata, College Station (Texas).

Carlton, Dennis W./Fischel, Daniel R. (1983): The Regulation of Insider Trading, in: SLR, Vol. 35, S. 857–895.

Caskey, Judson/Hanlon, Michelle (2013): Dividend Policy at Firms Accused of Accounting Fraud, in: CAR, Vol. 30, S. 818–850.

Castan, Edgar (2011): Abschnitt D 10: Vorschriften des HGB und handelsrechtlicher Nebengesetze bei Verstößen gegen die Rechnungslegungsverstößen, in: Böcking, Hans-Joachim et al. (Hrsg.): Beck'sches Handbuch der Rechungslegung - HGB und IFRS, Band III, München, 37. Ergänzungslieferung (Stand: Oktober 2011), S. 1–22.

CESR (2004): Standard No. 2 on Financial Information - Coordination of Enforcement Activities, im Internet unter: http://www.esma.europa.eu/system/files/03_317c.pdf (Stand: 08.04.2015).

CESR (2003): Standard No. 1 on Financial Information - Enforcement of Standards on Financial Information in Europe, im Internet unter: http://www.esma.europa.eu/system/files/03_073.pdf (Stand: 08.04.2015).

Chang, X.in/Dasgupta, Sudipto (2009): Target Behavior and Financing: How Conclusive Is the Evidence?, in: JF, Vol. 64, S. 1767–1796.

Chava, Sudheer/Kumar, Praveen/Warga, Arthur (2010): Managerial Agency and Bond Covenants, in: RFS, Vol. 23, S. 1120–1148.

Chen, Xia/Cheng, Qiang/Lo, Alvis K. (2013): Accounting Restatements and External Financing Choices, in: CAR, Vol. 30, S. 750–779.

Cheng, Qiang/Farber, David B. (2008): Earnings Restatements, Changes in CEO Compensation, and Firm Performance, in: TAR, Vol. 83, S. 1217–1250.

Cheng, Qiang/Lo, Kin (2006): Insider Trading and Voluntary Disclosures, in: JAR, Vol. 44, S. 815–848.

Cheng, Qiang/Warfield, Terry D. (2005): Equity Incentives and Earnings Management, in: TAR, Vol. 80, S. 441–476.

Chiu, Peng-Chia/Teoh, Siew H./Tian, Feng (2013): Board Interlocks and Earnings Management Contagion, in: TAR, Vol. 88, S. 915–944.

Chmielewicz, Klaus (1994): Forschungskonzeptionen der Wirtschaftswissenschaft, 3. Aufl., Stuttgart.

Christensen, Hans B./Hail, Luzi/Leuz, Christian (2013): Mandatory IFRS reporting and changes in enforcement, in: JAE, Vol. 56, S. 147–177.

Christensen, Hans B./Nikolaev, Valeri V. (2012): Capital Versus Performance Covenants in Debt Contracts, in: JAR, Vol. 50, S. 75–116.

Christie, Andrew A./Zimmerman, Jerold L. (1994): Efficient and Opportunistic Choices of Accounting Procedures: Corporate Control, in: TAR, Vol. 69, S. 539–566.

Coase, Ronald H. (1937): The Nature of the Firm, in: Economica, Vol. 4, S. 386–405.

Coenenberg, Adolf G./Haller, Axel/Schultze, Wolfgang (2014): Jahresabschluss und Jahresabschlussanalyse: Betriebswirtschaftliche, handelsrechtliche, steuerrechtliche und internationale Grundlagen – HGB, IAS/IFRS, US-GAAP, DRS, 23. Aufl., Stuttgart.

Coffee, John C. (2007): Law and the Market: The Impact of Enforcement, in: UPLR, Vol. 156, S. 229–311.

Coffee, John C. (2005): A Theory of Corporate Scandals: Why the USA and Europe Differ, in: OxREP, Vol. 21, S. 198–211.

Cohen, Daniel A./Zarowin, Paul (2010): Accrual-based and real earnings management activities around seasoned equity offerings, in: JAE, Vol. 50, S. 2–19.

Cohen, Jacob/Cohen, Patricia/West, Stephen G./Aiken, Leona S. (2003): Applied Multiple Regression/Correlation Analysis for the Behavioral Sciences, 3. Aufl., Mahwah (New Jersey).

Coles, Jeffrey L./Hertzel, Michael/Kalpathy, Swaminathan (2006): Earnings management around employee stock option reissues, in: JAE, Vol. 41, S. 173–200.

Core, John E. (2010): Discussion of Chief Executive Officer Equity Incentives and Accounting Irregularities, in: JAR, Vol. 48, S. 273–287.

Correia, Maria M. (2014): Political connections and SEC enforcement, in: JAE, Vol. 57, S. 241–262.

D'Agostino, Ralph B./Belanger, Albert/D'Agostino, Ralph B., Jr. (1990): A Suggestion for Using Powerful and Informative Tests of Normality, in: AS, Vol. 44, S. 316–321.

Damodaran, Aswath/Liu, Crocker H. (1993): Insider trading as a signal of private information, in: RFS, Vol. 6.

Daniel, Naveen D./Denis, David J./Naveen, Lalitha (2008): Do firms manage earnings to meet dividend thresholds?, in: JAE, Vol. 45, S. 2–26.

Darrough, Masako/Rangan, Srinivasan (2005): Do Insiders Manipulate Earnings When They Sell Their Shares in an Initial Public Offering?, in: JAR, Vol. 43, S. 1–33.

Dasgupta, Sudipto/Noe, Thomas H./Wang, Zhen (2011): Where Did All the Dollars Go? The Effect of Cash Flows on Capital and Asset Structure, in: JFQA, Vol. 46, S. 1259–1294.

Daske, Holger/Hail, Luzi/Leuz, Christian/Verdi, Rodrigo (2008): Mandatory IFRS Reporting around the World: Early Evidence on the Economic Consequences, in: JAR, Vol. 46, S. 1085–1142.

Day, Judy/Taylor, Peter (2014): The Role of Debt Contracts and Debt Covenants in Corporate Governance: Reflections on Evolution and Innovation, in: Di Pietra, Roberto/McLeay, Stuart/Ronen, Joshua (Hrsg.): Accounting and

Regulation – New Insights on Governance, Markets and Institutions, New York City (New York) et al., S. 161–190.

DeAngelo, Harry/DeAngelo, Linda/Skinner, Douglas J. (1994): Accounting choice in troubled companies, in: JAE, Vol. 17, S. 113–143.

Dechow, Patricia M./Ge, Weili/Larson, Chad R./Sloan, Richard G. (2011): Predicting Material Accounting Misstatements, in: CAR, Vol. 28, S. 17–82.

Dechow, Patricia M./Ge, Weili/Schrand, Catherine M. (2010): Understanding earnings quality: A review of the proxies, their determinants and their consequences, in: JAE, Vol. 50, S. 344–401.

Dechow, Patricia M./Sloan, Richard G./Sweeney, Amy P. (1996): Causes and Consequences of Earnings Manipulation: An Analysis of Firms Subject to Enforcement Actions by the SEC, in: CAR, Vol. 13, S. 1–36.

DeFond, Mark L. (2010): Earnings quality research: Advances, challenges and future research, in: JAE, Vol. 50, S. 402–409.

DeFond, Mark L./Jiambalvo, James (1994): Debt covenant violation and manipulation of accruals, in: JAE, Vol. 17, S. 145–176.

DeFond, Mark L./Smith, David B. (1991): Discussion of The Financial and Market Effects of the SEC Accounting and Auditing Enforcement Releases, in: JAR, Vol. 29, S. 143–148.

Demerjian, Peter R./Lev, Baruch/Lewis, Melissa F./McVay, Sarah E. (2013): Managerial Ability and Earnings Quality, in: TAR, Vol. 88, S. 463–498.

Denis, David J./Xu, Jin (2013): Insider trading restrictions and top executive compensation, in: JAE, Vol. 56, S. 91–112.

Desai, Hemang/Hogan, Chris E./Wilkins, Michael S. (2006): The Reputational Penalty for Aggressive Accounting: Earnings Restatements and Management Turnover, in: TAR, Vol. 81, S. 83–112.

de Vegt, Marcel (2010): Bilanzpolitik und ihre Sanktionierung – Analytische und empirische Studien, Hamburg.

Diamond, Douglas W. (1991a): Debt Maturity Structure and Liquidity Risk, in: QJE, Vol. 106, S. 709–737.

Diamond, Douglas W. (1991b): Monitoring and Reputation: The Choice between Bank Loans and Directly Placed Debt, in: JPE, Vol. 99, S. 689–721.

Dichev, Ilia D./Graham, John/Harvey, Campbell R./Rajgopal, Shiva (2014): The Misrepresentation of Earnings, im Internet unter: http://papers.ssrn.com/sol3/papers.cfm?abstract_id=2376408 (Stand: 08.04.2015).

Dichev, Ilia D./Graham, John/Harvey, Campbell R./Rajgopal, Shiva (2013): Earnings Quality: Evidence from the Field, in: JAE, Vol. 56, S. 1–33.

Dichev, Ilia D./Skinner, Douglas J. (2002): Large-Sample Evidence on the Debt Covenant Hypothesis, in: JAR, Vol. 40, S. 1091–1123.

Diekmann, Hans/Sustmann, Marco (2004): Gesetz zur Verbesserung des Anlegerschutzes (Anlegerschutzverbesserungsgesetz – AnSVG), in: NZG, 7. Jg., S. 929–939.

Dietrich, Richard J./Harris, Mary S./Muller III, Karl A. (2001): The reliability of investment property fair value estimates, in: JAE, Vol. 30, S. 125–158.

Dow, William H./Norton, Edward C. (2003): Choosing Between and Interpreting the Heckit and Two-Part Models for Corner Solutions, in: HSORM, Vol. 4, S. 5–18.

DPR (2015): Tätigkeitsbericht 2014, im Internet unter: http://www.frep.info/docs/jahresberichte/2014/2014_tb.pdf (Stand: 08.04.2015).

DPR (2014): Tätigkeitsbericht 2013, im Internet unter: http://www.frep.info/docs/jahresberichte/2013/2013_tb.pdf (Stand: 08.04.2015).

DPR (2012): Tätigkeitsbericht 2011, im Internet unter: http://www.frep.info/docs/jahresberichte/2011/2011_tb.pdf (Stand: 08.04.2015).

DPR (2011): Tätigkeitsbericht 2010, im Internet unter: http://www.frep.info/docs/jahresberichte/2010/2010_tb.pdf (Stand: 08.04.2015).

DPR (2010): Tätigkeitsbericht 2009, im Internet unter: http://www.frep.info/docs/jahresberichte/2009/2009_tb.pdf (Stand: 08.04.2015).

DPR (2006): Tätigkeitsbericht für den Zeitraum vom 1. Juli bis 31. Dezember 2005, im Internet unter: http://www.frep.info/docs/jahresberichte/2005/2005_tb.pdf (Stand: 08.04.2015).

Duke, Joanne C./Hunt III, Herbert G. (1990): An empirical examination of debt covenant restrictions and accounting-related debt proxies, in: JAE, Vol. 12, S. 45–63.

Dye, Ronald A. (1984): Inside Trading and Incentives, in: JoB, Vol. 57, S. 295–313.

Dye, Ronald A./Verrecchia, Robert R. (1995): Discretion vs. Uniformity: Choices Among GAAP, in: TAR, Vol. 70, S. 389–415.

Ebbers, Gabi (2001): A Comparative Analysis of Regulatory Strategies in Accounting and their Impact on Corporate Compliance, Frankfurt am Main.

Efendi, Jap/Srivastava, Anup/Swanson, Edward P. (2007): Why do corporate managers misstate financial statements? The role of option compensation and other factors, in: JFE, Vol. 85, S. 667–708.

Efron, B. (1979): Bootstrap Methods: Another Look at the Jackknife, in: ASt, Vol. 7, S. 1–26.

Efron, B./Tibshirani, R. (1986): Bootstrap Methods for Standard Errors, Confidence Intervals, and Other Measures of Statistical Accuracy, in: SS, Vol. 1, S. 54–75.

Eiselt, Andreas/Pleitner, Christin (2010): Enforcement der Rechnungslegung in Deutschland, Frankreich und Großbritannien – Eine vergleichende Betrachtung länderspezifischer Enforcement-Systeme, in: ZCG, 5. Jg., S. 302–308.

El-Gazzar, Samir/Pastena, Victor (1990): Negotiated accounting rules in private financial contracts, in: JAE, Vol. 12, S. 381–396.

Erchinger, Holger/Melcher, Winfried (2008a): Fehler in der internationalen Rechnungslegung – Bilanzierung, Prüfung und Berichterstattung (Teil 2), in: KoR, 8. Jg., S. 679–689.

Erchinger, Holger/Melcher, Winfried (2008b): Fehler in der internationalen Rechnungslegung – Bilanzierung, Prüfung und Berichterstattung (Teil 1), in: KoR, 8. Jg., S. 616–625.

Erickson, Merle/Hanlon, Michelle/Maydew, Edward L. (2006): Is There a Link between Executive Equity Incentives and Accounting Fraud?, in: JAR, Vol. 44, S. 113–143.

Ernst, Edgar (2013): Anforderungen an das Enforcement – Vortrag im Rahmen des 67. Deutschen Betriebswirtschafter-Tags, im Internet unter: http://www.schmalenbach.org/index.php/veranstaltungen/20-veranstaltungen/deutscher-betriebswirtschaftertag/286-dbt-2013-rueckblick (Stand: 08.04.2015).

Ernst, Edgar (2012): Prävention ist die wichtigste Funktion der DPR – Verstärkung der präventiven Maßnahmen zur Reduktion der Fehlerquote, in: IRZ, 7. Jg., S. 227–231.

Ernstberger, Jürgen/Hitz, Jörg-Markus/Stich, Michael (2012): Why do firms produce erroneous IFRS financial statements?, im Internet unter: http://papers.ssrn.com/sol3/papers.cfm?abstract_id=2060328 (Stand: 08.04.2015).

Ernstberger, Jürgen/Pfauntsch, Karin (2008): Die Qualität von Zwischenberichten börsennotierter Unternehmen in Deutschland, in: IRZ, 3. Jg., S. 195–206.

Ernstberger, Jürgen/Stich, Michael/Vogler, Oliver (2012): Economic Consequences of Accounting Enforcement Reforms: The Case of Germany, in: EAR, Vol. 21, S. 217–251.

Eschenfelder, Eike D. (2014): Accounting Compliance – Haftungsrisiken und Organisationsanforderungen bei der Rechnungslegung in Kapitalgesellschaften, in: BB, 69. Jg., S. 685–689.

ESMA (2015): Report – ESMA Report on Enforcement and Regulatory Activities of Accounting Enforcers in 2014, im Internet unter: http://www.esma.europa.eu/system/files/2015-659_activity_report_on_accounting_enforcers_in_europe_in_2014.pdf (Stand: 08.04.2015).

ESMA (2014a): Final Report – ESMA Guidelines on enforcement of financial information, im Internet unter: http://www.esma.europa.eu/system/files/2014-807_-_final_report_on_esma_guidelines_on_enforcement_of_financial_information.pdf (Stand: 08.04.2015).

ESMA (2014b): Report – Activities of the IFRS Enforcers in Europe in 2013, im Internet unter: http://www.esma.europa.eu/system/files/2014-551_activity_report_on_ifrs_enforcers_in_europe_in_2013.pdf (Stand: 08.04.2015).

ESMA (2013): Report – Activity Report of the IFRS Enforcement activities in Europe in 2012, im Internet unter: http://www.esma.europa.eu/system/files/2013-1022_activity_report_on_ifrs_enforcement_in_europe_in_2012.pdf (Stand: 08.04.2015).

ESMA (2012): Report – Activity Report on IFRS Enforcement in the European Economic Area in 2011, im Internet unter: http://www.esma.europa.eu/system/files/2012-412.pdf (Stand: 08.04.2015).

ESMA (2009): Final report of the Review Panel concerning the updated self assessment and peer review of CESR's Standard No.1 on financial information, im Internet unter: http://www.esma.europa.eu/system/files/09_374.pdf (Stand: 08.04.2015).

Ettredge, Michael/Scholz, Susan/Smith, Kevin R./Sun, Lili (2010): How Do Restatements Begin? Evidence of Earnings Management Preceding Restated Financial Reports, in: JBFA, Vol. 37, S. 332–355.

Europäische Union (2002): Verordnung (EG) 1606/2002 des Europäischen Parlaments und des Rates vom 19. Juli 2002 betreffend die Anwendung internationaler Rechnungslegungsstandards, ABl. L 243/1 vom 11.9.2002.

Evans III, John H./Sridhar, Sri S. (1996): Multiple Control Systems, Accrual Accounting, and Earnings Management, in: JAR, Vol. 34, S. 45–65.

Fama, Eugene F./Babiak, Harvey (1968): Dividend Policy: An Empirical Analysis, in: JASA, Vol. 63, S. 1132–1161.

Fama, Eugene F./French, Kenneth R. (2008): Industry Classifications, im Internet unter: http://mba.tuck.dartmouth.edu/pages/faculty/ken.french/data_library.html (Stand: 08.04.2015).

Fama, Eugene F./French, Kenneth R. (2002): Testing Trade-Off and Pecking Order Predictions about Dividends and Debt, in: RFS, Vol. 15, S. 1–33.

Fama, Eugene F./Jensen, Michael C. (1983a): Separation of Ownership and Control, in: JLE, Vol. 26, S. 301–325.

Fama, Eugene F./Jensen, Michael C. (1983b): Agency Problems and Residual Claims, in: JLE, Vol. 26, S. 327–349.

Farber, David B. (2005): Restoring Trust after Fraud: Does Corporate Governance Matter?, in: TAR, Vol. 80, S. 539–561.

Fazzari, Steven M./Hubbard, R. Glenn/Petersen, Bruce C. (1988): Financing Constraints and Corporate Investment, in: BPEA, Vol. 1988, S. 141–195.

Feng, Mei/Ge, Weili/Luo, Shuqing/Shevlin, Terry (2011): Why do CFOs become involved in material accounting manipulations?, in: JAE, Vol. 51, S. 21–36.

Fernandes, Nuno/Guedes, Jos (2010): Keeping Up with the Joneses: A Model and a Test of Collective Accounting Fraud, in: EFM, Vol. 16, S. 72–93.

Feroz, Ehsan H./Park, Kyungjoo/Pastena, Victor S. (1991): The Financial and Market Effects of the SEC's Accounting and Auditing Enforcement Releases, in: JAR, Vol. 29, S. 107–142.

Fich, Eliezer M./Shivdasani, Anil (2007): Financial fraud, director reputation, and shareholder wealth, in: JFE, Vol. 86, S. 306–336.

Fidrmuc, Jana P./Goergen, Marc/Renneboog, Luc (2006): Insider Trading, News Releases, and Ownership Concentration, in: JF, Vol. 61, S. 2931–2973.

Fields, Thomas D./Lys, Thomas Z./Vincent, Linda (2001): Empirical research on accounting choice, in: JAE, Vol. 31, S. 255–307.

Files, Rebecca (2012): SEC enforcement: Does forthright disclosure and cooperation really matter?, in: JAE, Vol. 53, S. 353–374.

Fischer, Paul E./Verrecchia, Robert E. (2000): Reporting Bias, in: TAR, Vol. 75, S. 229–245.

Fischer, Veronika (2008): The SEC and BaFin – US and German capital market supervision in comparison, Saarbrücken.

Francis, Jennifer (1990): Corporate Compliance with Debt Covenants, in: JAR, Vol. 28, S. 326–347.

Francis, Jennifer/Olsson, Per M./Schipper, Katherine (2006): Earnings Quality, in: FTA, Vol. 1, S. 259–340.

Franke, Günter/Hax, Herbert (2009): Finanzwirtschaft des Unternehmens und Kapitalmarkt, 6. Aufl., Berlin, Heidelberg.

Franz, Diana R./HassabElnaby, Hassan R./Lobo, Gerald J. (2014): Impact of proximity to debt covenant violation on earnings management, in: RAST, Vol. 19, S. 473–505.

FRC (2014): The Conduct Committee – Operating procedures for reviewing corporate reporting, im Internet unter: https://www.frc.org.uk/Our-Work/Publications/Corporate-Reporting-Review/Revised-operating-procedures-for-reviewing-corpora.pdf (Stand: 08.04.2015).

Friedlan, John M. (1994): Accounting Choices of Issuers of Initial Public Offerings, in: CAR, Vol. 11, S. 1–31.

Fung, Michael K. (2015): Cumulative Prospect Theory and Managerial Incentives for Fraudulent Financial Reporting, in: CAR, Vol. 32, S. 55–75.

Gahlen, Dieter/Schäfer, Andreas (2006): Bekanntmachung von fehlerhaften Rechnungslegungen im Rahmen des Enforcementverfahrens: Ritterschlag oder Pranger?, in: BB, 61. Jg., S. 1619–1623.

Garrett, Jace/Hoitash, Rani/Prawitt, Douglas F. (2014): Trust and Financial Reporting Quality, in: JAR, Vol. 52, S. 1087–1125.

Gatchev, Vladimir A./Pulvino, Todd/Tarhan, Vefa (2010): The Interdependent and Intertemporal Nature of Financial Decisions: An Application to Cash Flow Sensitivities, in: JF, Vol. 65, S. 725–763.

Gatchev, Vladimir A./Spindt, Paul A./Tarhan, Vefa (2009): How do firms finance their investments?: The relative importance of equity issuance and debt contracting costs, in: JCF, Vol. 15, S. 179–195.

Gaver, Jennifer J./Gaver, Kenneth M./Austin, Jeffrey R. (1995): Additional evidence on bonus plans and income management, in: JAE, Vol. 19, S. 3–28.

Gehm, Matthias (2010): § 331 Unrichtige Darstellung, in: Hofbauer, Max A./ Kirsch, Hanno (Hrsg.): Rechnungslegung – Textsammlung, Einführung, Kommentierung, 2. Aufl., Bonn, 51. Ergänzungslieferung (Stand: August 2010), S. 1–26.

Gelhausen, Hans F./Hönsch, Henning (2005): Das neue Enforcement-Verfahren für Jahres- und Konzernabschlüsse – Durchsetzung fehlerfreier Rechnungslegung durch die Deutsche Prüfstelle für Rechnungslegung (DPR) und die Bundesanstalt für Finanzdienstleistungsaufsicht, in: AG, 50. Jg., S. 511–529.

Gerety, Mason/Lehn, Kenneth (1997): The Causes and Consequences of Accounting Fraud, in: MDE, Vol. 18, S. 587–599.

Ghosh, Aloke/Moon, Doocheol (2010): Corporate Debt Financing and Earnings Quality, in: JBFA, Vol. 37, S. 538–559.

Glaser, Markus (2003): Investor Overconfidence and Market Outcomes: Empirical and Experimental Evidence, Mannheim.

Glaser, Markus/Schäfers, Philipp/Weber, Martin (2008): Managerial Optimism and Corporate Investment: Is the CEO Alone Responsible for the Relation?, im Internet unter: http://ssrn.com/paper=967649 (Stand: 08.04.2015).

Gleason, Cristi A./Jenkins, Nicole T./Johnson, W. Bruce (2008): The Contagion Effects of Accounting Restatements, in: TAR, Vol. 83, S. 83–110.

Gödel, Ralf D./Wich, Stefan (2012): Auf dem Weg zu einem europäischen Enforcement – Die European Enforcers' Co-ordination Sessions (EECS), in: WPg, 65. Jg., S. 913–923.

Goldman, Eitan/Peyer, Urs/Stefanescu, Irina (2012): Financial Misrepresentation and Its Impact on Rivals, in: FM, Vol. 41, S. 915–945.

Goncharov, Igor (2005): Earnings Management and Its Determinants: Closing Gaps in Empirical Accounting Research, Frankfurt am Main.

Goolsbee, Austan (2000): What Happens When You Tax the Rich? Evidence from Executive Compensation, in: JPE, Vol. 108, S. 352–378.

Gordon, Elizabeth A./Greiner, Adam/Kohlbeck, Mark J./Lin, Steven/Skaife, Hollis (2013): Challenges and Opportunities in Cross-Country Accounting Research, in: AH, Vol. 27, S. 141–154.

Graham, John R./Li, Si/Qiu, Jiaping (2008): Corporate misreporting and bank loan contracting, in: JFE, Vol. 89, S. 44–61.

Greene, William H. (2012): Econometric Analysis, 7. Aufl., Boston (Massachusetts) et al.

Groß, Christian/Königsgruber, Roland (2013): Politische Einflussnahme durch Bilanzpolitik, in: IRZ, 8. Jg., S. 219–222.

Grossman, Sanford J./Hart, Oliver D. (1982): Corporate Financial Structure and Managerial Incentives, in: McCall, John et al. (Hrsg.): The Economics of Information and Uncertainty, Chicago (Illinois), S. 107–140.

Guidry, Flora/Leone, Andrew J./Rock, Steve (1999): Earnings-based bonus plans and earnings management by business-unit managers, in: JAE, Vol. 26, S. 113–142.

Gul, Ferdinand A./Goodwin, John (2010): Short-Term Debt Maturity Structures, Credit Ratings, and the Pricing of Audit Services, in: TAR, Vol. 85, S. 877–909.

Guo, Shenyang/Fraser, Mark W. (2015): Propensity Score Analysis – Statistical Methods and Applications, 2. Aufl., Thousand Oaks (California).

Hadlock, Charles J./James, Christopher M. (2002): Do Banks Provide Financial Slack?, in: JF, Vol. 57, S. 1383–1419.

Häfele, Markus/Schmeisky, Jan (2009): Dolose Handlungen in der Rechnungslegung – Verstöße und deren Aufdeckung durch Interne Revision und Abschlussprüfer, in: ZIR, 44. Jg., S. 237–242.

Haghani, Sascha/Holzamer, Matthias/Zülch, Henning/Böhm, Josefine/Kretzmann, Christian W. (2014): Financial Covenants in der Unternehmensfinanzierung 2014, im Internet unter: http://www.rolandberger.de/media/pdf/Roland_Berger_Financial_Covenants_Unternehmensfinanzierung_20141210.pdf (Stand: 08.04.2015).

Haghani, Sascha/Voll, Steffen/Holzamer, Matthias/Warnig, Claudia (2009): Financial Covenants in der Unternehmensfinanzierung, im Internet unter: http://www.rolandberger.com/media/pdf/Roland_Berger_Financial_Covenants_20090725.pdf (Stand: 08.04.2015).

Haller, Peter/Bernais, Nina (2005): Enforcement und BilKoG – Grundlagen der Überwachung von Unternehmensberichten und Bilanzkontrollgesetz, Berlin.

Hannen, Ina (2012): Financial Covenant Management, Controlling und Compliance, in: DB, 65. Jg., S. 2233–2240.

Harris, Jared/Bromiley, Philip (2007): Incentives to Cheat: The Influence of Executive Compensation and Firm Performance on Financial Misrepresentation, in: OS, Vol. 18, S. 350–367.

Hartung, Joachim/Elpelt, Bärbel/Klösener, Karl-Heinz (2009): Statistik – Lehr- und Handbuch der angewandten Statistik, 15. Aufl., München.

He, Guanming (2015): The effect of CEO inside debt holdings on financial reporting quality, in: RAST, Vol. 20, S. 501–536.

Healy, Paul M. (1985): The effect of bonus schemes on accounting decisions, in: JAE, Vol. 7, S. 85–107.

Healy, Paul M./Palepu, Krishna G. (1990): Effectiveness of accounting-based dividend covenants, in: JAE, Vol. 12, S. 97–123.

Healy, Paul M./Wahlen, James M. (1999): A Review of the Earnings Management Literature and Its Implications for Standard Setting, in: AH, Vol. 13, S. 365–383.

Heaton, James B. (2002): Managerial Optimism and Corporate Finance, in: FM, Vol. 31, S. 33–45.

Heckman, James J. (2008): Econometric Causality, im Internet unter: http://www.nber.org/papers/w13934.pdf?new_window=1 (Stand: 08.04.2015).

Heckman, James J. (2001): Micro Data, Heterogeneity, and the Evaluation of Public Policy: Nobel Lecture, in: JPE, Vol. 109, S. 673–748.

Heckman, James J. (2000): Causal Parameters and Policy Analysis in Economics: A Twentieth Century Retrospective, in: QJE, Vol. 115, S. 45–97.

Heckman, James J. (1979): Sample Selection Bias as a Specification Error, in: Econometrica, Vol. 47, S. 153–161.

Heckman, James J. (1976): The Common Structure of Statistical Models of Truncation, Sample Selection and Limited Dependent Variables and a Simple Estimator for Such Models, in: AESM, Vol. 5, S. 475–492.

Heese, Jonas (2015): Government Preferences and SEC Enforcement, im Internet unter: http://papers.ssrn.com/sol3/papers.cfm?abstract_id=2542242 (Stand: 23.04.2015).

Hennes, Karen M./Leone, Andrew J./Miller, Brian P. (2014): Determinants and Market Consequences of Auditor Dismissals after Accounting Restatements, in: TAR, Vol. 89, S. 1051–1082.

Hennes, Karen M./Leone, Andrew J./Miller, Brian P. (2008): The Importance of Distinguishing Errors from Irregularities in Restatement Research: The Case of Restatements and CEO/CFO Turnover, in: TAR, Vol. 83, S. 1487–1519.

Henrici, Alexander (2004): Rechnungslegung und Unternehmensberichterstattung ab 2005 – Quo vadis Deutschland?, Lohmar, Köln.

Henzler, Peter (2006): Bilanzmanipulation – Motive, Täter und Möglichkeiten der Aufdeckung durch die Jahresabschlussprüfung, Saarbrücken.

Hitz, Jörg-Markus (2014): Enforcement der International Financial Reporting Standards in Deutschland und Europa, in: Dobler, Michael et al. (Hrsg.): Rechnungslegung, Prüfung und Unternehmensbewertung – Festschrift zum 65. Geburstag von Professor Dr. Dr. h.c. Wolfgang Ballwieser, Stuttgart, S. 271–300.

Hitz, Jörg-Markus/Ernstberger, Jürgen/Stich, Michael (2012): Enforcement of Accounting Standards in Europe: Capital-Market-Based Evidence for the Two-Tier Mechanism in Germany, in: EAR, Vol. 21, S. 253–281.

Hoffmann, Sebastian/Detzen, Dominic (2011): ESMA – Praktische Implikationen und kritische Würdigung der neuen Europäischen Wertpapier- und Marktaufsichtsbehörde, in: DB, 64. Jg., S. 1261–1263.

Höhn, Balthasar/Strohmenger, Manuel (2013): The Effects of Earnings Management on Enforcement Releases and Their Recognition in Audit Fees, im Internet unter: http://papers.ssrn.com/sol3/papers.cfm?abstract_id=2302680 (Stand: 08.04.2015).

Holthausen, Robert W. (2009): Accounting Standards, Financial Reporting Outcomes, and Enforcement, in: JAR, Vol. 47, S. 447–458.

Holthausen, Robert W. (1981): Evidence on the effect of bond covenants and management compensation contracts on the choice of accounting techniques: The case of the depreciation switch-back, in: JAE, Vol. 3, S. 73–109.

Holthausen, Robert W./Larcker, David F./Sloan, Richard G. (1995): Annual bonus schemes and the manipulation of earnings, in: JAE, Vol. 19, S. 29–74.

Holthausen, Robert W./Leftwich, Richard W. (1983): The economic consequences of accounting choice implications of costly contracting and monitoring, in: JAE, Vol. 5, S. 77–117.

Hommelhoff, Peter (2001): Für ein spezifisch deutsches Durchsetzungssystem – Schaffung einer Kontrollinstanz zur Sicherstellung der internationalen Wettbewerbsfähigkeit des deutschen Enforcement-Systems, in: WPg, 54. Jg., S. 39–50.

Hommelhoff, Peter/Gundel, Astrid (2014): Ist das deutsche Enforcement-Verfahren europarechtskonform?, in: BB, 69. Jg., S. 811–815.

Hotelling, Harold (1931): The Generalization of Student's Ratio, in: AMS, Vol. 2, S. 360–378.

Hribar, Paul/Jenkins, Nicole T. (2004): The Effect of Accounting Restatements on Earnings Revisions and the Estimated Cost of Capital, in: RAST, Vol. 9, S. 337–356.

Huddart, Steven/Ke, Bin/Shi, Charles (2007): Jeopardy, non-public information, and insider trading around SEC 10-K and 10-Q filings, in: JAE, Vol. 43, S. 3–36.

Hui, Kai W./Lennox, Clive S./Zhang, Guochang (2014): The Market's Valuation of Fraudulently Reported Earnings, in: JBFA, Vol. 41, S. 627–651.

IDW (2006): IDW Prüfungsstandard: Zur Aufdeckung von Unregelmäßigkeiten im Rahmen der Abschlussprüfung (IDW PS 210) (Stand: 12.12.2012), in: WPg, 59. Jg., S. 1422–1433.

Imbens, Guido W./Wooldridge, Jeffrey M. (2009): Recent Developments in the Econometrics of Program Evaluation, in: JEL, Vol. 47, S. 5–86.

Inderst, Roman/Mueller, Holger M. (2006): Informed Lending and Security Design, in: JF, Vol. 61, S. 2137–2162.

Ioannidou, Vasso/Ongena, Steven (2010): "Time for a Change": Loan Conditions and Bank Behavior when Firms Switch Banks, in: JF, Vol. 65, S. 1847–1877.

Jackson, Howell E./Roe, Mark J. (2009): Public and private enforcement of securities laws: Resource-based evidence, in: JFE, Vol. 93, S. 207–238.

Jaffe, Jeffrey F. (1974): Special Information and Insider Trading, in: JoB, Vol. 47, S. 410–428.

Jain, Bharat A./Kini, Omesh (2008): The Impact of Strategic Investment Choices on Post-Issue Operating Performance and Survival of US IPO Firms, in: JBFA, Vol. 35, S. 459–490.

Jayaraman, Sudarshan/Milbourn, Todd (2015): CEO Equity Incentives and Financial Misreporting: The Role of Auditor Expertise, in: TAR, Vol. 90, S. 321–350.

Jennings, Jared/Kedia, Simi/Rajgopal, Shivaram (2011): The Deterrence Effects of SEC Enforcement and Class Action Litigation, im Internet unter: http://www3.nd.edu/~carecob/Workshops/11-12Workshops/Rajgopal%20Paper.PDF (Stand: 08.04.2015).

Jensen, Gerald R./Solberg, Donald P./Zorn, Thomas S. (1992): Simultaneous Determination of Insider Ownership, Debt, and Dividend Policies, in: JFQA, Vol. 27, S. 247–263.

Jensen, Michael C. (2005): Agency Costs of Overvalued Equity, in: FM, Vol. 34, S. 5–19.

Jensen, Michael C. (1993): The Modern Industrial Revolution, Exit, and the Failure of Internal Control Systems, in: JF, Vol. 48, S. 831–880.

Jensen, Michael C. (1986): Agency Costs of Free Cash Flow, Corporate Finance, and Takeovers, in: AER, Vol. 76, S. 323–329.

Jensen, Michael C./Meckling, William H. (1976): Theory of the firm: Managerial behavior, agency costs and ownership structure, in: JFE, Vol. 3, S. 305–360.

Jia, Yuping/van Lent, Laurence/Zeng, Yachang (2014): Masculinity, Testosterone, and Financial Misreporting, in: JAR, Vol. 52, S. 1195–1246.

Jiang, John/Petroni, Kathy R./Wang, Isabel Y. (2010): CFOs and CEOs: Who have the most influence on earnings management?, in: JFE, Vol. 96, S. 513–526.

Joest, Andreas (2010): Aktienbasierte Entgeltgestaltung – Motivation, Rechnungslegung, Unternehmenswert, Hamburg.

John, Kose/Lang, Larry H. P. (1991): Insider Trading around Dividend Announcements: Theory and Evidence, in: JF, Vol. 46, S. 1361–1389.

Johnson, Shane A./Ryan, Harley E./Tian, Yisong S. (2009): Managerial Incentives and Corporate Fraud: The Sources of Incentives Matter, in: RoF, Vol. 13, S. 115–145.

Jones, Keith L./Krishnan, Gopal V./Melendrez, Kevin D. (2008): Do Models of Discretionary Accruals Detect Actual Cases of Fraudulent and Restated Earnings? An Empirical Analysis, in: CAR, Vol. 25, S. 499–531.

Jones, Michael (2011a): Methods of Creative Accounting and Fraud, in: Jones, Michael (Hrsg.): Creative Accounting, Fraud and International Accounting Scandals, Chichester, S. 43–68.

Jones, Michael (2011b): Motivations to Indulge in Creative Accounting and Fraud, in: Jones, Michael (Hrsg.): Creative Accounting, Fraud and International Accounting Scandals, Chichester, S. 31–41.

Jungius, Tom/Schmidt, André (2012a): Nichtigkeit des Jahresabschlusses aufgrund von Bewertungsfehlern (Teil 2) – Korrekturpflichten unter Berücksichtigung wertaufhellender Ereignisse, in: DB, 65. Jg., S. 1761–1767.

Jungius, Tom/Schmidt, André (2012b): Nichtigkeit des Jahresabschlusses aufgrund von Bewertungsfehlern (Teil 1) – Tatbestandsvoraussetzungen unter besonderer Berücksichtigung des Wesentlichkeitsaspekts, in: DB, 65. Jg., S. 1697–1703.

Kaplan, Steven N./Zingales, Luigi (1997): Do Investment-Cash Flow Sensitivities Provide Useful Measures of Financing Constraints?, in: QJE, Vol. 112, S. 169–215.

Karpoff, Jonathan M./Lee, D. Scott/Martin, Gerald S. (2014): The Consequences to Managers for Financial Misrepresentation, in: Di Pietra, Roberto/McLeay, Stuart/Ronen, Joshua (Hrsg.): Accounting and Regulation – New Insights on Governance, Markets and Institutions, New York City (New York) et al., S. 339–375.

Karpoff, Jonathan M./Lee, D. Scott/Martin, Gerald S. (2008a): The consequences to managers for financial misrepresentation, in: JFE, Vol. 88, S. 193–215.

Karpoff, Jonathan M./Lee, D. Scott/Martin, Gerald S. (2008b): The Cost to Firms of Cooking the Books, in: JFQA, Vol. 43, S. 581–611.

Karpoff, Jonathan M./Lou, Xiaoxia (2010): Short Sellers and Financial Misconduct, in: JF, Vol. 65, S. 1879–1913.

Ke, Bin/Huddart, Steven/Petroni, Kathy (2003): What insiders know about future earnings and how they use it: Evidence from insider trades, in: JAE, Vol. 35, S. 315–346.

Kedia, Simi/Koh, Kevin/Rajgopal, Shiva (2015): Evidence on Contagion in Earnings Management, erscheint in: TAR, S. 1–51.

Kedia, Simi/Philippon, Thomas (2009): The Economics of Fraudulent Accounting, in: RFS, Vol. 22, S. 2169–2199.

Kedia, Simi/Rajgopal, Shiva (2011): Do the SEC's enforcement preferences affect corporate misconduct?, in: JAE, Vol. 51, S. 259–278.

Kennedy, Peter (2008): A Guide to Econometrics, 6. Aufl., Oxford.

Kiefer, Marcus (2003): Kritische Analyse der Kapitalmarktregulierung der U.S. Securities and Exchange Commission – Lösungsansätze für eine deutsche und europäische Enforcement-Instanz als Bestandteil der Corporate Governance, Wiesbaden.

Kliem, Bernd/Bortenlänger, Christine/Sternisko, Andrea/Fey, Gerrit (2013): Bilanzkontrolle 2013 – Erfahrungen kapitalmarktorientierter Unternehmen mit den Prüfungen der Rechnungslegung durch die Deutsche Prüfstelle für Rechnungslegung, im Internet unter: https://www.dai.de/files/dai_usercontent/dokumente/studien/2013-10-15%20DAI-PwC-Studie%20Bilanzkontrolle%202013.pdf (Stand: 08.04.2015).

Kothari, S. P./Ramanna, Karthik/Skinner, Douglas J. (2010): Implications for GAAP from an analysis of positive research in accounting, in: JAE, Vol. 50, S. 246–286.

Kravet, Todd/Shevlin, Terry (2010): Accounting restatements and information risk, in: RAST, Vol. 15, S. 264–294.

Kuhner, Christoph (2010): Prozesse und Institutionen zur Kontrolle der periodischen Berichterstattung im deutschen Unternehmensrecht, in: ZGR, 39. Jg., S. 980–1022.

Kumm, Nina/Müller, Christian (2009): Drei Jahre Fehlerveröffentlichungen im Enforcementverfahren – Von der Fehlerfeststellung zur Fehlerveröffentlichung, in: IRZ, 4. Jg., S. 77–81.

Kürsten, Wolfgang (2013): 35 Jahre Jensen/Meckling und das Missverständnis um die (wahre) Zielfunktion der Aktionäre – Finanzierungstheoretisches Plädoyer zur Eignung der Principal-Agent-Theorie für die Lösung von Problemen der Corporate Governance, in: DU, 61. Jg., S. 8–22.

La Porta, Rafael/Lopez-de-Silanes, Florencio/Shleifer, Andrei (2006): What Works in Securities Laws?, in: JF, Vol. 61, S. 1–32.

Lambert, Richard A. (2001): Contracting theory and accounting, in: JAE, Vol. 32, S. 3–87.

Lambert, Richard A./Larcker, David F./Verrecchia, Robert E. (1991): Portfolio Considerations in Valuing Executive Compensation, in: JAR, Vol. 29, S. 129–149.

Landsman, Wayne R./Maydew, Edward L./Thornock, Jacob R. (2012): The information content of annual earnings announcements and mandatory adoption of IFRS, in: JAE, 53, S. Vol. 34–54.

Larcker, David F./Richardson, Scott A./Tuna, İrem (2007): Corporate Governance, Accounting Outcomes, and Organizational Performance, in: TAR, Vol. 82, S. 963–1008.

Larcker, David F./Rusticus, Tjomme O. (2007): Endogeneity and Empirical Accounting Research, in: EAR, Vol. 16, S. 207–215.

Laux, Christian/Laux, Volker (2009): Board Committees, CEO Compensation, and Earnings Management, in: TAR, Vol. 84, S. 869–891.

Lemmon, Michael/Roberts, Michael R. (2010): The Response of Corporate Financing and Investment to Changes in the Supply of Credit, in: JFQA, Vol. 45, S. 555–587.

Leng, Fei/Feroz, Ehsan H./Cao, Zhiyan/Davalos, Sergio V. (2011): The Long-Term Performance and Failure Risk of Firms Cited in the US SEC's Accounting and Auditing Enforcement Releases, in: JBFA, Vol. 38, S. 813–841.

Lennox, Clive S./Francis, Jere R./Wang, Zitian (2012): Selection Models in Accounting Research, in: TAR, Vol. 87, S. 589–616.

Lennox, Clive S./Li, Bing (2014): Accounting misstatements following lawsuits against auditors, in: JAE, Vol. 57, S. 58–75.

Lennox, Clive S./Lisowsky, Petro/Pittman, Jeffrey (2013): Tax Aggressiveness and Accounting Fraud, in: JAR, Vol. 51, S. 739–778.

Lenz, Hansrudi (2011): Accounting Scandals in Germany, in: Jones, Michael (Hrsg.): Creative Accounting, Fraud and International Accounting Scandals, Chichester, S. 185–210.

Lenz, Hansrudi/Bauer, Michael (2002): Die Durchsetzung von Rechnungslegungsnormen bei kapitalmarktorientierten Unternehmen, in: BFuP, 54. Jg., S. 246–262.

Leuz, Christian/Deller, Dominic/Stubenrath, Michael (1998): An International Comparison of Accounting-Based Payout Restrictions in the United States, United Kingdom and Germany, in: ABR, Vol. 28, S. 111–129.

Leuz, Christian/Nanda, Dhananjay/Wysocki, Peter D. (2003): Earnings management and investor protection: an international comparison, in: JFE, Vol. 69, S. 505–527.

Leuz, Christian/Wysocki, Peter D. (2008): Economic Consequences of Financial Reporting and Disclosure Regulation: A Review and Suggestions for Future Research, im Internet unter: http://ssrn.com/paper=1105398 (Stand: 08.04.2015).

Lev, Baruch/Ryan, Stephen G./Wu, Min (2008): Rewriting earnings history, in: RAST, Vol. 13, S. 419–451.

Li, Wei/Lie, Erik (2006): Dividend changes and catering incentives, in: JFE, Vol. 80, S. 293–308.

Lintner, John (1956): Distribution of Incomes of Corporations Among Dividends, Retained Earnings, and Taxes, in: AER, Vol. 46, S. 97–113.

Liu, Li-Lin/Raghunandan, K./Rama, Dasaratha (2009): Financial Restatements and Shareholder Ratifications of the Auditor, in: AJPT, Vol. 28, S. 225–240.

Lohwasser, Ekaterina (2006): Effizienz der Kapitalmärkte durch Enforcement von IFRS, Lohmar, Köln.

Lys, Thomas (1984): Mandated accounting changes and debt covenants: The case of oil and gas accounting, in: JAE, Vol. 6, S. 39–65.

Madden, David (2008): Sample selection versus two-part models revisited: The case of female smoking and drinking, in: JHE, Vol. 27, S. 300–307.

Mande, Vivek/Myungsoo, Son (2013): Do Financial Restatements Lead to Auditor Changes?, in: AJPT, Vol. 32, S. 119–145.

Mann, Henry B./Whitney, Donald R. (1947): On a Test of Whether one of Two Random Variables is Stochastically Larger than the Other, in: AMS, Vol. 18, S. 50–60.

Manne, Henry G. (1966): Insider trading and the stock market, New York City (New York).

Markelevich, Ariel/Rosner, Rebecca L. (2013): Auditor Fees and Fraud Firms, in: CAR, Vol. 30, S. 1590–1625.

Marten, Kai-Uwe/Quick, Reiner/Ruhnke, Klaus (2015): Wirtschaftsprüfung – Grundlagen des betriebswirtschaftlichen Prüfungswesens nach nationalen und internationalen Normen, 5. Aufl., Stuttgart.

Masulis, Ronald W./Wang, Cong/Xie, Fei (2012): Globalizing the boardroom—The effects of foreign directors on corporate governance and firm performance, in: JAE, Vol. 53, S. 527–554.

Mattheus, Daniela/Schwab, Martin (2004a): Rechtsschutz für Aktionäre beim Rechnungslegungs-Enforcement, in: DB, 57. Jg., S. 1975–1984.

Mattheus, Daniela/Schwab, Martin (2004b): Fehlerkorrektur nach dem Rechnungslegungs-Enforcement: Private Initiative vor staatlicher Intervention, in: BB, 59. Jg., S. 1099–1106.

McAnally, Mary L./Srivastava, Anup/Weaver, Connie D. (2008): Executive Stock Options, Missed Earnings Targets, and Earnings Management, in: TAR, Vol. 83, S. 185–216.

McNichols, Maureen F./Stubben, Stephen R. (2008): Does Earnings Management Affect Firms' Investment Decisions?, in: TAR, Vol. 83, S. 1571–1603.

McVay, Sarah/Nagar, Venky/Tang, Vicki W. (2006): Trading incentives to meet the analyst forecast, in: RAST, Vol. 11, S. 575–598.

Melcher, Thorsten (2009): Aufdeckung wirtschaftskrimineller Handlungen durch den Abschlussprüfer, Lohmar, Köln.

Meser, Michael/Veith, Stefan/Zimmermann, Jochen (2015): Disclosure, Enforcement, and Capital Market Properties: A Longitudinal Analysis for Germany, in: sbr, Vol. 67, S. 254–287.

Meulbroek, Lisa K. (1992): An Empirical Analysis of Illegal Insider Trading, in: JF, Vol. 47, S. 1661–1699.

Meyer, Herbert (2009): Aktuelle Fragen des Enforcement in Deutschland, in: WPg, 62. Jg., S. 447–451.

Meyer, Herbert/Bockmann, Roland (2011): Enforcement und Interne Revision, in: Freidank, Carl-Christian/Peemöller, Volker H. (Hrsg.): Kompendium der Internen Revision – Internal Auditing in Wissenschaft und Praxis, Berlin, S. 617–637.

Miller, Edward M. (1977): Risk, Uncertainty, and Divergence of Opinion, in: JF, Vol. 32, S. 1151–1168.

Moxter, Adolf (2001): Die Zukunft der Rechnungslegung? – Anmerkungen zu den Thesen eines Arbeitskreises der Schmalenbach-Gesellschaft, in: DB, 54. Jg., S. 605–607.

Müller, Hans-Peter (1995): Rechtsfolgen unzulässiger Änderungen von festgestellten Jahresabschlüssen, in: Förschle, Gerhart/Kaiser, Klaus/Moxter, Adolf (Hrsg.): Rechenschaftslegung im Wandel – Festschrift für Wolfgang Dieter Budde, München, S. 431–443.

Müller, Matthias (2011a): Abschnitt D 30: Vorschriften des Steuerrechts bei Verstößen gegen die Rechnungslegungsvorschriften, in: Böcking, Hans-Joachim et al. (Hrsg.): Beck'sches Handbuch der Rechnungslegung – HGB und IFRS, Band III, München, 37. Ergänzungslieferung (Stand: Dezember 2011), S. 1–20.

Müller, Matthias (2011b): Abschnitt: D 20: Vorschriften des Strafgesetzbuches bei Verstößen gegen die Rechnungslegungsvorschriften, in: Böcking, Hans-Joachim et al. (Hrsg.): Beck'sches Handbuch der Rechnungslegung – HGB und IFRS, Band III, München, 37. Ergänzungslieferung (Stand: Dezember 2011), S. 1–24.

Müller, Welf (1991): Die Änderung von Jahresabschlüssen, Möglichkeiten und Grenzen, in: Westermann, Harm P./Rosener, Wolfgang (Hrsg.): Festschrift für Karlheinz Quack zum 65. Geburtstag am 3. Januar 1991, Berlin, New York City (New York), S. 359–372.

Myers, Stewart C. (1984): The Capital Structure Puzzle, in: JF, Vol. 39, S. 575–592.

Myers, Stewart C. (1977): Determinants of corporate borrowing, in: JFE, Vol. 5, S. 147–175.

Myers, Stewart C./Majluf, Nicholas S. (1984): Corporate financing and investment decisions when firms have information that investors do not have, in: JFE, Vol. 13, S. 187–221.

Nagar, Venky/Nanda, Dhananjay/Wysocki, Peter (2003): Discretionary disclosure and stock-based incentives, in: JAE, Vol. 34, S. 283–309.

Naumann, Klaus-Peter (2008): Abschlussprüfung in einem geänderten regulatorischen Umfeld, in: Ballwieser, Wolfgang/Grewe, Wolfgang (Hrsg.): Wirtschaftsprüfung im Wandel – Herausforderungen an Wirtschaftsprüfung, Steuerberatung, Consulting und Corporate Finance, München, S. 97–120.

Nichols, Austin (2007): Causal inference with observational data, in: SJ, Vol. 7, S. 507–541.

Noe, Thomas H. (1997): Insider Trading and the Problem of Corporate Agency, in: JLEO, Vol. 13, S. 287–318.

O'Connor, Joseph P./Priem, Richard L./Coombs, Joseph E./Gilley, K. Matthew (2006): Do CEO Stock Options Prevent Or Promote Fraudulent Financial Reporting?, in: AMJ, Vol. 49, S. 483–500.

Palepu, Krishna G./Healy, Paul M./Peek, Erik (2013): Business Analysis and Valuation: IFRS Edition, 3. Aufl., London.

Palmrose, Zoe-Vonna/Richardson, Vernon J./Scholz, Susan (2004): Determinants of market reactions to restatement announcements, in: JAE, Vol. 37, S. 59–89.

Palmrose, Zoe-Vonna/Scholz, Susan (2004): The Circumstances and Legal Consequences of Non-GAAP Reporting: Evidence from Restatements, in: CAR, Vol. 21, S. 139–180.

Parent, Patrick (2014): EECS – its enforcement-activities, due process and impacts, in: IRZ, 9. Jg., S. 335–338.

Park, Myung S./Park, Taewoo (2004): Insider sales and earnings management, in: JAPP, Vol. 23, S. 381–411.

Paul, Martina (2011): Enforcement der Rechnungslegung kapitalmarktorientierter Unternehmen aus der Sicht der Rechtsprechung, in: WPg, 64. Jg., S. 11–16.

Pearson, Karl (1895): Note on Regression and Inheritance in the Case of Two Parents, in: PRSL, Vol. 58, S. 240–242.

Peasnell, Ken V./Pope, Peter F./Young, Steve (2001): The characteristics of firms subject to adverse rulings by the Financial Reporting Review Panel, in: ABR, Vol. 31, S. 291–311.

Peel, Michael J./Makepeace, Gerald H. (2012): Differential Audit Quality, Propensity Score Matching and Rosenbaum Bounds for Confounding Variables, in: JBFA, Vol. 39, S. 606–648.

Peemöller, Volker H./Hofmann, Stefan (2005): Bilanzskandale – Delikte und Gegenmaßnahmen, Berlin.

Pellens, Bernhard/Fülbier, Rolf U./Gassen, Joachim/Sellhorn, Thorsten (2014): Internationale Rechnungslegung – IFRS 1 bis 13, IAS 1 bis 41, IFRIC-Interpretationen, Standardentwürfe, 9. Aufl., Stuttgart.

Penman, Stephen H. (2013): Financial Statement Analysis and Security Valuation, 5. Aufl., New York City (New York).

Petersen, Mitchell A. (2009): Estimating Standard Errors in Finance Panel Data Sets: Comparing Approaches, in: RFS, Vol. 22, S. 435–480.

Popper, Karl R. (2005): Logik der Forschung, 11. Aufl., Tübingen.

Posner, Richard A. (2014): Economic Analysis of Law, 9. Aufl., Austin (Texas) et al.

Poterba, James M. (1988): Comment: Financing Constraints and Corporate Investment, in: BPEA, Vol. 1988, S. 200–206.

Puhani, Patrick A. (2000): The Heckman Correction for Sample Selection and Its Critique, in: JES, Vol. 14, S. 53–68.

Quedenfeld, Dietrich (2013): § 331 Unrichtige Darstellung, in: Schmidt, Karsten/Ebke, Werner F. (Hrsg.): Münchener Kommentar zum Handelsgesetzbuch, Band 4, 3. Aufl., München, S. 1917–1938.

Rangan, Srinivasan (1998): Earnings management and the performance of seasoned equity offerings, in: JFE, Vol. 50, S. 101–122.

Rapp, Marc S./Wolff, Michael (2012): Vergütung deutscher Vorstandsorgane 2012 – Analyse der Unternehmen des deutschen Prime Standards von 2005 bis 2011, Düsseldorf.

Referentenentwurf (2003): Entwurf eines Gesetzes zur Kontrolle von Unternehmensabschlüssen (Bilanzkontrollgesetz – BilKoG), im Internet unter: http://www.gesmat.bundesgerichtshof.de/gesetzesmaterialien/15_wp/Bilanzkontrollgesetz/11723.pdf (Stand: 08.04.2015).

Richardson, Scott A. (2006): Over-investment of free cash flow, in: RAST, Vol. 11, S. 159–189.

Richter, Rudolf/Furubotn, Eirik G. (2010): Neue Institutionenökonomik – Eine Einführung und kritische Würdigung, 4. Aufl., Tübingen.

Ritter, Jay R./Welch, Ivo (2002): A Review of IPO Activity, Pricing, and Allocations, in: JF, Vol. 57, S. 1795–1828.

Roberts, Michael R./Whited, Toni M. (2013): Endogeneity in Empirical Corporate Finance, in: Constantinides, George M./Harris, Milton/Stulz, René M. (Hrsg.): Handbook of the Economics of Finance, Volume 2, Part A, Oxford, Amsterdam, S. 493–572.

Rogers, Jonathan L. (2008): Disclosure Quality and Management Trading Incentives, in: JAR, Vol. 46, S. 1265–1296.

Rosenbaum, Paul R./Rubin, Donald B. (1985): The Bias Due to Incomplete Matching, in: Biometrics, Vol. 41, S. 103–116.

Rossmanith, Jonas/Wehinger, Hannes (2013): Accounting Fraud und Jahresabschlussprüfung: Anpassungen des Prüfungsprozesses durch Prüfungsstandard IDW PS 210, in: Seicht, Gerhard (Hrsg.): Jahrbuch für Controlling und Rechnungswesen 2013, Wien, S. 477–506.

Rudolph, Bernd (2006): Unternehmensfinanzierung und Kapitalmarkt, Tübingen.

Sanio, Jochen (2008): Das deutsche Enforcementsystem – Erfahrungen und Perspektiven für die Zukunft, in: Bruns, Hans-Georg et al. (Hrsg.): Globale Finanzberichterstattung/Global Financial Reporting – Entwicklung, Anwendung und Durchsetzung von IFRS/Development, application and enforcement of IFRS, Festschrift für Liesel Knorr, Stuttgart, S. 515–528.

Schaffer, Christian (2005): Führt wertorientierte Unternehmensführung zur messbaren Wertsteigerung?, Frankfurt am Main.

Scheffler, Eberhard (2006): Auslegungs- und Ermessensfragen beim Enforcement, in: BB, 61. Jg., BB-Special 4, S. 2–8.

Scheffler, Eberhard/Zempel, Ingo (2012): Abschnitt B 620: Enforcement der Rechnungslegung, in: Böcking, Hans-Joachim et al. (Hrsg.): Beck'sches Handbuch der Rechnungslegung – HGB und IFRS, Band II, München, 39. Ergänzungslieferung (Stand: November 2012), S. 1–64.

Scherrer, Gerhard (2000): Grundlagen der US-amerikanischen Konzernrechnungslegung, in: Ballwieser, Wolfgang (Hrsg.): US-amerikanische Rechnungslegung – Grundlagen und Vergleiche mit deutschem Recht, 4. Aufl., Stuttgart, S. 329–378.

Schindler, Joachim/Haußer, Jochen (2012): Die Pflicht gesetzlicher Vertreter von Kapitalgesellschaften zur Aufdeckung von Unregelmäßigkeiten und die Reaktion des gesetzlichen Abschlussprüfers, in: WPg, 65. Jg., S. 233–246.

Schlichthorst, Marisa (2009): Mehrgleichungsmodelle: Schätzmethoden und Anwendungsperspektiven, in: Albers, Sönke et al. (Hrsg.): Methodik der empirischen Forschung, 3. Aufl., Wiesbaden, S. 349–364.

Schmidt, Reinhard H./Terberger, Eva (1997): Grundzüge der Investitions- und Finanzierungstheorie, 4. Aufl., Wiesbaden.

Schmidt-Verstyl, Michael (2008): Durchsetzung ordnungsgemäßer Rechnungslegung in Deutschland – Enforcement nach dem Bilanzkontrollgesetz, Berlin.

Schneider, Holger (2009): Nachweis und Behandlung von Multikollinearität, in: Albers, Sönke et al. (Hrsg.): Methodik der empirischen Forschung, 3. Aufl., Wiesbaden, S. 221–236.

Schrand, Catherine M./Zechman, Sarah L. C. (2012): Executive overconfidence and the slippery slope to financial misreporting, in: JAE, Vol. 53, S. 311–329.

SEC (2015a): Division of Corporation Finance – Financial Reporting Manual, im Internet unter: http://www.sec.gov/divisions/corpfin/cffinancialreporting manual.pdf (Stand: 08.04.2015).

SEC (2015b): FY 2016 Congressional Budget Justification – FY 2016 Annual Performance Plan – FY 2014 Annual Performance Report, im Internet unter: http://www.sec.gov/about/reports/secfy16congbudgjust.pdf (Stand: 08.04.2015).

SEC (2013): Division of Enforcement – Enforcement Manual, im Internet unter: http://www.sec.gov/divisions/enforce/enforcementmanual.pdf (Stand: 08.04.2015).

Servatius, Wolfgang (2008): Gläubigereinfluss durch Covenants – Hybride Finanzierungsinstrumente im Spannungsfeld von Fremd- und Eigenfinanzierung, Tübingen.

Servatius, Wolfgang (2013): Covenants in der Restrukturierung, in: CFL, 4. Jg., S. 14–22.

Seyhun, H. Nejat (1986): Insiders' profits, costs of trading, and market efficiency, in: JFE, Vol. 16, S. 189–212.

Seyhun, H. Nejat/Bradley, Michael (1997): Corporate Bankruptcy and Insider Trading, in: JoB, Vol. 70, S. 189–216.

Shivakumar, Lakshmanan (2000): Do firms mislead investors by overstating earnings before seasoned equity offerings?, in: JAE, Vol. 29, S. 339–371.

Shnitser, Natalya (2010): A Free Pass for Foreign Firms? An Assessment of SEC and Private Enforcement Against Foreign Issuers, in: YLJ, Vol. 119, S. 1638–1701.

Sieben, Günter/Matschke, Manfred J./Neuhäuser, Hans-Jürgen (1974): Bilanzdelikte, Wiesbaden.

Skinner, Douglas J. (1993): The investment opportunity set and accounting procedure choice: Preliminary evidence, in: JAE, Vol. 16, S. 407–445.

Smith, Clifford W./Warner, Jerold B. (1979): On financial contracting: An analysis of bond covenants, in: JFE, Vol. 7, S. 117–161.

Spearman, Charles (1904): The Proof and Measurement of Association between Two Things, in: AJP, Vol. 15, S. 72–101.

Srinivasan, Suraj (2005): Consequences of Financial Reporting Failure for Outside Directors: Evidence from Accounting Restatements and Audit Committee Members, in: JAR, Vol. 43, S. 291–334.

Stein, Jeremy C. (2003): Agency, Information and Corporate Investment, in: Constantinides, George M./Harris, Milton/Stulz, René M. (Hrsg.): Handbook of the Economics of Finance, Volume 1, Part A, Amsterdam, S. 111–165.

Steiner, Peter M./Cook, David (2013): Matching and Propensity Scores, in: Little, Todd D. (Hrsg.): The Oxford Handbook of Quantitative Methods – Volume 1: Foundations, New York City (New York), S. 237–259.

Stocken, Phillip C./Verrecchia, Robert E. (2004): Financial Reporting System Choice and Disclosure Management, in: TAR, Vol. 79, S. 1181–1203.

Strohmenger, Manuel (2014): Enforcement Releases, Firm Characteristics, and Earnings Quality: Insights from Germany's Two-tiered Enforcement System, in: JIFMA, Vol. 25, S. 271–304.

Strohmenger, Manuel (2013): Enforcement of Accounting Standards in Germany: The Pre- and Post-Misstatement Development of Censured Firms, im Internet unter: http://papers.ssrn.com/sol3/papers.cfm?abstract_id=2288622 (Stand: 08.04.2015).

Stuart, Elizabeth A. (2010): Matching Methods for Causal Inference: A Review and a Look Forward, in: SS, Vol. 25, S. 1–21.

Summers, Scott L./Sweeney, John T. (1998): Fraudulently Misstated Financial Statements and Insider Trading: An Empirical Analysis, in: TAR, Vol. 73, S. 131.

Sweeney, Amy P. (1994): Debt-covenant violations and managers' accounting responses, in: JAE, Vol. 17, S. 281–308.

Teoh, Siew H./Welch, Ivo/Wong, T. J. (1998a): Earnings Management and the Long-Run Market Performance of Initial Public Offerings, in: JF, Vol. 53, S. 1935–1974.

Teoh, Siew H./Welch, Ivo/Wong, T. J. (1998b): Earnings management and the underperformance of seasoned equity offerings, in: JFE, Vol. 50, S. 63–99.

Teoh, Siew H./Wong, T. J./Rao, Gita R. (1998): Are Accruals during Initial Public Offerings Opportunistic?, in: RAST, Vol. 3, S. 175–208.

Terlinde, Christian (2005): Aufdeckung von Bilanzmanipulationen in der deutschen Prüfungspraxis – Ergebnisse einer empirischen Studie, Wiesbaden.

Terstege, Udo/Ries, Barbara (2008): Covenants, in: DBW, 68. Jg., S. 626–631.

Thevenot, Maya (2012): The factors affecting illegal insider trading in firms with violations of GAAP, in: JAE, Vol. 53, S. 375–390.

Thormann, Bettina/Zempel, Ingo (2013): Kapitel VI: Enforcement der Rechnungslegung in Deutschland, in: Baetge, Jörg et al. (Hrsg.): Rechnungslegung nach IFRS – Kommentar auf der Grundlage des deutschen Bilanzrechts, Band 1, 2. Aufl., Stuttgart, 22. Ergänzungslieferung (Stand: Dezember 2013), S. 1–38.

Tielmann, Sandra (2001): Durchsetzung ordnungsmäßiger Rechnungslegung – Ein Beitrag zur aktuellen Enforcement-Diskussion, Düsseldorf.

Tobin, James (1969): A General Equilibrium Approach To Monetary Theory, in: JMCB, Vol. 1, S. 15–29.

Toebe, Marc/Herberg, Armin/Schlüter, Markus (2013): Untersuchung der Fehlerbekanntmachungen nach § 37q Abs. 2 WpHG von 2006 bis 2013, in: KoR, 13. Jg., S. 256–260.

Trompeter, Gregory M./Carpenter, Tina D./Desai, Naman/Jones, Keith L./Riley, Richard A. (2013): A Synthesis of Fraud-Related Research, in: AJPT, Vol. 32 (Supplement 1), S. 287–321.

Tucker, Jennifer W. (2010): Selection Bias and Econometric Remedies in Accounting and Finance Research, in: JAL, Vol. 29, S. 31–57.

Vella, Francis (1998): Estimating Models with Sample Selection Bias: A Survey, in: JHR, Vol. 33, S. 127–169.

von Auer, Ludwig (2013): Ökonometrie – Eine Einführung, 6. Aufl., Berlin, Heidelberg.

von Keitz, Isabel/Wenk, Marc O. (2010): Eine quantitative und qualitative Analyse der von der DPR festgestellten Fehler bei der IFRS-Anwendung, in: DB, 62. Jg., S. 513–521.

Wagenhofer, Alfred/Ewert, Ralf (2007): Externe Unternehmensrechnung, 2. Aufl., Berlin et al.

Wang, Tracy Y. (2013): Corporate Securities Fraud: Insights from a New Empirical Framework, in: JLEO, Vol. 29, S. 535–568.

Wang, Tracy Y. (2006): Corporate Securities Fraud: An Economic Analysis, im Internet unter: http://papers.ssrn.com/sol3/papers.cfm?abstract_id=500562 (Stand: 08.04.2015).

Watrin, Christoph (2001): Internationale Rechnungslegung und Regulierungstheorie, Wiesbaden.

Watts, Ross L./Zimmerman, Jerold L. (1990): Positive Accounting Theory: A Ten Year Perspective, in: TAR, Vol. 65, S. 131–156.

Watts, Ross L./Zimmerman, Jerold L. (1987): Agency Theory Research in Accounting, in: Griffin, Paul A. (Hrsg.): Usefulness to Investors and Creditors of Information Provided by Financial Reporting – A Review of Empirical Accounting Research, Stamford (Connecticut), S. 273–305.

Watts, Ross L./Zimmerman, Jerold L. (1986): Positive Accounting Theory, Englewood Cliffs (New Jersey).

Watts, Ross L./Zimmerman, Jerold L. (1978): Towards a Positive Theory of the Determination of Accounting Standards, in: TAR, Vol. 53, S. 112.

Wied, Edgar (2014): § 4 EStG Gewinnbegriff im Allgemeinen, in: Heuermann, Bernd/Brandis, Peter (Hrsg.): Blümich, EStG – KStG – GewStG, Band 1, 123. Aufl., München, 123. Ergänzungslieferung (Stand: Juni 2014), S. 1–288.

Wilcoxon, Frank (1945): Individual Comparisons by Ranking Methods, in: Bio-Bull, Vol. 1, S. 80–83.

Wilder, Brian J. (2003): The Securities and Exchange Commission (SEC) – Background, Issues, Bibliography, Hauppauge (New York).

Wilhelm, Christiane (1997): Die Registrierungs- und Publizitätspflichten bei der Emission und dem Handel von Wertpapieren auf dem US-amerikanischen Kapitalmarkt, Lohmar, Köln.

Wooldridge, Jeffrey M. (2013): Introductory Econometrics – A Modern Approach, 5. Aufl., Mason (Ohio).

Wooldridge, Jeffrey M. (2010): Econometric Analysis of Cross Section and Panel Data, 2. Aufl., Cambridge (Massachusetts).

Young, Susan M./Peng, Emma Y. (2013): An Analysis of Accounting Frauds and the Timing of Analyst Coverage Decisions and Recommendation Revisions: Evidence from the US, in: JBFA, Vol. 40, S. 399–437.

Zellner, Arnold (1962): An Efficient Method of Estimating Seemingly Unrelated Regressions and Tests for Aggregation Bias, in: JASA, Vol. 57, S. 348–368.

Zülch, Henning (2005): Die Deutsche Prüfstelle für Rechnungslegung DPR e.V. – Organisation und Prüfverfahren, in: StuB, 7. Jg., S. 565–570.

Zülch, Henning/Burghardt, Stephan (2007): Die deutsche Prüfstelle für Rechnungslegung DPR e.V.: Bestandsaufnahme nach knapp zwei Jahren Tätigkeit, in: StuB, 9. Jg., S. 369–375.

Zülch, Henning/Hoffmann, Sebastian/Höltken, Matthias (2014): FMA und OePR – Ein Beitrag zur derzeit ungeklärten Rollenverteilung im österreichischen Enforcement, in: KoR, 14. Jg., S. 437–440.

Zülch, Henning/Höltken, Matthias/Ebner, Germar (2014): Stand und Zukunft der Pre-Clearance im Rahmen des deutschen Enforcement-Verfahrens, in: DB, 67. Jg., S. 609–614.

BETRIEBSWIRTSCHAFTLICHE STUDIEN
RECHNUNGS- UND FINANZWESEN, ORGANISATION UND INSTITUTION

Die Herausgeber wollen in dieser Schriftenreihe Forschungsarbeiten aus dem Rechnungswesen, dem Finanzwesen, der Organisation und der institutionellen Betriebswirtschaftslehre zusammenfassen. Über den Kreis der eigenen Schüler hinaus soll originellen betriebswirtschaftlichen Arbeiten auf diesem Gebiet eine größere Verbreitung ermöglicht werden. Jüngere Wissenschaftler werden gebeten, ihre Arbeiten, insbesondere auch Dissertationen, an die Herausgeber einzusenden.

Band 1 Joachim Hartle: Möglichkeiten der Entobjektivierung der Bilanz - Eine ökonomische Analyse. 1984.

Band 2 Peter Wachendorff: Alternative Vertragsgestaltung bei öffentlichen Aufträgen - Eine ökonomische Analyse. 1984.

Band 3 Doris Zimmermann: Schmalenbachs Aktivierungsgrundsätze. 1985.

Band 4 Elke Michaelis: Organisation unternehmerischer Aufgaben - Transaktionskosten als Beurteilungskriterium. 1985.

Band 5 Arno Schuppert: Die Überwachung betrieblicher Routinetätigkeiten. Ein Erklärungs-Entscheidungsmodell. 1985.

Band 6 Bonaventura Lehertshuber: Unternehmensvertragsrecht und Konzernhandelsbilanz. 1986.

Band 7 Joachim Schindler: Kapitalkonsolidierung nach dem Bilanzrichtlinien-Gesetz. 1986.

Band 8 Gerhard R. Schell: Die Ertragsermittlung für Bankbewertungen. 1988.

Band 9 Ulrich Hein: Analyse der Neubewertungsverfahren im belgischen und französischen Bilanzrecht. 1988.

Band 10 Rainer Leuthier: Das Interdependenzproblem bei der Unternehmensbewertung. 1988.

Band 11 Dieter Pfaff: Gewinnverwendungsregelungen als Instrument zur Lösung von Agency-Problemen. Ein Beitrag zur Diskussion um die Reformierung der Ausschüttungskompetenz in Aktiengesellschaften. 1989.

Band 12 Christian Debus: Haftungsregelungen im Konzernrecht. Eine ökonomische Analyse. 1990.

Band 13 Ralph Otte: Konzernabschlüsse im öffentlichen Bereich. Notwendigkeit und Zwecke konsolidierter Jahresabschlüsse von Gebietskörperschaften dargestellt am Beispiel der Bundesverwaltung der Bundesrepublik Deutschland. 1990.

Band 14 Rüdiger Zaczyk: Interdisziplinarität im Bilanzrecht. Rechtsfindung im Spannungsfeld zwischen Betriebswirtschaftslehre und dogmatischer Rechtswissenschaft. 1991.

Band 15 Oliver Fliess: Konzernabschluß in Großbritannien – Grundlagen, Stufenkonzeption und Kapitalkonsolidierung. 1991.

Band 16 Joachim Faß: Konzernierung und konsolidierte Rechnungslegung. Eine Analyse der Eignung des Konzernabschlusses als Informationsinstrument und als Grundlage der Ausschüttungsbemessung konzernverbundener Unternehmen. 1992.

Band 17 Michael Feldhoff: Die Regulierung der Rechnungslegung. Eine systematische Darstellung der Grundlagen mit einer Anwendung auf die Frage der Publizität. 1992.

Band 18 Uwe Jüttner: GoB-System, Einzelbewertungsgrundsatz und Imparitätsprinzip. 1993.

Band 19 Ralf Häger: Das Publizitätsverhalten mittelgroßer Kapitalgesellschaften. 1993.

Band 20 Jutta Menninger: Financial Futures und deren bilanzielle Behandlung. 1993.

Band 21 Stefan Lange: Die Kompatibilität von Abschlußprüfung und Beratung. Eine ökonomische Analyse. 1994.

Band 22 Hans Klaus: Gesellschafterfremdfinanzierung und Eigenkapitalersatzrecht bei der Aktiengesellschaft und der GmbH. 1994.

Band 23 Vera Marcelle Krisement: Ansätze zur Messung des Harmonisierungs- und Standardisierungsgrades der externen Rechnungslegung. 1994.

Band 24 Helmut Schmid: Leveraged Management Buy-Out. Begriff, Gestaltungen, optimale Kapitalstruktur und ökonomische Bewertung. 1994.

Band 25 Carsten Carstensen: Vermögensverwaltung, Vermögenserhaltung und Rechnungslegung gemeinnütziger Stiftungen. 1994. 2., unveränderte Auflage 1996.

Band 26 Dirk Hachmeister: Der Discounted Cash Flow als Maß der Unternehmenswertsteigerung. 1995. 2., durchgesehene Auflage 1998. 3., korrigierte Auflage 1999. 4., durchgesehene Auflage 2000.

Band 27 Christine E. Lauer: Interdependenzen zwischen Gewinnermittlungsverfahren, Risiken sowie Aktivitätsniveau und Berichtsverhalten des Managers. Eine ökonomische Analyse. 1995.

Band 28 Ulrich Becker: Das Überleben multinationaler Unternehmungen. Generierung und Transfer von Wissen im internationalen Wettbewerb. 1996.

Band 29 Torsten Ganske: Mitbestimmung, Property-Rights-Ansatz und Transaktionskostentheorie. Eine ökonomische Analyse. 1996.

Band 30 Angelika Thies: Rückstellungen als Problem der wirtschaftlichen Betrachtungsweise. 1996.

Band 31 Hans Peter Willert: Das französische Konzernbilanzrecht. Vergleichende Analyse zum deutschen Recht im Hinblick auf die Konzernbilanzzwecke und deren Grundkonzeption. 1996.

Band 32 Christian Leuz: Rechnungslegung und Kreditfinanzierung. Zum Zusammenhang von Ausschüttungsbegrenzung, bilanzieller Gewinnermittlung und vorsichtiger Rechnungslegung. 1996.

Band 33 Gerald Schenk: Konzernbildung, Interessenkonflikte und ökonomische Effizienz. Ansätze zur Theorie des Konzerns und ihre Relevanz für rechtspolitische Schlußfolgerungen. 1997.

Band 34 Johannes G. Schmidt: Unternehmensbewertung mit Hilfe strategischer Erfolgsfaktoren. 1997.

Band 35 Cornelia Ballwießer: Die handelsrechtliche Konzernrechnungslegung als Informationsinstrument. Eine Zweckmäßigkeitsanalyse. 1997.

Band 36 Bert Böttcher: Eigenkapitalausstattung und Rechnungslegung. US-amerikanische und deutsche Unternehmen im Vergleich. 1997.

Band 37 Andreas-Markus Kuhlewind: Grundlagen einer Bilanzrechtstheorie in den USA. 1997.

Band 38 Maximilian Jung: Zum Konzept der Wesentlichkeit bei Jahresabschlußerstellung und -prüfung. Eine theoretische Untersuchung. 1997.

Band 39 Mathias Babel: Ansatz und Bewertung von Nutzungsrechten. 1997.

Band 40 Georg Hax: Informationsintermediation durch Finanzanalysten. Eine ökonomische Analyse. 1998.

Band 41 Georg Schultze: Der spin-off als Konzernspaltungsform. 1998.

Band 42 Christian Aders: Unternehmensbewertung bei Preisinstabilität und Inflation. 1998.

Band 43 Thomas Schröer: Das Realisationsprinzip in Deutschland und Großbritannien. Eine systematische Untersuchung und ihre Anwendung auf langfristige Auftragsfertigung und Währungsumrechnung. 1998.

Band 44 Anne d'Arcy: Gibt es eine anglo-amerikanische oder eine kontinentaleuropäische Rechnungslegung? Klassen nationaler Rechnungslegungssysteme zwischen Politik und statistischer Überprüfbarkeit. 1999.

Band 45 Christian Back: Richtlinienkonforme Interpretation des Handelsbilanzrechts. Abstrakte Vorgehensweise und konkrete Anwendung am Beispiel des EuGH-Urteils vom 27. Juni 1996. 1999.

Band 46 Cornelia Flury: Gewinnerläuterungsprinzipien. 1999.

Band 47 Hanne Böckem: Die Durchsetzung von Rechnungslegungsstandards. Eine kapitalmarktorientierte Untersuchung. 2000.

Band 48 Jens Kengelbach: Unternehmensbewertung bei internationalen Transaktionen. 2000.

Band 49 Ursula Schäffeler: Latente Steuern nach US-GAAP für deutsche Unternehmen. 2000.

Band 50 Rainer Doll: Wahrnehmung und Signalisierung von Prüfungsqualität. 2000.

Band 51 Brigitte Strasser: Informationsasymmetrien bei Unternehmensakquisitionen. 2000.

Band 52 Lars Franken: Gläubigerschutz durch Rechnungslegung nach US-GAAP. Eine ökonomische Analyse. 2001.

Band 53 Oliver Bärtl: Wertorientierte Unternehmenssteuerung. Zum Zusammenhang von Kapitalmarkt, externer und interner Rechnungslegung. 2001.

Band 54 Gabi Ebbers: A Comparative Analysis of Regulatory Strategies in Accounting and their Impact on Corporate Compliance. 2001.

Band 55 Mark Währisch: The Evolution of International Accounting Systems. Accounting System Adoptions by Firms from a Network Perspective. 2001.

Band 56 Jakob Schröder: F&E-Bilanzierung als Einflußfaktor der F&E-Freudigkeit. 2001.

Band 57 Martin Hebertinger: Wertsteigerungsmaße – Eine kritische Analyse. 2002.

Band 58 Rainer Zensen: Die Bewertung von deutschen Universalbanken unter Berücksichtigung rechtsformspezifischer Besonderheiten. 2002.

Band 59 Oliver Beyhs: Impairment of Assets nach International Accounting Standards. Anwendungshinweise und Zweckmäßigkeitsanalyse. 2002.

Band 60 Britta Leippe: Die Bilanzierung von Leasinggeschäften nach deutschem Handelsrecht und US-GAAP. Darstellung und Zweckmäßigkeitsanalyse. 2002.

Band 61 Christian Heitmann: Beurteilung der Bestandsfestigkeit von Unternehmen mit Neuro-Fuzzy. 2002.

Band 62 Bernd Hacker: Segmentberichterstattung – Eine ökonomische Analyse. 2002.

Band 63 Jörg Hoffmann: Das DRSC und die Regulierung der Rechnungslegung. Eine ökonomische Analyse. 2003.

Band 64 Cornelia Stanke: Entscheidungskonsequenzen der Rechnungslegung bei Unternehmenszusammenschlüssen. 2003.

Band 65 Peter Gampenrieder: Squeeze-out. Rechtsvergleich, empirischer Befund und ökonomische Analyse. 2004.

Band 66 Tim Laas: Steuerung internationaler Konzerne. Eine integrierte Betrachtung von Wert und Risiko. 2004.

Band 67 Michael Dobler: Risikoberichterstattung. Eine ökonomische Analyse. 2004.

Band 68 Martina Bentele: Immaterielle Vermögenswerte in der Unternehmensberichterstattung. 2004.

Band 69 Maik Esser: Goodwillbilanzierung nach SFAS 141/142. Eine ökonomische Analyse. 2005.

Band 70 Jörg-Markus Hitz: Rechnungslegung zum fair value. Konzeption und Entscheidungsnützlichkeit. 2005.

Band 71 Christian Schaffer: Führt wertorientierte Unternehmensführung zur messbaren Wertsteigerung? 2005.

Band 72 Marcus Borchert: Die Sicherung von Wechselkursrisiken in der Rechnungslegung nach deutschem Handelsrecht und International Financial Reporting Standards (IFRS). Darstellung und Zweckmäßigkeitsanalyse. 2006.

Band 73 Marcus Bieker: Ökonomische Analyse des Fair Value Accounting. 2006.

Band 74 Jörg Wiese: Komponenten des Zinsfußes in Unternehmensbewertungskalkülen. Theoretische Grundlagen und Konsistenz. 2006.

Band 75 Silvia Hettich: Zweckadäquate Gewinnermittlungsregeln. 2006.

Band 76 Stephan Rosarius: Bewertung von Leveraged Buyouts. 2007.

Band 77 Bernhard Moitzi: Fair Value Accounting und Anreizwirkungen. 2007.

Band 78 Jörg Reichert: Das Residual-Income-Model. Eine kritische Analyse. 2007.

Band 79 Nadja M. Päßler: Interessenkonflikte in der Informationsintermediation. Eine ökonomische Analyse. 2007.

Band 80 Raimo Reese: Schätzung von Eigenkapitalkosten für die Unternehmensbewertung. 2007.

Band 81 Jens Hackenberger: Professionelle Fußballspieler in der internationalen Rechnungslegung. Eine ökonomische Analyse. 2008.

Band 82 Christian Wappenschmidt: Ratinganalyse durch internationale Ratingagenturen. Empirische Untersuchung für Deutschland, Österreich und die Schweiz. 2009.

Band 83 Andreas Scholze: Discounted Cashflow und Jahresabschlußanalyse. Zur Berücksichtigung externer Rechnungslegungsinformationen in der Unternehmensbewertung. 2009.

Band 84 Sanela Čeljo-Hörhager: Selbsterfüllbarkeit von Ratings. Self-Fulfilling Prophecies als Problem der Risikokommunikation durch Informationsintermediäre. 2009.

Band 85 Hannes Dücker: Institutionelle Änderungen und die Ergebnisqualität von Finanzberichten deutscher Unternehmen. 2009.

Band 86 Gerhard Kurz: Das IASB und die Regulierung der Rechnungslegung in der EU. Eine Analyse von Legitimation und Lobbying. 2009.

Band 87 Christian Höllerschmid: Signalwirkungen und Bilanzpolitik mithilfe selbst erstellten technologiebezogenen immateriellen Vermögens. Reifeprüfung für bilanzrechtliche Sorgenkinder. 2010.

Band 88 Salima Sifi: Determinanten der Publizitätspolitik. Ökonomische und empirische Analyse am Beispiel immaterieller Werte. 2010.

Band 89 Michael Seifert: Die Erfassung von Unsicherheit bei den IFRS. 2011.

Band 90 Roland Paarz: Einfluss der Rechnungslegung auf Finanzanalysten. Eine empirische Analyse von Prognosegenauigkeit und Bewertungsverfahren von Finanzanalysten in Deutschland. 2011

Band 91 Christoph Pelger: Integration von externer und interner Unternehmensrechnung. Eine ökonomische Analyse. 2012.

Band 92 Andreas Hofherr: Die Bewertung wandelanleihenfinanzierter Unternehmen. 2012.

Band 93 Annette Witzleben: Anreiz- und Entscheidungsnützlichkeit der bedingten Vorsicht. 2013.

Band 94 Sebastian Erb: Rechnungslegungsinformationen zu Verbriefungen im Umfeld der Finanzmarktkrise. 2014.

Band 95 Anne Kretzschmar: Determinanten einer Ausübung der Fair-value-Option für finanzielle Verbindlichkeiten bei Banken. 2014.

Band 96 Martin Puritscher: Der Zusammenhang von fehlerhafter Rechnungslegung und Unternehmensfinanzierung. Eine empirische Untersuchung. 2015.

www.peterlang.com

www.ingramcontent.com/pod-product-compliance
Ingram Content Group UK Ltd.
Pitfield, Milton Keynes, MK11 3LW, UK
UKHW021851290926
8980IPUK00005B/775

9 783631 664018